AF875383

MALEN MIT BOB ROSS®

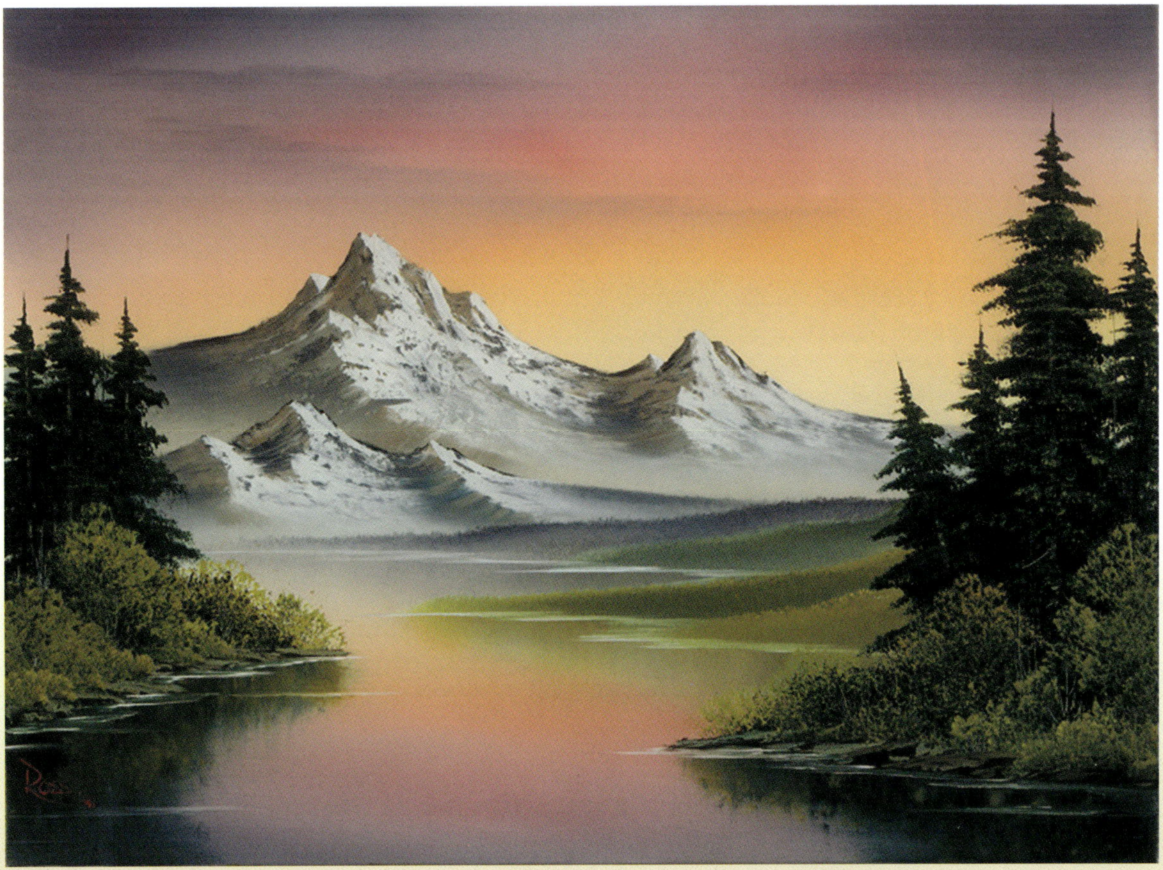

HEEL

IMPRESSUM

HEEL Verlag GmbH
Gut Pottscheidt
53639 Königswinter
Tel.: 02223 9230-0
Fax: 02223 9230-13

E-Mail: info@heel-verlag.de
www.heel-verlag.de

Folgt dem HEEL Verlag gerne auch unter

www.instagram.com/heelverlag

www.facebook.com/heelverlag

www.youtube.com/heelverlag

@heelverlag

Deutsche Ausgabe:
© 2023 HEEL Verlag GmbH
2. Auflage 2026

Originalausgabe:
First published in 2018 by Walter Foster Publishing, an imprint of The Quarto Group, under the title: Painting with Bob Ross® – Learn to paint in oil step by step!
© 2018 Quarto Publishing Group USA Inc.

® Der Name Bob Ross und die Bilder sind eingetragene Marken der Bob Ross Inc.
© Bob Ross Inc. Alle Rechte vorbehalten. Verwendung mit Genehmigung.

Autorin: Annette Kowalski, Bob Ross Inc.
Schritt-für-Schritt-Bilder: Carolyn Saletto, zertifizierte Bob Ross®-Mallehrerin (CRI)
Technische Unterstützung: Doug Hallgren und Nic Hankins, zertifizierte Bob Ross®-Mallehrer (CRI)

Deutsche Ausgabe:
Übersetzung aus dem Englischen: Janina Kasimir
Lektorat/Korrektorat: Diana Schmid, www.schmid-text.de
Satz: Bernadett Linseisen, (schere-style-papier), München
Umschlaggestaltung: Axel Mertens, HEEL Verlag GmbH
Projektleitung: Carolin Wischerath

Fotos: © Bob Ross Inc.
Mit Ausnahmen von:
© myriammira/Freepik: S. 2 (»Social-Media-Icons«);
© Shutterstock: S. 8, S. 9 (»Leinwand«, »Putzmittel«)
© 2012 Vanessa Rothe: S. 8 (»Palette«, »Tischstaffelei«)
© WFP: S. 11 (»Malen mit dem Spachtel«)

Alle Rechte, auch die des Nachdrucks, der Wiedergabe in jeder Form und der Übersetzung in andere Sprachen, behält sich der Herausgeber vor. Es ist ohne schriftliche Genehmigung des Verlages nicht erlaubt, das Buch und Teile daraus auf fotomechanischem Weg zu vervielfältigen oder unter Verwendung elektronischer bzw. mechanischer Systeme zu speichern, systematisch auszuwerten oder zu verbreiten. Ebenso untersagt ist die Erfassung und Nutzung auf Netzwerken, inklusive Internet, oder die Verbreitung des Werkes auf Portalen wie Google Books.

– Alle Rechte vorbehalten –
– Alle Angaben ohne Gewähr –

Printed in Slovenia

ISBN 978-3-96664-718-2

INHALT

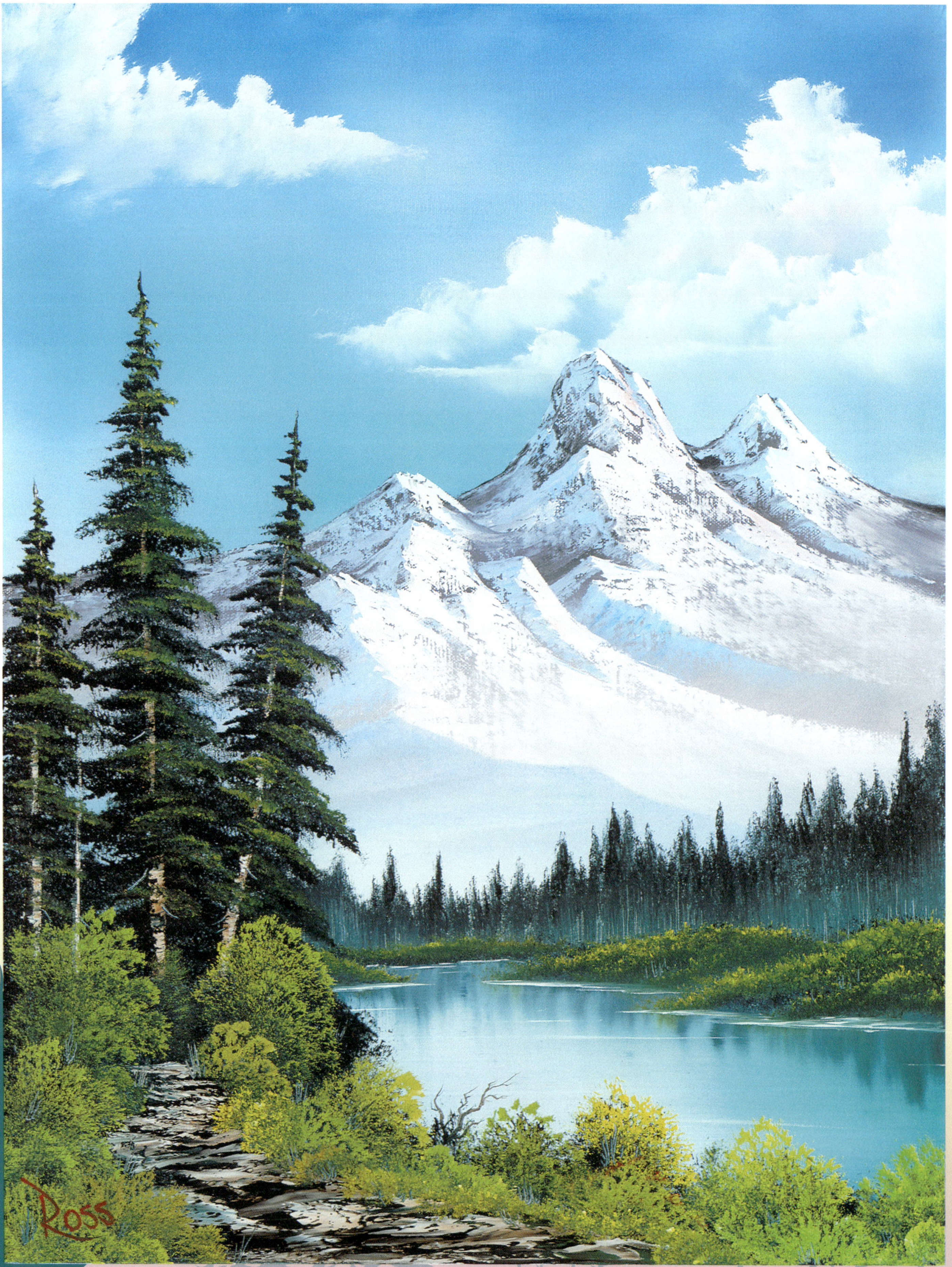
Ross

DIE BOB-ROSS-GESCHICHTE

Bestimmt haben Sie ihn schon einmal gesehen, diesen sanftmütigen Mann, der in circa 25 Fernsehminuten mit großen Malpinseln fröhliche Wolken, Berge und Bäume malt – und dabei ein beruhigendes »Sie schaffen das schon« an sein Publikum richtet. Bob Ross' *The Joy of Painting* ist die bekannteste und meistgesehenste TV-Kunstsendung der Geschichte, die seit vielen Jahren bei ARD Alpha ausgestrahlt wird und man sich inzwischen auch jederzeit über YouTube anschauen kann.

Millionen von Zuschauern sämtlicher Altersgruppen auf der ganzen Welt entspannen sich auch noch heute durch Bobs sanfte Art und seine ermutigenden Worte. Ja, sie lassen sich förmlich von der Magie verzaubern, die sich auf der Leinwand entfaltet. Bobs ruhige, fürsorgliche Art ist eine Form der Therapie; sein Respekt für die Natur fördert unsere Aufmerksamkeit für den Umweltschutz.

Bob Ross wurde am 29. Oktober 1942 in Daytona Beach (Florida) geboren. Er wuchs in Orlando bei seinen Eltern auf: seinem Vater Jack, einem Schreiner, und seiner Mutter Ollie, die den größten Einfluss auf ihn hatte und ihn die Liebe zur Tierwelt lehrte. Bob sagte dazu einmal: »Ich glaube als Kind hatte ich jede erdenkliche Art von Haustier.«

Mit 18 Jahren trat Bob in die Air Force ein und wurde ein paar Jahre später nach Alaska versetzt. So kam es, dass der in Florida geborene und aufgewachsene Bob Ross 21 Jahre alt war als er zum ersten Mal Schnee in seinem Leben sah. Auf Grund dessen dienten ihm die atemberaubende Landschaft Alaskas und die Naturschauspiele der folgenden Jahre als ultimative Inspiration für die Leinwand.

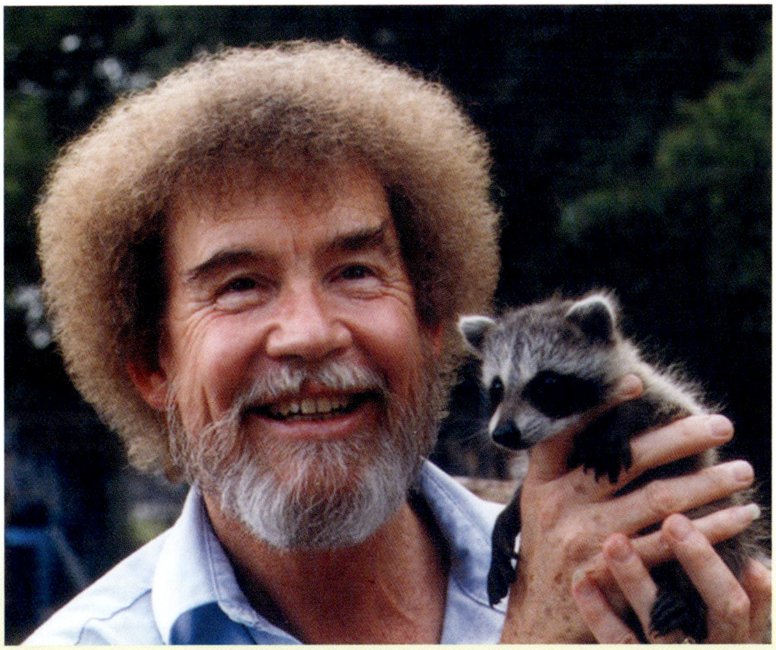

Bob Ross verwandelt seit dem Ausstrahlungsbeginn von *The Joy of Painting* vor mehr als 40 Jahren seine Fernsehzuschauer in »Meister der Leinwand«. Menschen, die nie daran gedacht hätten, einen Pinsel in die Hand zu nehmen, entschlossen sich dank Bob Ross zum Malen.

Bob war immer stolz auf die Tatsache, dass seine Techniken jedem das Malen ermöglichten, während diese traditionell nur für eher Wenige zugänglich war: »Talent ist nichts anderes als ein verfolgtes Interesse«, sagte er oft, und »Alles, was man zum Malen braucht, sind ein paar Werkzeuge, ein wenig Anleitung und eine Vision im Kopf«. Während Sie diese Zeilen lesen, mögen Sie vielleicht schon diese Vision haben: Dass, wenn Sie Bob Ross im Fernsehen sehen, Ihnen das die Augen öffnet und Sie Dinge über sich selbst lernen, die Sie zuvor gar nicht für möglich gehalten hätten.

Die Bob Ross Company wurde 1981 gegründet und fungiert bis heute als Organisation hinter den Kulissen. Sie ist somit auch nach dem Tod von Bob Ross im Jahr 1995 aktiv. Sein Unternehmen ist so entschlossen und engagiert wie eh und je seine Philosophie, die Kunst zu den Massen zu bringen, weiterzuführen und seine Malshow wird – seit 1982 ununterbrochen – weltweit ausgestrahlt.

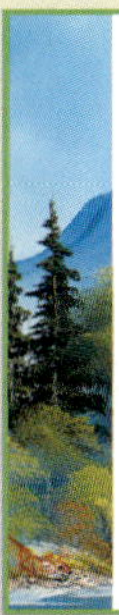

»Ich möchte Sie persönlich einladen, Ihre Pinsel und ein paar Farben zu holen und mit mir zu malen!« – Bob Ross®

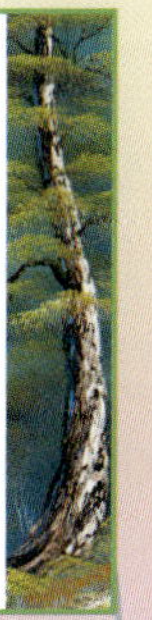

WERKZEUGE UND MATERIALIEN

Um all die verblüffenden Effekte zu erzielen, die Sie bei Bob Ross auf der Leinwand sehen, sollten Sie seine speziell entwickelten Materialien verwenden: Farben, Grundierungen, Pinsel, Spachtel und Leinwände. Er hat die Werkzeuge und Farben sorgfältig entwickelt, mit denen sich die Nass-in-Nass-Technik bestmöglich umsetzen lässt. Das heißt aber nicht, dass Sie dieses Lehrbuch nicht trotzdem nutzen können, um Meisterwerke mit anderen Werkzeugen und Farben zu erschaffen. Sie werden von seinem motivierenden Geist, seinen ermutigenden Worten und seinen schönen Landschaftskompositionen reichlich profitieren, ganz gleich, womit Sie malen! Bringen Sie Ihre Träume mit dem beliebten Fernsehkünstler Bob Ross auf die Leinwand.

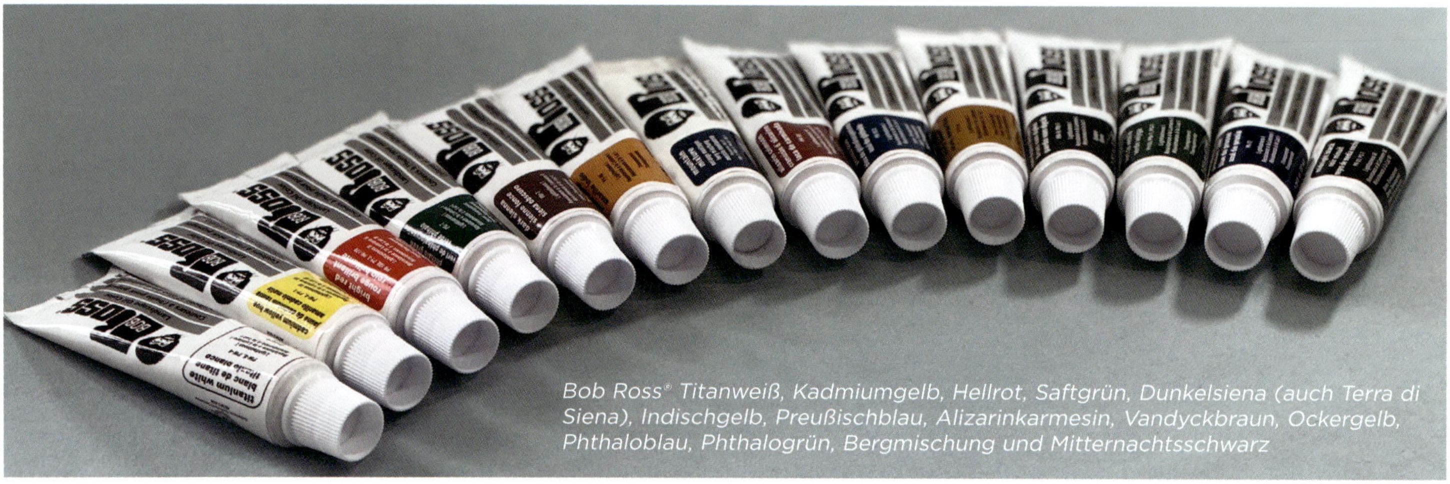

Bob Ross® Titanweiß, Kadmiumgelb, Hellrot, Saftgrün, Dunkelsiena (auch Terra di Siena), Indischgelb, Preußischblau, Alizarinkarmesin, Vandyckbraun, Ockergelb, Phthaloblau, Phthalogrün, Bergmischung und Mitternachtsschwarz

Farben

Bob hat die Farben seiner Produktlinien sorgfältig ausgewählt, weil sie »gut miteinander harmonieren«; um mit Leichtigkeit natürlich wirkende Landschaftstöne erzeugen zu können. Wenn Sie andere Farben auf Wasserbasis oder traditionelle Ölfarben verwenden sollten, beachten Sie, dass diese zwar denselben Farbnamen tragen, ihre tatsächlichen Farbtöne jedoch unterschiedlich ausfallen können. Wenn Sie Farben der Marke Bob Ross® verwenden, können Sie die Schritte in diesem Buch befolgen und damit alle gewünschten Effekte ohne weitere Anpassungen erzielen. Sie können natürlich jede beliebige Ölfarbe verwenden, müssen aber die Farbe und deren Auftragen anpassen, um den gewünschten Effekt zu erzielen. Wenn Sie zum Beispiel Acrylfarben verwenden, wirkt sich das auf die verblendeten Bereiche aus. Sie werden nicht so gute Übergänge wie Bobs Gemälde haben, weil Acrylfarben schneller trocknen. Und wenn Sie herkömmliche Ölfarben verwenden, sollten Sie bedenken, dass diese dünnflüssiger sind. Somit ist der Effekt, den Sie erzielen, wenn Sie die glitzernden Highlights des Laubes auf die dunklen Unterfarben auftragen, nicht der gleiche.

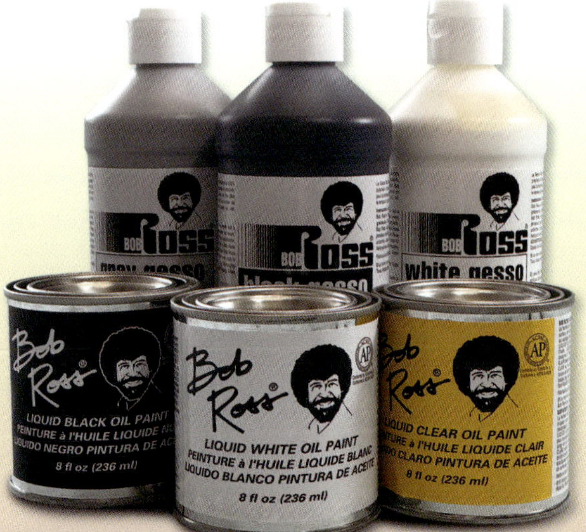

V. l. n. r.: graues Gesso, schwarzes Gesso, weißes Gesso (hintere Reihe); Flüssigweiß, Flüssigschwarz, Flüssigtransparent (vordere Reihe)

Grundierungen

Bevor Sie mit dem Malen beginnen, müssen Sie Ihre Leinwand mit einer Grundierung vorbereiten. Wenn es sich um graues, weißes oder schwarzes Gesso handelt, lassen Sie dieses trocknen, bevor Sie fortfahren. Wenn es sich um Flüssigweiß, -schwarz oder -transparent handelt, muss dieses noch feucht sein, wenn Sie mit dem Malen beginnen. Befolgen Sie die Anweisungen sorgfältig, um die besten Ergebnisse zu erzielen.

Pinsel

Bobs Naturborstenpinsel variieren in Größe, Form und Textur. Sie wurden von Bob selbst sorgfältig entworfen. Ein Großteil seiner Technik hängt davon ab, wie die Farbe durch die Pinsel aufgenommen wird. Befolgen Sie seine Anweisungen, damit Sie erstaunliche Effekte auf der Leinwand erzielen können. Wenn Sie sich entscheiden, andere Pinsel zu verwenden (insbesondere synthetische Pinsel), vermeiden Sie unbedingt, dass diese Nylon- oder Polyesterborsten in Ihre Striche auf der Leinwand »schneiden«; sie sind unansehnlich und lassen sich nur schwer wieder herausbekommen.

Hier finden Sie die Pinsel, die in diesem Buch verwendet werden:

25 mm (1″) breiter Spalterpinsel zum Auftragen von Flüssigweiß, -schwarz und -transparent; zum Malen von Wolken, Himmel, Wasser, Bäumen und Büschen

50 mm (2″) breiter Spalterpinsel für die gleichen Anwendungen wie beim 25 mm-Pinsel, aber für größere Flächen

25 mm (1″) breiter Flachpinsel für Wolken, Vorgebirge, Bäume und Büsche

12,5 mm (½″) breiter Flachpinsel für Bäume, Büsche und für kleinere Flächen Laub

Großer Fächerpinsel (Größe 6) für Wolken, Berge, Baumstämme, Vorgebirge und Flächen mit weichem Gras

Kleiner Fächerpinsel (Größe 3) für die gleichen Effekte wie beim großen Fächerpinsel, allerdings für kleinere Flächen

Kleiner Katzenzungenpinsel (Größe 6) für Seelandschaften, Baumstämme und kleine Details

Detailpinsel (Größe 2) für Stöcke, Zweige, Äste und Details – einschließlich Ihrer Signatur

25 mm (1″) breiter Katzenzungenpinsel für immergrüne Bäume und Vorgebirge; für das Hervorheben von Bäumen und Büschen

Schaumstoffpinsel zum Auftragen von weißem, grauem oder schwarzem Gesso; alternativ können Sie auch einen alten Pinsel verwenden

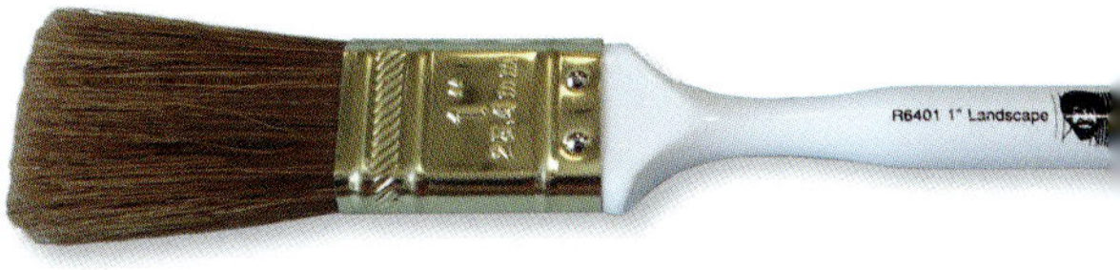

25 mm breiter Spalterpinsel

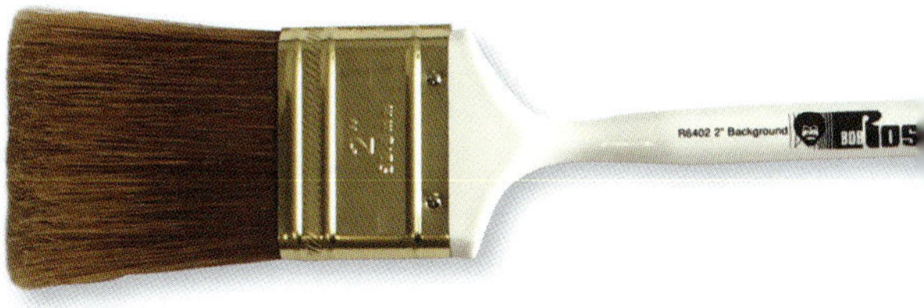

50 mm breiter Spalterpinsel

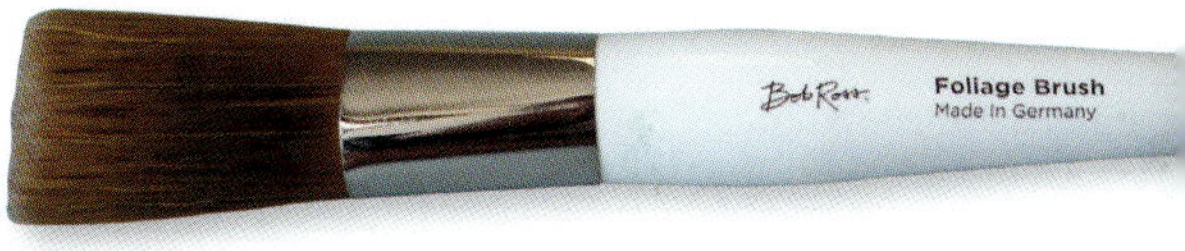

25 mm breiter Flachpinsel

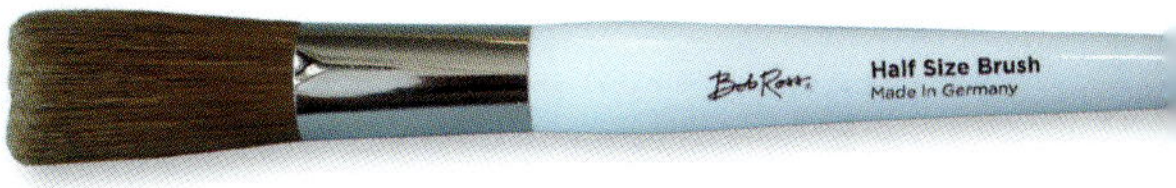

12,5 mm breiter Flachpinsel

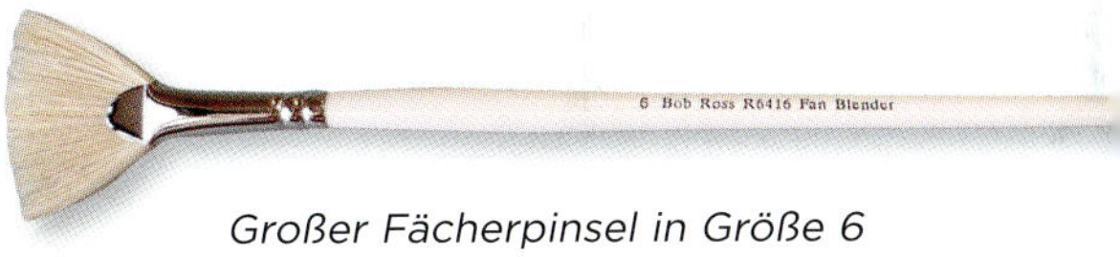

Großer Fächerpinsel in Größe 6

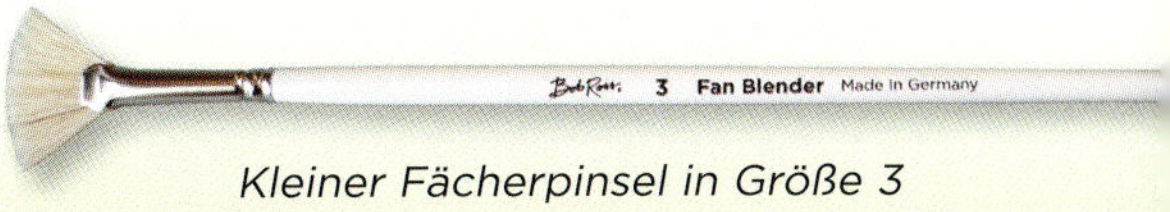

Kleiner Fächerpinsel in Größe 3

Kleiner Katzenzungenpinsel in Größe 6

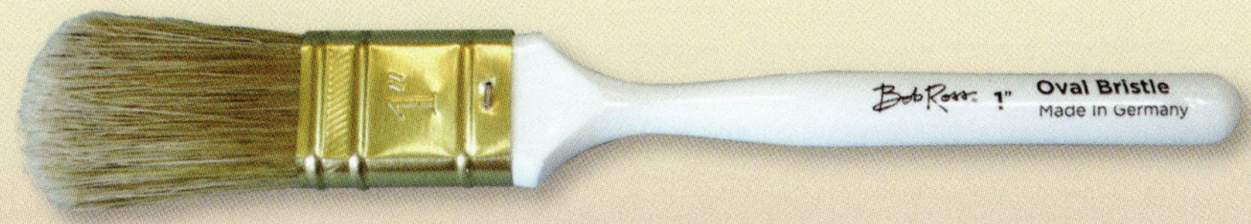

25 mm breiter Katzenzungenpinsel

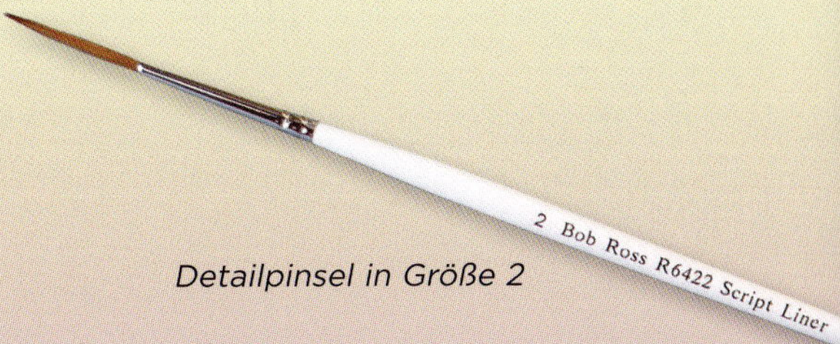

Detailpinsel in Größe 2

Spachtel

Bobs Spachtel werden sowohl zum Mischen von Farben auf der Palette als auch zum Malen Ihres Meisterwerks verwendet! Diese Spachtel sind so konzipiert, dass sie genau das richtige Maß »Biegung« und Klinge haben. Der kleine Spachtel ist gut für kleine Berg- und Baumstammbereiche geeignet.

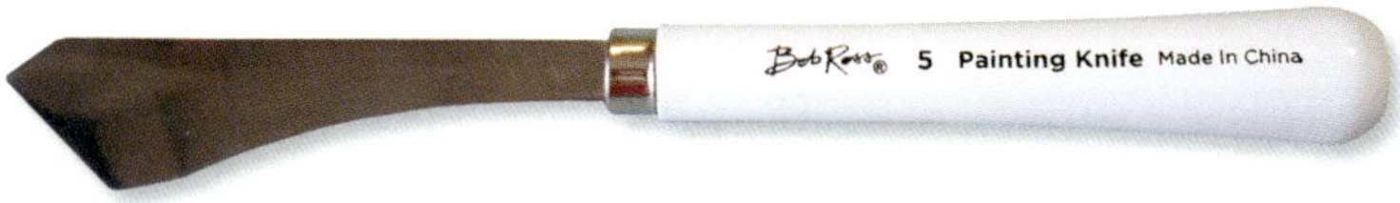

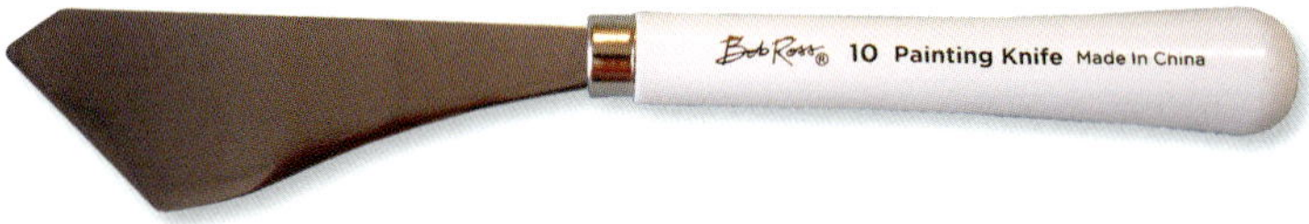

Palette

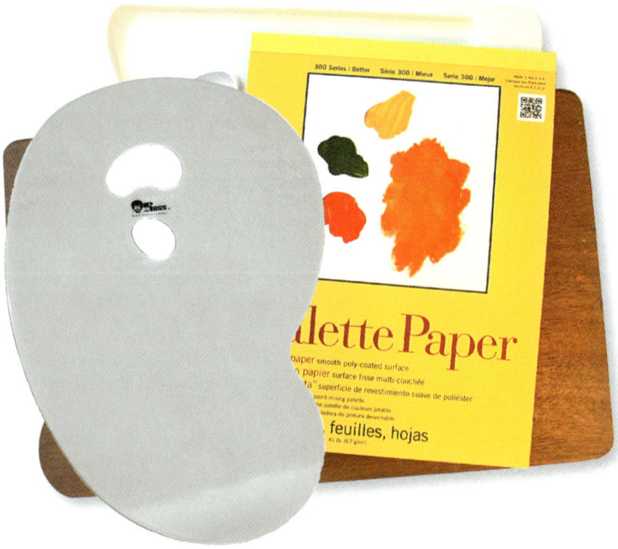

Für welche Art von Palette Sie sich auch entscheiden – Glas, Holz, Kunststoff oder Papier – achten Sie darauf, dass sie leicht zu reinigen und groß genug für das Mischen Ihrer Farben ist. Glas eignet sich hervorragend zum Mischen von Farben und ist sehr haltbar. Paletten-Papier ist ein Einwegartikel, der leicht zu entsorgen ist, und Sie können jederzeit eine luftdichte Kunststoffbox (oder einen Farbverschluss) kaufen, um Ihre Farbreste zwischen den Malsitzungen frisch zu halten. Bob Ross hat eine großflächige Acrylpalette verwendet. Falls Sie Ölfarben verwenden, sollten Sie keine Holzpalette benutzen, da diese das Öl aus den Farben aufsaugt.

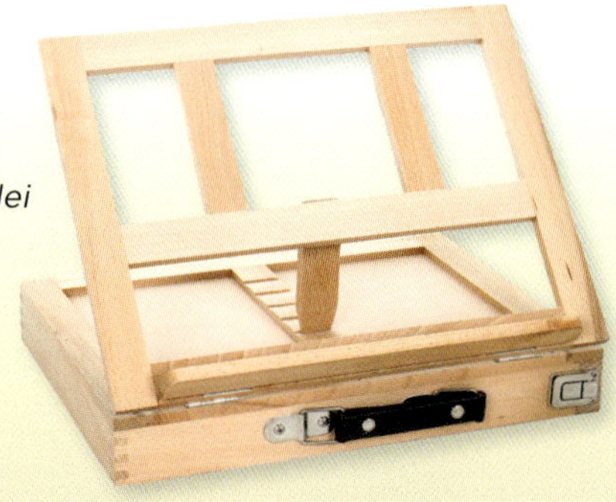

Tischstaffelei

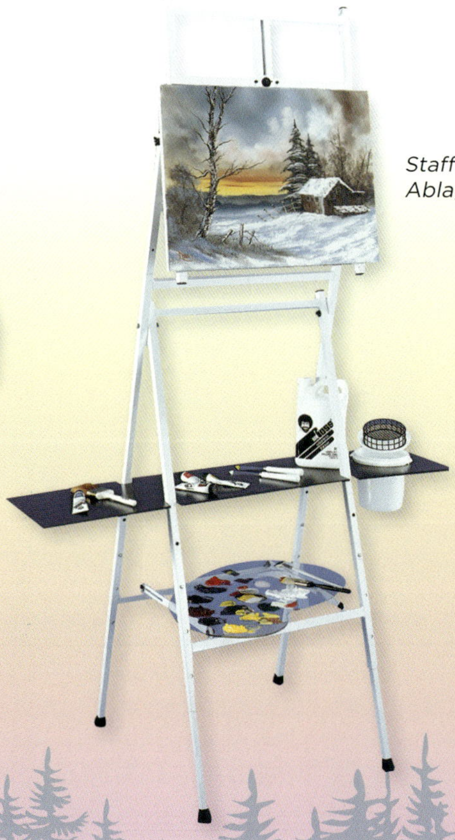

Staffelei mit Ablage

Staffelei

Es gibt viele Arten von Staffeleien, die Sie kaufen können. Bob Ross benutzte eine Studiostaffelei und stand, als er malte. Aber man kann auch im Sitzen an einem Tisch malen. Malen Sie so, wie es für Sie am bequemsten ist.

Leinwand

Der Untergrund, auf dem Sie malen, wird »Träger« genannt – in der Regel Leinwand oder Holz. Sie können die Leinwand selbst aufspannen, aber es ist einfacher, vorgespannte, vorgrundierte Leinwände (auf einen Rahmen geklammert) oder Leinwandkarton (auf Karton geklebt) zu kaufen. Für alle Projekte in diesem Buch wird eine etwa 45 cm x 60 cm große Leinwand benötigt. Vermeiden Sie die Verwendung von Leinwandtafeln, denn sie ziehen das Öl aus Ihren Farben! Verwenden Sie doppelt grundierte, grau getönte, vorgespannte Leinwände, die fest auf den Keilrahmen gespannt sind.

Reinigung der Pinsel

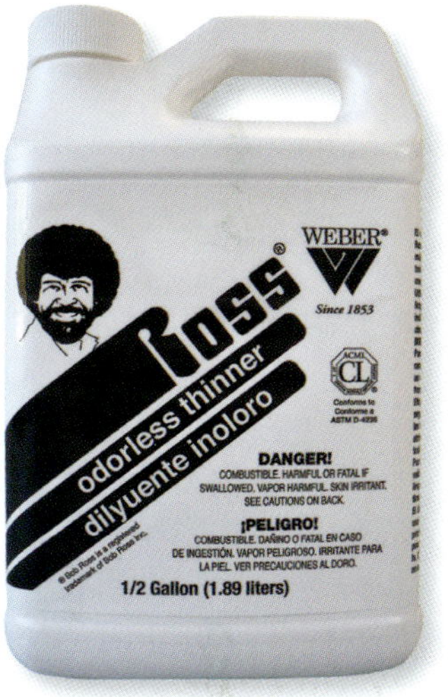

Reinigen Sie Ihre Pinsel nach jedem Gebrauch, um sie in einem guten Zustand zu halten. Entfernen Sie Ölfarbe mit geruchlosem Verdünner, indem Sie die Anweisungen auf dem Etikett genau befolgen. Trocknen Sie die Pinsel anschließend mit einem weichen Tuch oder Papiertuch ab. Sie können eine Einweg-Babywindel verwenden, um den Verdünner gründlich aufzusaugen und von den großen Pinseln zu entfernen. Massieren Sie abschließend eine sanfte Bürstenpflege in die Borsten ein.

Achtung: Wenn Sie Bobs Naturborstenpinsel verwenden, dürfen Sie kein Wasser zur Reinigung verwenden. Wasser sowie Lösungsmittel auf Wasserbasis würden die Borsten ruinieren! Wischen Sie sie stattdessen mit Verdünner ab.

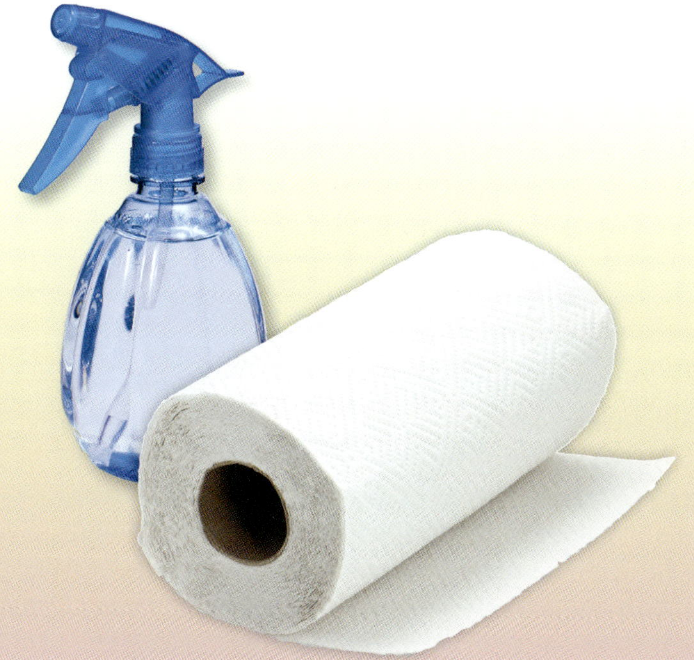

Putzmittel

Malerarbeiten können ein gewisses Verschmutzungspotenzial mit sich bringen, daher ist es eine gute Idee, Küchenrollen oder Lappen bereitzuhalten, um den Malbereich bei Bedarf zu reinigen.

Hier ein toller Tipp: Cremen Sie sich Ihre Hände großzügig mit einer Hautlotion ein, bevor Sie mit dem Malen beginnen. Das erleichtert Ihnen das Händewaschen im Anschluss.

GRUNDLEGENDE MALTECHNIKEN

Ölmaler tragen die Farben mit Pinseln und Spachtel auf ihre Untergründe auf. Die Vielfalt der Effekte, die Sie erzielen können, ist – je nach Wahl der Werkzeuge und Techniken – praktisch unbegrenzt.

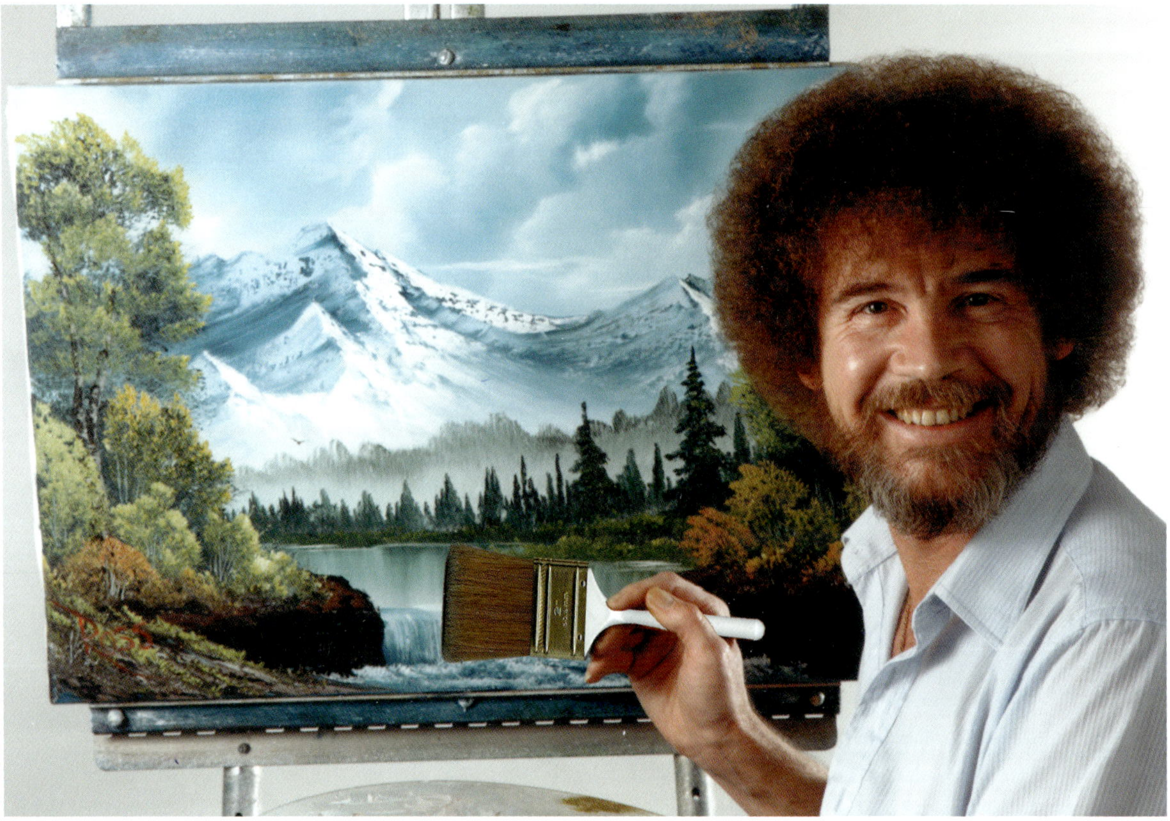

Die Nass-in-Nass- oder Alla-Prima-Technik

Die Nass-in-Nass-Technik wird manchmal auch »alla prima« (italienisch für »sofort«) genannt. Das bedeutet, dass Sie die gesamte Farbe in einem einzigen Arbeitsgang aufgetragen wird, anstatt zu warten, bis jede Phase getrocknet ist, bevor Sie mit der nächsten fortfahren. Bei Bobs schneller Malweise müssen Sie die Leinwand zunächst nass machen. Dazu tragen Sie mit dem 50 mm breiten Spalterpinsel eine dünne, gleichmäßige Grundierung aus einer seiner speziellen »Flüssigformeln« (siehe Seite 6) auf. Zusätzlich benötigen Sie eine spezielle feste Ölfarbe für die Grundfarben (ebenfalls auf Seite 6). Farben, die hauptsächlich für helle Akzente verwendet werden (Gelbtöne), werden in einer etwas dünneren Konsistenz gefertigt, um das Mischen und Auftragen zu erleichtern. Dünne Farbe haftet an dicker Farbe; das ist die Grundvoraussetzung für jede Alla-Prima-Methode.

Wenn Sie möchten, dass Ihre Bilder genauso aussehen wie die von Bob, dann erzielen Sie mit seiner Ausrüstung die bestmöglichen Ergebnisse. Aber Sie können verwenden, was Sie wollen. Denn in diesem Buch finden Sie viele Ideen und wunderbare Worte der Ermutigung, auch wenn Sie eine andere Technik verwenden.

Es gibt keine großen Geheimnisse beim Malen. Sie brauchen nur den Wunsch, etwas erschaffen zu wollen sowie ein paar grundlegende Techniken und etwas Übung. Nutzen Sie jede Schritt-für-Schritt-Anleitung als Lernerfahrung. Fügen Sie außerdem Ihre eigenen Ideen hinzu, so wird Ihr Selbstvertrauen wachsen und Sie werden Ihre Fertigkeiten rasch ausbauen.

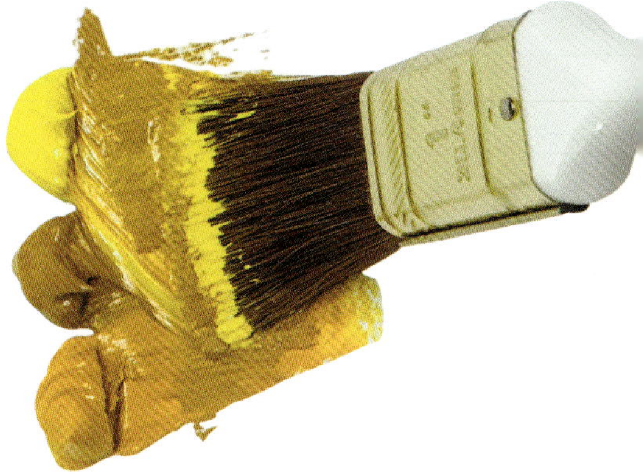

Farbe mit dem Pinsel oder Spachtel aufnehmen

Hier sind einige Tipps, wie Sie die Farbe mit Ihrem Pinsel oder Spachtel aufnehmen können:

- **Drehen:** Verwenden Sie den Detailpinsel, um kleine Details zu malen und Ihre Signatur auf Ihre Bilder aufzutragen. Verdünnen Sie Ihre Farbmischung zu einer tintenähnlichen Konsistenz, indem Sie den Pinsel in Farbverdünner eintauchen. Dann drehen Sie den Pinsel langsam, während Sie die Borsten durch die Farbmischung ziehen, sodass der Pinsel dabei eine scharfe Spitze bekommt. Üben Sie nur sehr wenig Druck aus, wenn Sie die letzten Details zu Ihrem Bild hinzufügen.
- **Anwinkeln und Tippen:** Nehmen Sie mit Ihrem Pinsel Farbe auf, indem Sie ihn in einem 45-Grad-Winkel halten und die Borsten in die Farbe tauchen. Lassen Sie den Pinsel jedes Mal, wenn Sie tippen, ein wenig in die Farbe gleiten. Dadurch stellen Sie sicher, dass die Spitzen der Borsten die Farbe vollständig aufnehmen können.
- **Festklopfen:** Klopfen Sie die Borsten fest gegen die Palette, um eine gleichmäßige Verteilung der Farbe über die gesamten Borsten sicherzustellen.
- **Zwei Farben gleichzeitig aufnehmen:** Fügen Sie helle Akzente und Schatten mit einem Strich hinzu, indem Sie gleich zwei Farben mit Ihrem Pinsel aufnehmen. Gehen Sie mit dem Pinsel zunächst in die dunkle Farbe und ziehen Sie dann eine Seite der Borsten durch eine Mischung aus Ihrer Akzent-Farbe. Verwenden Sie einen einzigen, gebogenen Strich, um Felsen zu formen. Formen Sie Bäume, indem Sie den Pinsel senkrecht halten, wobei die helle Seite des Pinsels in Richtung der im Bild intendierten Lichtquelle gerichtet ist, und bewegen Sie den Pinsel nach unten.

Sie können Bäumen und Sträuchern auch zwei Akzent-Farben auf einmal hinzufügen. Ziehen Sie den Pinsel mit dem Griff gerade nach oben durch Ihre erste Farbe (mehrmals in eine Richtung, um eine Ecke der Borsten abzurunden). Berühren Sie anschließend nur mit der abgerundeten Ecke des Pinsels eine sehr dünne Mischung der zweiten Farbe. Halten Sie den Pinsel mit den Borsten der abgerundeten Ecke nach oben, um die einzelnen Bäume und Sträucher hervorzuheben.

Malen mit dem Spachtel

Ziehen Sie die Farbmischung ganz flach über die Palette, halten Sie den Spachtel gerade nach oben und »schneiden« Sie quer durch die Mischung, um mit der langen Kante des Spachtels eine kleine Farbrolle aufzunehmen. Wenn Sie den Spachtel gerade nach oben halten, wird die kleine Farbrolle bis an den Rand der Klinge gedrückt.

Um Baumrinde, Bergspitzen, Felsen und Bodenbereiche mit einem Spachtel zu malen, verwenden Sie lange, gleichmäßige Striche und üben Sie nur wenig Druck aus, sodass die Farbe »bricht« und die dunklere Farbe schattige Breiche erschafft. Verwenden Sie die Winkel der Spachtelstriche, um die Bodenbeschaffenheit darzustellen.

Hier sind einige Effekte, die Sie mit einem Spachtel erzielen können:

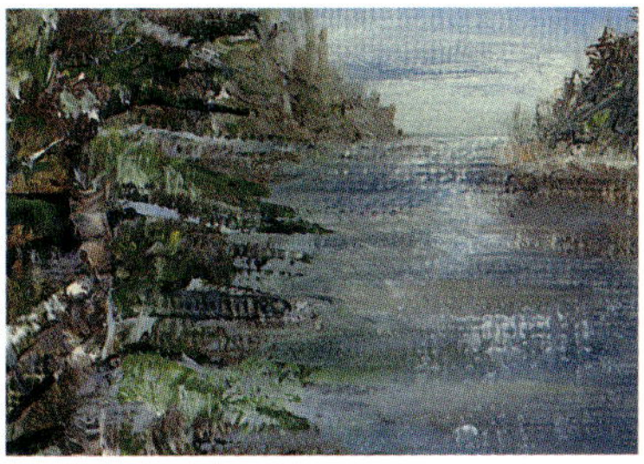

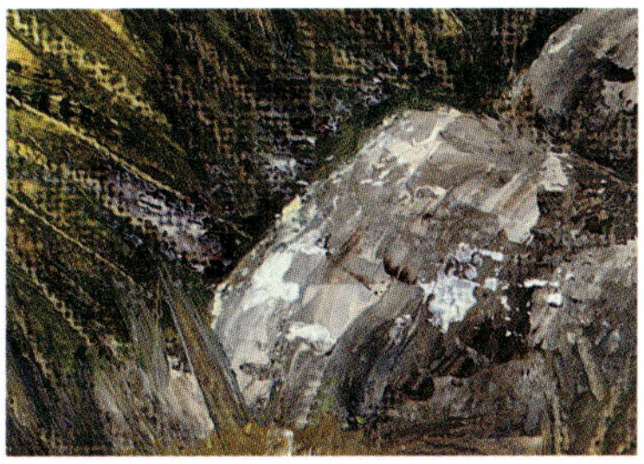

MALEN VON GLÜCKLICHEN BÄUMEN, BERGEN UND MEHR

Glückliche Bäume

Auf fast jedem Bild von Bob Ross ist ein glücklicher kleiner Baum zu sehen. In diesem Buch können Sie immer wieder auf diese Technik zurückgreifen, um Ihre Nadelbäume zu malen.. Für diese Technik benötigen Sie einen Fächerpinsel und ein Spachtel. Je nach verwendeten Ölfarben können die Farben variieren.

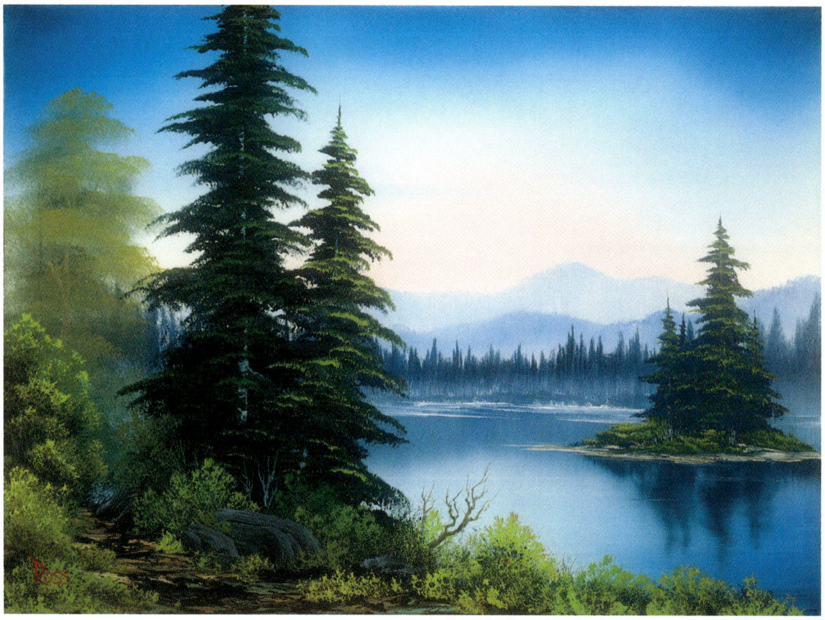

SCHRITT 1 Geben Sie eine schöne dunkle Farbmischung auf den Fächerpinsel. Halten Sie dann den Pinsel vertikal und fahren Sie über die Leinwand, um die Mittellinie jedes Baumes zu erstellen.

SCHRITT 2 Verwenden Sie nur die Ecke des Pinsels, um oben kleine Zweige hinzuzufügen.

SCHRITT 3 Arbeiten Sie sich gleichmäßig von Seite zu Seite nach unten und üben Sie dabei immer mehr Druck auf den Pinsel aus, sodass Sie die Borsten zwingen, sich nach unten zu biegen. Die Zweige werden automatisch größer, wenn Sie sich dem Ende des Stamms eines jeden Baumes nähern.

SCHRITT 4 Fügen sie die Rinde mittels einer Farbrolle aus Titanweiß und Dunkelsiena auf Ihrem Spachtel hinzu.

SCHRITT 5 Nehmen Sie Kadmiumgelb und Mitternachtsschwarz mit dem Fächerpinsel auf und setzen Sie ganz sanft Farbakzente auf die Zweige.

Dicke Baumstämme

Um dickere Baumstämme zu malen, gehen Sie mit dem großen Fächerpinsel zunächst in die dunkle Farbe. Beginnen Sie am oberen Rand der Leinwand, halten Sie den Pinsel senkrecht und ziehen Sie ihn nach unten. Üben Sie gegen Ende des Baums mehr Druck auf den Pinsel aus, um den Stamm zu verdicken. Heben Sie die rechte Seite des Stamms mit einer helleren Farbmischung hervor, indem Sie die lange Seite des Spachtels verwenden. Fügen Sie Zweige mit dunkler, verdünnter Farbe auf einem Detailpinsel hinzu.

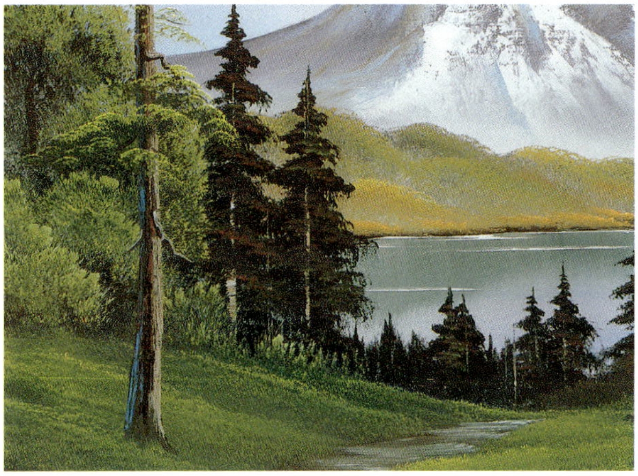

Andeuten von Baumkronen

Füllen Sie beide Seiten des 25 oder 50 mm breiten Spalterpinsels mit Farbe und tippen Sie dann mit einer Ecke des Pinsels nach unten, um entfernte Hügel im Hintergrund anzudeuten. Mit sehr kurzen, nach oben gerichteten Strichen können Sie den Eindruck von kleinen Baumkronen an den oberen Rändern der Hügel erwecken. Wenn Sie vom Betrachter aus weiter vorn im Gemälde arbeiten, verwenden Sie eine dunklere Farbmischung.

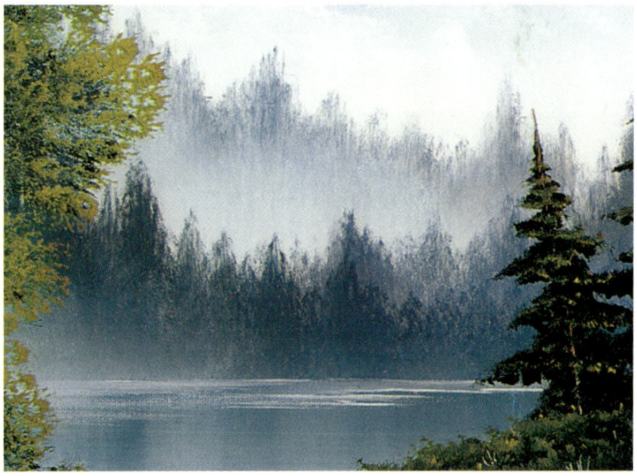

Grasflächen

Grundieren Sie die Flächen mit einer dunklen Farbmischung und einem 50 mm breiten Spalterpinsel und nehmen Sie mit dem gleichen Pinsel dann verschiedene Mischungen aus allen Gelbtönen und Hellrot auf, um diese Flächen hervorzuheben. Geben Sie dem Pinsel einen leichten »Stoß« nach oben, um höhere Gräser zu erschaffen. Arbeiten Sie in Schichten, während Sie sich nach vorn arbeiten und achten Sie darauf, dass Sie nicht schon die gesamte dunkle Grundfarbe auf der Leinwand bedecken.

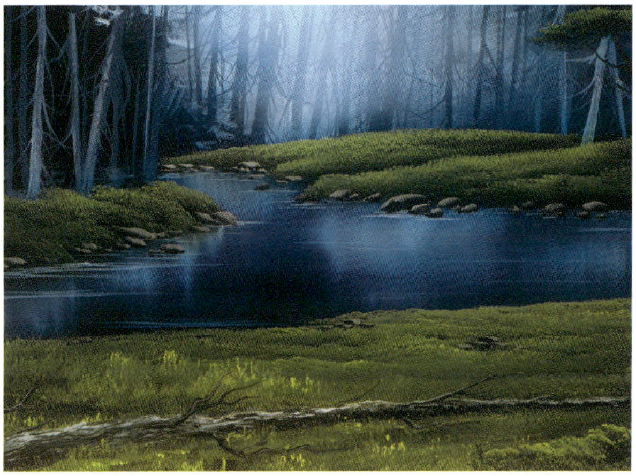

Anmutige Gebirge

»Sie haben die Fähigkeit, Berge zu versetzen«, sagte Bob Ross. Und alles, was Sie dazu brauchen, ist etwas Farbe, einen Spachtel und einen 50 mm breiten Spalterpinsel. Wenn Sie bei einem der Malprojekte in diesem Buch einen Berg erschaffen sollen, finden Sie auf diesen Seiten hier eine detaillierte Anleitung. Die Farben variieren von Bild zu Bild.

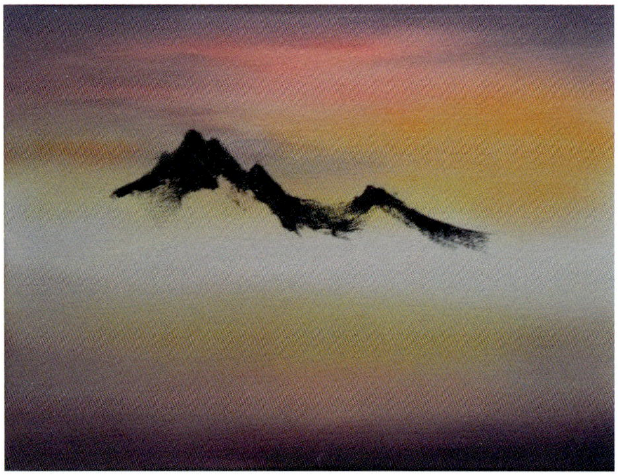

SCHRITT 1

Verwenden Sie den Spachtel und eine Mischung aus Mitternachtsschwarz, Preußischblau, Alizarinkarmesin und Vandyckbraun, um den Berg zu malen. Ziehen Sie die Mischung sehr flach über die Palette, halten Sie den Spachtel gerade nach oben und »schneiden« Sie quer über die Mischung, um eine kleine Farbrolle an der langen Kante des Spachtels zu erzeugen (wenn Sie den Spachtel gerade nach oben halten, entsteht die Farbrolle genau an der Klinge des Spachtels). Mit Druck formen Sie nun nur den oberen Rand des Berges.

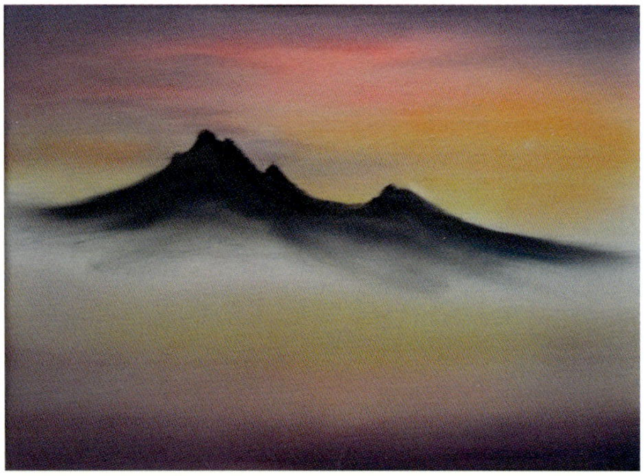

SCHRITT 2

Wenn Sie mit der Grundform der Bergspitze zufrieden sind, entfernen Sie etwaige überschüssige Farbe mit dem Spachtel. Verblenden Sie dann die übrige Farbe mit dem Spalterpinsel nach unten hin, zum Fuße des Gebirges.

Nebel

Um die Illusion von Nebel zu erzeugen, verblenden Sie den Fuß des Gebirges mit einem trockenen und sauberen Spalterpinsel, indem Sie fest auf die Leinwand klopfen. Streichen Sie anschließend mit dem Pinsel sanft nach oben, um den Nebel zu verblenden und abzuschwächen.

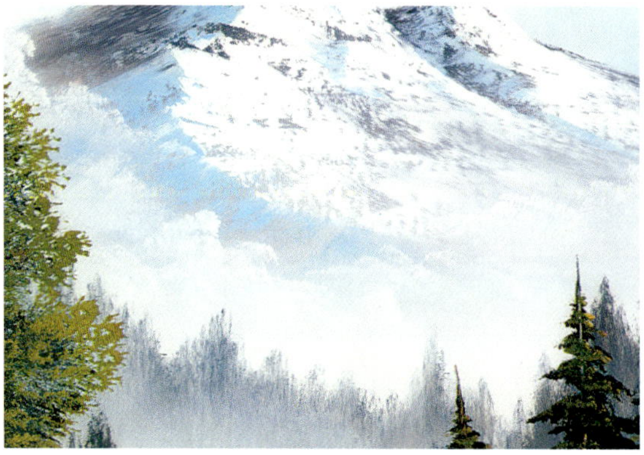

»Sie haben die Fähigkeit, Berge zu versetzen.«

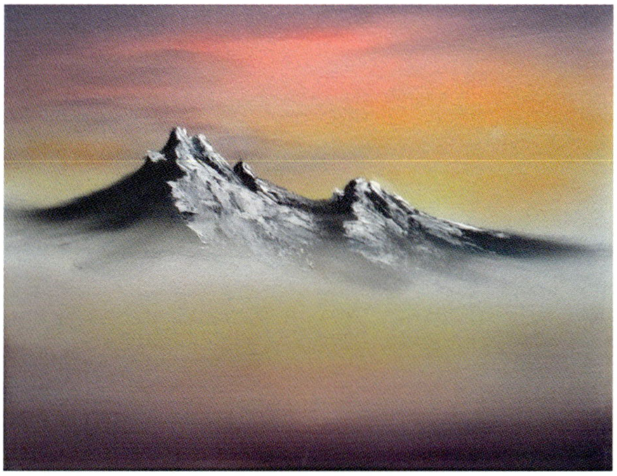

SCHRITT 3

Heben Sie den Berg mit verschiedenen Mischungen aus Titanweiß und Mitternachtsschwarz hervor. Nehmen Sie zunächst eine kleine Farbrolle mit Ihrem Spachtel auf. Beginnen Sie an der Spitze (und achten Sie dabei auf die verschiedenen Winkel), gleiten Sie mit dem Spachtel an der rechten Seite jedes einzelnen Berges hinunter und üben Sie so wenig Druck aus, dass die Farbe »bricht«.

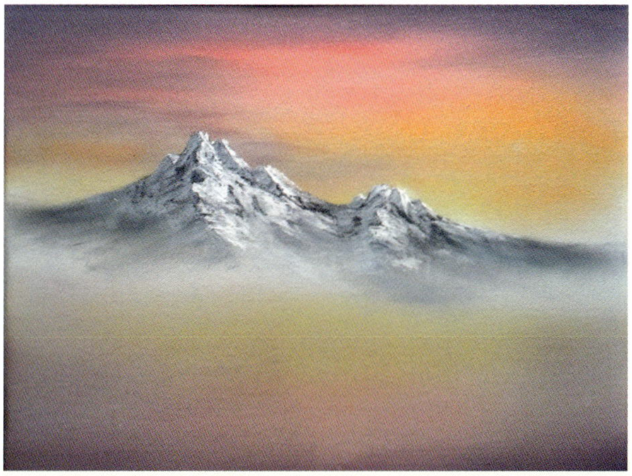

SCHRITT 4

Verwenden Sie eine Mischung aus Titanweiß, Preußischblau, Mitternachtsschwarz, Vandyckbraun und Hellrot, die Sie auf der linken Bergseite für die Darstellung der Bergspitzen auftragen. Auch hier sollten Sie so wenig Druck ausüben, dass die Farbe »bricht«.

Klopfen Sie mit einem sauberen und trockenen Spalterpinsel auf die Leinwand, um den Fuß des Berges zu verblenden (folgen Sie dabei vorsichtig den Winkeln und Linien). Wenn Sie mögen, »stoßen« Sie den Pinsel vorsichtig nach oben, um die Illusion von Nebel zu erzeugen.

Wolken

Nehmen Sie mit einem Fächerpinsel etwas Titanweiß auf. Malen Sie mit einer Ecke des Pinsels Wolkenformen, indem Sie kleine, kreisförmige Bewegungen ausführen. Die Unterseite der Wolken verblenden Sie nur mit der oberen Ecke eines sauberen und trockenen Spalterpinsels. Verwenden Sie wieder kleine, kreisförmige Striche und führen Sie den Pinsel dann sanft nach oben, um sie »aufzulockern«.

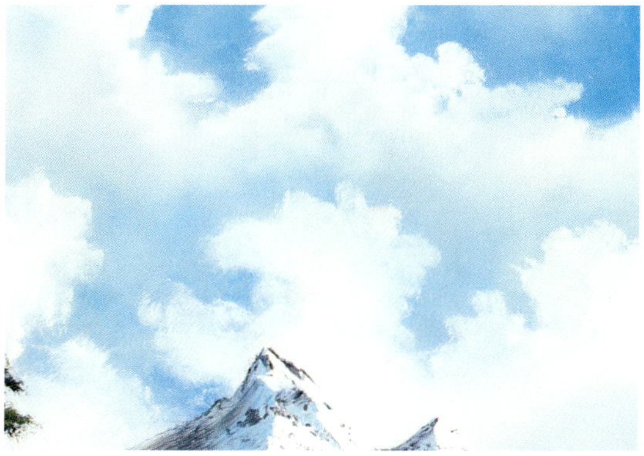

ANMUTIGER BERG

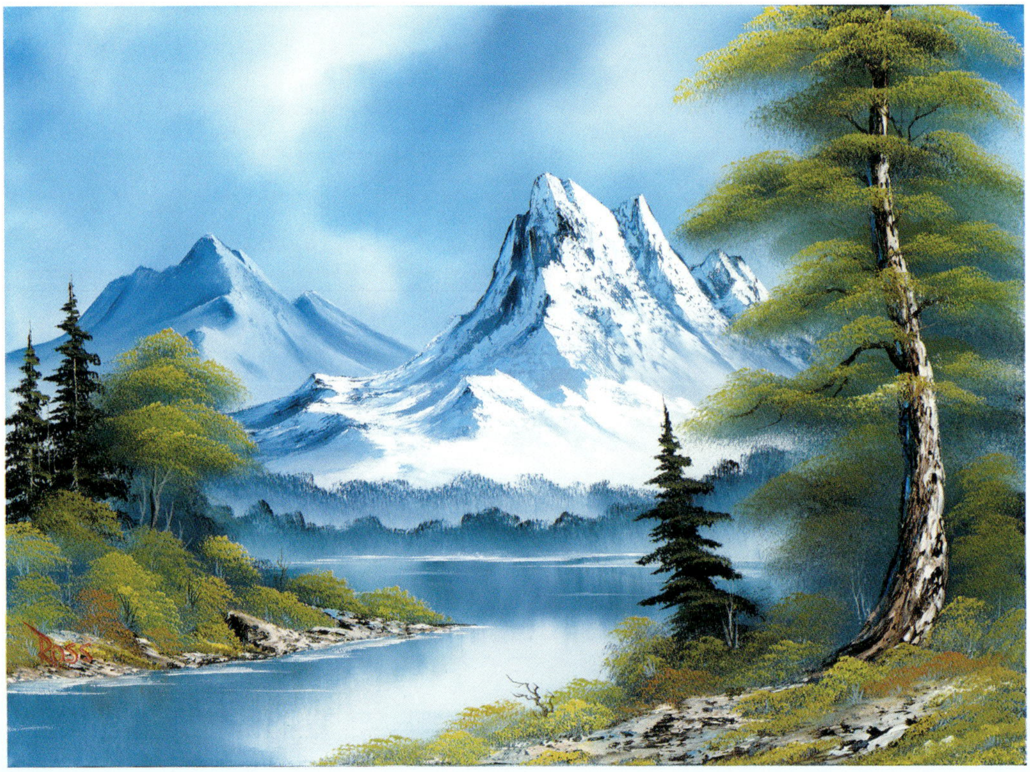

WERKZEUGE UND MATERIALIEN

- 25 mm breiter Spalterpinsel
- 50 mm breiter Spalterpinsel
- Großer Fächerpinsel
- Detailpinsel
- Großer Spachtel
- Kleiner Spachtel
- 45 cm x 60 cm große Leinwand
- Flüssigweiß
- Alizarinkarmesin
- Hellrot
- Kadmiumgelb
- Dunkelsiena
- Indischgelb
- Mitternachtsschwarz
- Phthaloblau
- Preußischblau
- Saftgrün
- Titanweiß
- Vandyckbraun
- Ockergelb

»Lassen Sie uns etwas Verrücktes tun, was soll's?! Nehmen Sie einen 50 mm breiten Spalterpinsel; das ist Ihre Mutprobe!«

VORBEREITUNG DER LEINWAND

Verwenden Sie den 50 mm breiten Spalterpinsel, um die gesamte Leinwand mit einer dünnen, gleichmäßigen Schicht Flüssigweiß zu bedecken. Beginnen Sie auf der nassen Leinwand, bevor das Flüssigweiß getrocknet ist.

Himmel und Wasser

SCHRITT 1

Nutzen Sie überkreuzende Striche, um mit dem 50 mm breiten Spalterpinsel und einer kleinen Menge Mitternachtsschwarz und Phthaloblau den Himmel zu färben. Verwenden Sie – ohne den Pinsel zu reinigen – die gleichen beiden Farben, um Wasser mit langen, horizontalen Strichen aufzutragen. Lassen Sie den mittleren Bereich der Leinwand recht hell. Verwenden Sie überkreuzende Pinselstriche, um den Himmel zu verblenden. Mittels langer, horizontaler Striche verblenden Sie die Wasserfläche.

Berge

SCHRITT 2

Um den kleinen, entfernten Berg zu malen, folgen Sie den Anweisungen auf Seite 14 und erstellen eine Mischung aus Preußischblau, Mitternachtsschwarz und Titanweiß. Fügen Sie etwas von dieser Farbmischung zu einer kleinen Menge Titanweiß hinzu, um die hellen Akzente des Berges zu kreieren.

Eine kleine Menge dieser ursprünglichen Mischung verwenden Sie auf den linken Seite der Bergspitzen, um Schatten zu erzeugen.

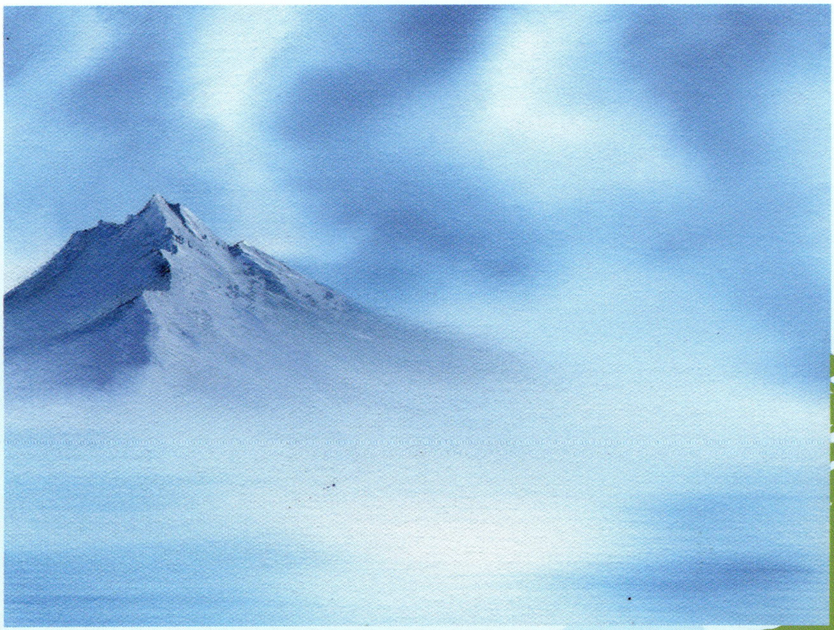

SCHRITT 3

Malen Sie mit der gleichen Technik den größeren, näheren Berg. Erstellen Sie eine dunklere Mischung aus Mitternachtsschwarz und Preußischblau. Mit der langen Klinge des Spachtels formen Sie den Berg.

Um den Berg hervorzuheben, nehmen Sie mit der langen Klinge des Spachtels eine kleine Rolle Titanweiß auf und tragen diese auf der rechten Seite auf. Verwenden Sie dann eine Mischung aus Titanweiß und Phthaloblau, um Schatten auf der linken Seite der Spitze zu erzeugen.

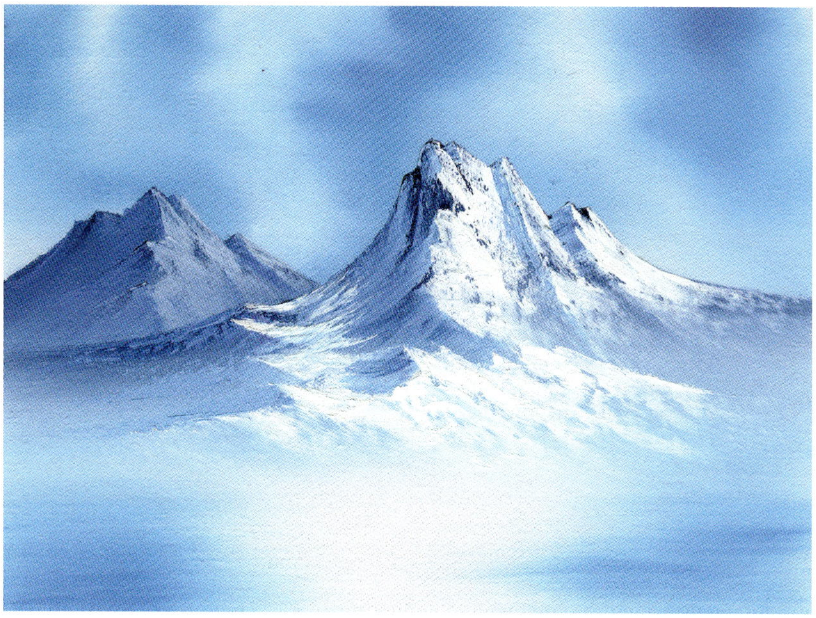

Ferne Hügel

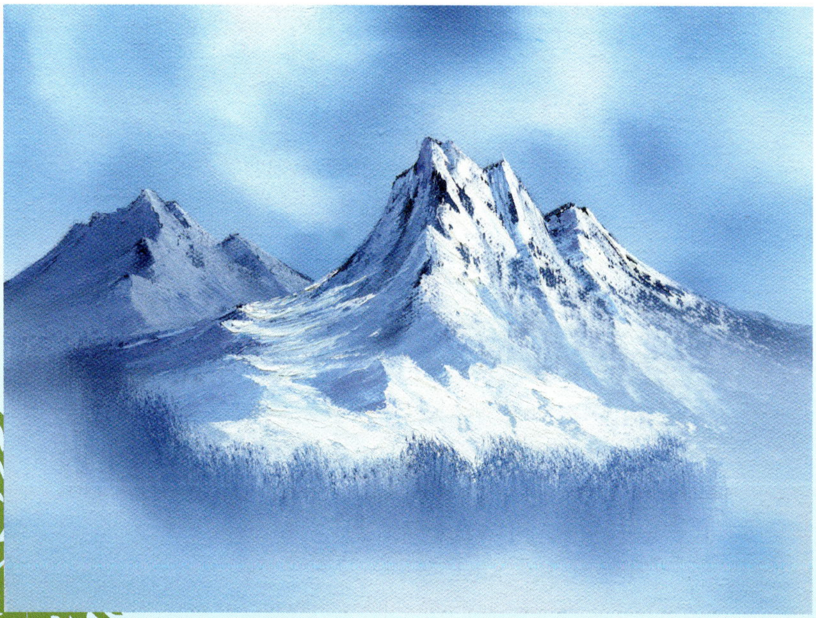

SCHRITT 4

Verwenden Sie den Spachtel, um Mitternachtsschwarz, Preußischblau, Vandyckbraun und Alizarinkarmesin auf Ihrer Palette zu mischen. Einem kleinen Teil dieser Mischung fügen Sie Titanweiß hinzu, um einen helleren Ton zu erzeugen. Nehmen Sie mit dem 25 mm breiten Spalterpinsel die hellere Farbe auf und verwenden Sie kurze, nach unten gerichtete Striche, um entfernte Baumformen zu schaffen. Verblenden Sie die untere Seite dieser Gebirgsausläufer, indem Sie erst mit einem sauberen und trockenen 50 mm breiten Spalterpinsel fest auf die Leinwand klopfen und dann den Pinsel nach oben führen.

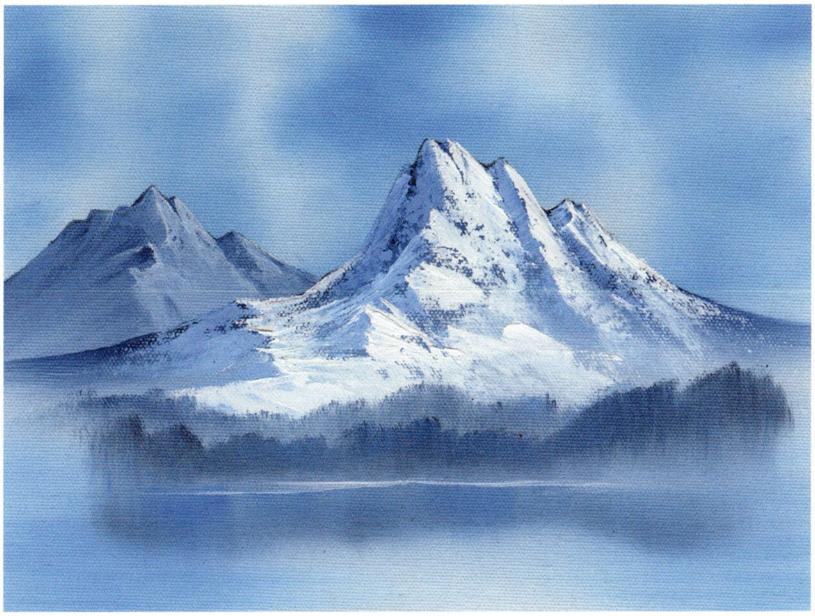

SCHRITT 5

Erschaffen Sie eine zweite Reihe von Hügeln mit der dunkleren Mischung und dem 25 mm breiten Spalterpinsel. Wieder verwenden Sie den 50 mm breiten Spalterpinsel, um zu klopfen, zu verblenden und nach oben zu streichen.

Reflektieren Sie die Ausläufer in der unbewegten Wasserfläche mit dem 25 mm breiten Pinsel und der dunkleren Farbmischung. Verwenden Sie den 50 mm breiten Pinsel, um die Spiegelungen nach unten zu ziehen und streichen Sie dann vorsichtig, in horizontalen Bewegungen, darüber. Verwenden Sie eine kleine Farbrolle mit einer Mischung aus Flüssigweiß und Phthaloblau auf dem Spachtel um die Wasserlinien »einzuschneiden«.

»Es muss Dunkelheit geben, um das Licht zu sehen, genau wie im wahren Leben.«

Bäume und Sträucher im Mittelgrund

SCHRITT 6

Grundieren Sie die größeren Bäume und Büsche auf der linken Seite mit einer Mischung aus Mitternachtsschwarz, Preußischblau, Vandyckbraun und Alizarinkarmesin sowie dem 50 mm breiten Spalterpinsel. Tupfen Sie sich sukzessive nach unten, um die Grundrisse der Bäume und Büsche zu formen. Wenn Sie am unteren Ende der Bäume begonnen haben, wird die Farbe heller, je weiter Sie sich den Baumkronen nähern. Bringen Sie die dunkle Grundfarbe auch auf dem Wasser auf, um Reflexionen zu erzeugen. Ziehen Sie den Pinsel nach unten und streichen Sie leicht über die Farbe, um ein verschwommenes Aussehen zu erzeugen.

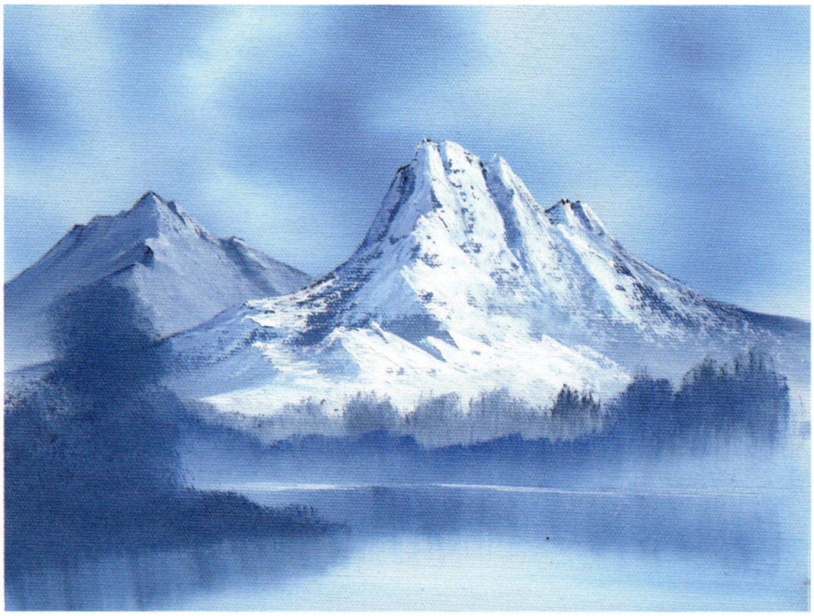

Bäume und Sträucher im Vordergrund

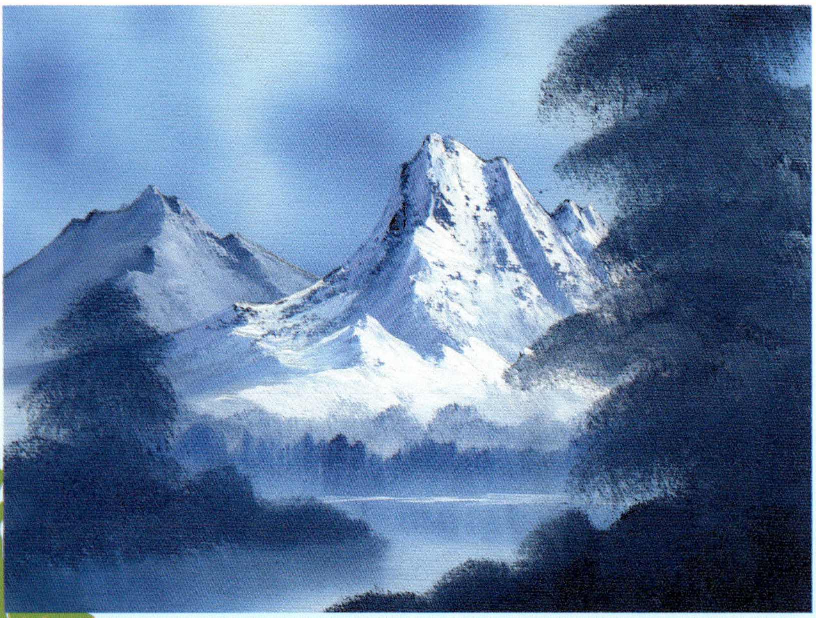

SCHRITT 7

Verwenden Sie den großen Spalterpinsel sowie die gleiche dunkle Farbmischung, um eine Grundfläche für die großen Bäume im Vordergrund auf der rechten Seite des Bildes zu schaffen.

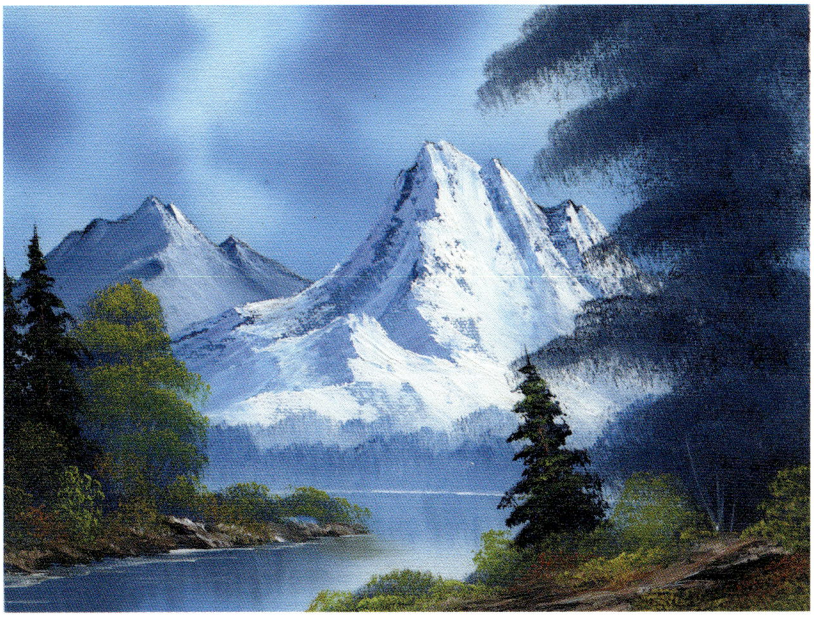

SCHRITT 8

Um immergrüne Bäume zu malen, nehmen Sie mit einem Fächerpinsel eine dunkle Mischung aus Mitternachtsschwarz, Phthaloblau, Saftgrün, Vandyckbraun und Alizarinkarmesin auf. Eine Anleitung zum Malen der Bäume finden Sie auf Seite 12.

Dunkle Akzente auf Bäume und Sträucher setzen Sie, indem Sie Kadmiumgelb und Ockergelb mit demselben Pinsel auftragen. Klopfen Sie mit einer Ecke des Pinsels auf die Leinwand, um individuelle Baum- und Buschformen zu erschaffen.

»Das wäre ein guter Platz, an dem mein kleines Eichhörnchen leben könnte.«

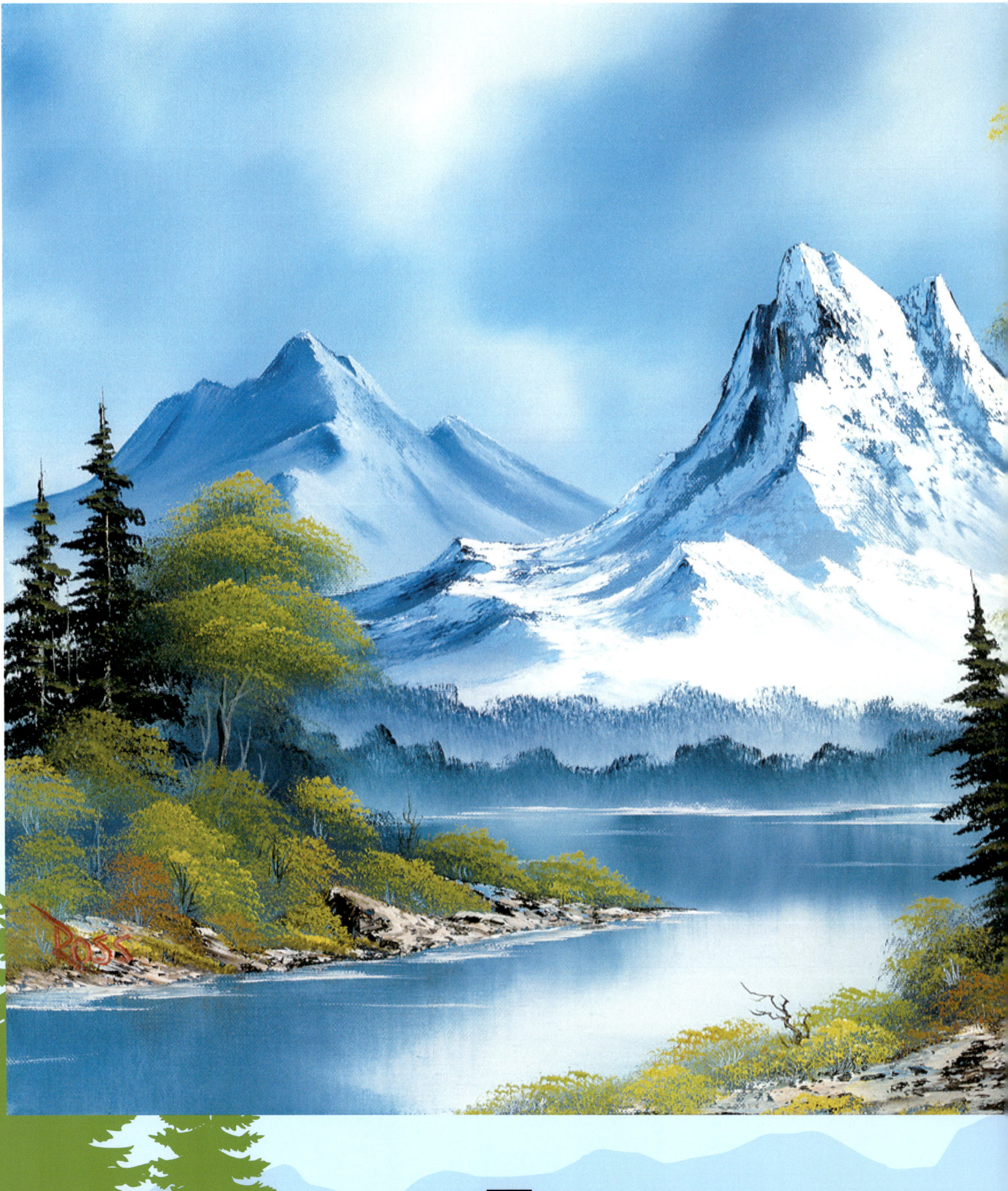
ROSS

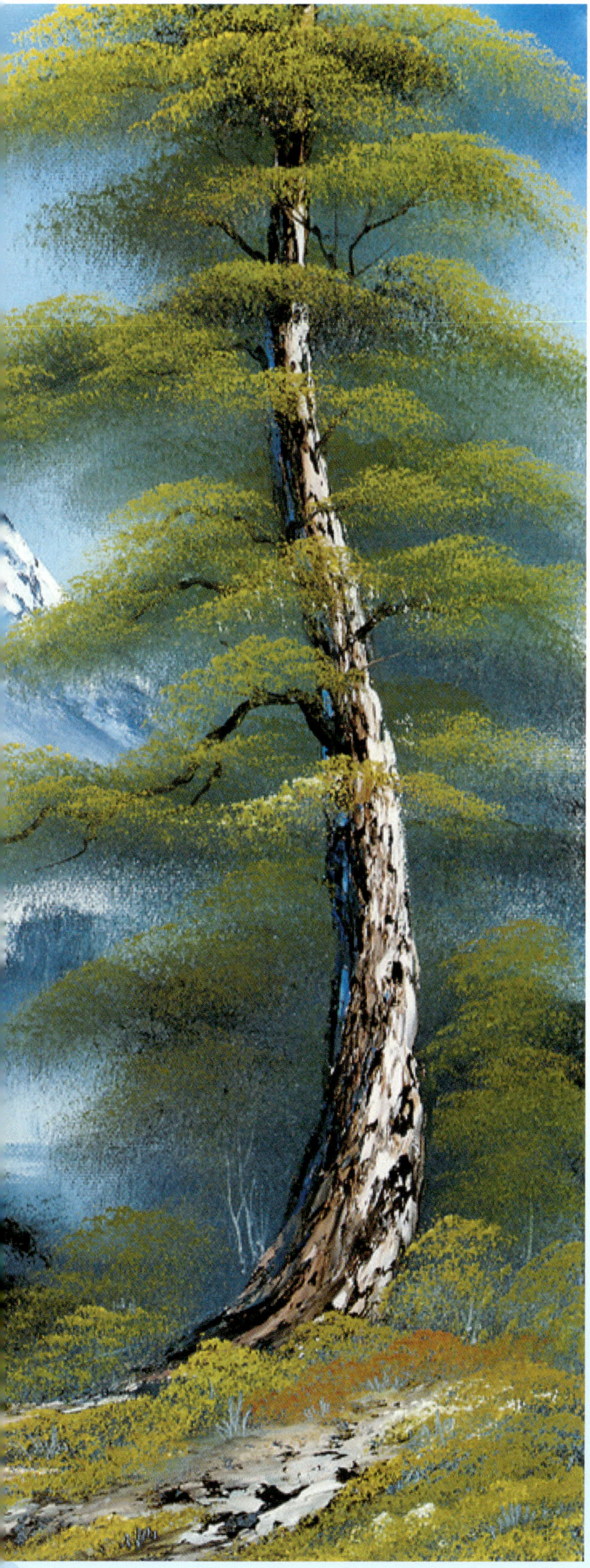

SCHRITT 9

Nehmen Sie Vandyckbraun mit der langen Klinge des Spachtels auf, um den großen Baumstamm auf der rechten Seite zu kreieren. Heben Sie den Baumstamm mittels einer Farbrolle aus Dunkelsiena, Phthaloblau und Titanweiß auf dem Spachtel hervor. Fügen Sie dem großen Baum Zweige hinzu, indem Sie verdünntes Vandyckbraun mit dem Detailpinsel auftragen.

Setzen Sie die hellen Blattakzente mithilfe eines 25 mm breiten Spalterpinsels und einer Mischung aus allen Gelbtönen. Fügen Sie die Bodenflächen mit Vandyckbraun und einem Spachtel hinzu und setzen Sie dann Akzente mit einer Mischung aus Vandyckbraun und Titanweiß, wobei Sie so wenig Druck ausüben sollten, dass die Farbe »bricht«. Setzen Sie helle Akzente auf die kleinen Bäume und Sträucher, indem Sie ihnen mit dem 25 mm breiten Spalterpinsel verschiedene Mischungen aus Saftgrün, den Gelbtönen und Hellrot auftupfen. Arbeiten Sie schichweise und ohne die gesamte dunkle Grundfarbe zu übermalen; formen Sie auf diese Weise sorgfältig jeden Baum und Busch.

Letzter Feinschliff

Verwenden Sie die Spitze des Spachtels, um Stöcke und Zweige anzudeuten. Oder Sie fügen kleine Details mit einer verdünnten braunen Farbmischung und einem Detailpinsel hinzu. Vergessen Sie am Ende nicht, Ihr fertiges Meisterwerk zu signieren!

HOHE BRANDUNG

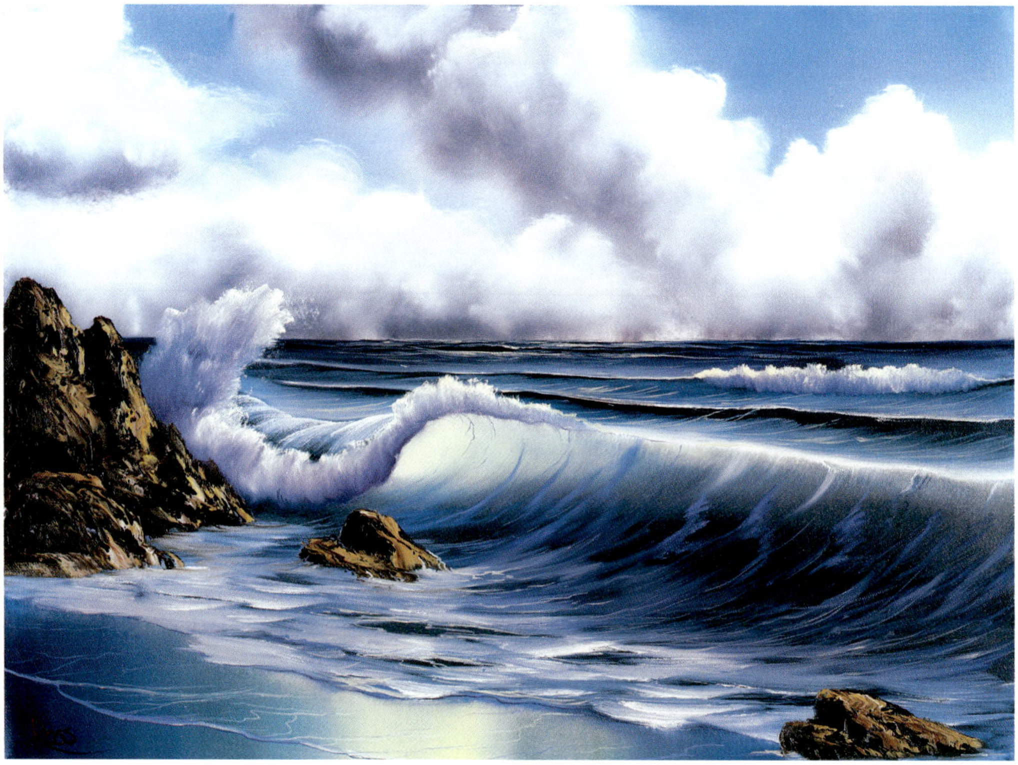

WERKZEUGE UND MATERIALIEN

- 50 mm breiter Spalterpinsel
- Großer Fächerpinsel
- Kleiner Katzenzungenpinsel
- Detailpinsel
- Großer Spachtel
- 45 cm x 60 cm große Leinwand
- Klebeband
- Flüssigweiß
- Flüssigtransparent
- Titanweiß
- Hellrot
- Phthaloblau
- Preußischblau
- Mitternachtsschwarz
- Dunkelsiena
- Vandyckbraun
- Alizarinkarmesin
- Kadmiumgelb
- Ockergelb

»Und Erfolg in der Malerei führt auch in vielerlei Hinsicht zu Erfolg in anderen Bereichen; er überträgt sich auf jeden Teil Ihres Lebens.«

VORBEREITUNG DER LEINWAND

Markieren Sie mit einem Klebeband-Streifen etwa 20 cm unterhalb des oberen Randes den Horizont. Tragen Sie nacheinander eine dünne, gleichmäßige Schicht Flüssigweiß und Flüssigtransparent oberhalb des Horizonts mit einem 50 mm breiten Spalterpinsel auf.

Himmel

SCHRITT 1

Erschaffen Sie durch kreisende Bewegungen dunkle Wolkenformen mit einer Mischung aus Mitternachtsschwarz und Alizarinkarmesin und einem Spalterpinsel.

SCHRITT 2

Die Farbe des Himmels im Bereich zwischen den Wolken vervollständigen Sie mit einer Mischung aus Phthaloblau, Titanweiß sowie einem Hauch von Hellrot auf dem Spalterpinsel. Heben Sie die Wolken mit einem sauberen und trockenen Spalterpinsel mit einer Mischung aus Titanweiß und einem Hauch von Hellrot hervor, indem Sie mit der oberen Ecke des Pinsels kleine kreisförmige Striche ausführen. Decken Sie nicht die gesamte dunkle Fläche der Wolken ab. Verwenden Sie kreisende Bewegungen mit der oberen Ecke eines sauberen und trockenen Spalterpinsels, um die Wolken zu verblenden, und heben Sie dann den Pinsel vorsichtig nach oben, um die Wolken aufzulockern.

Wasser

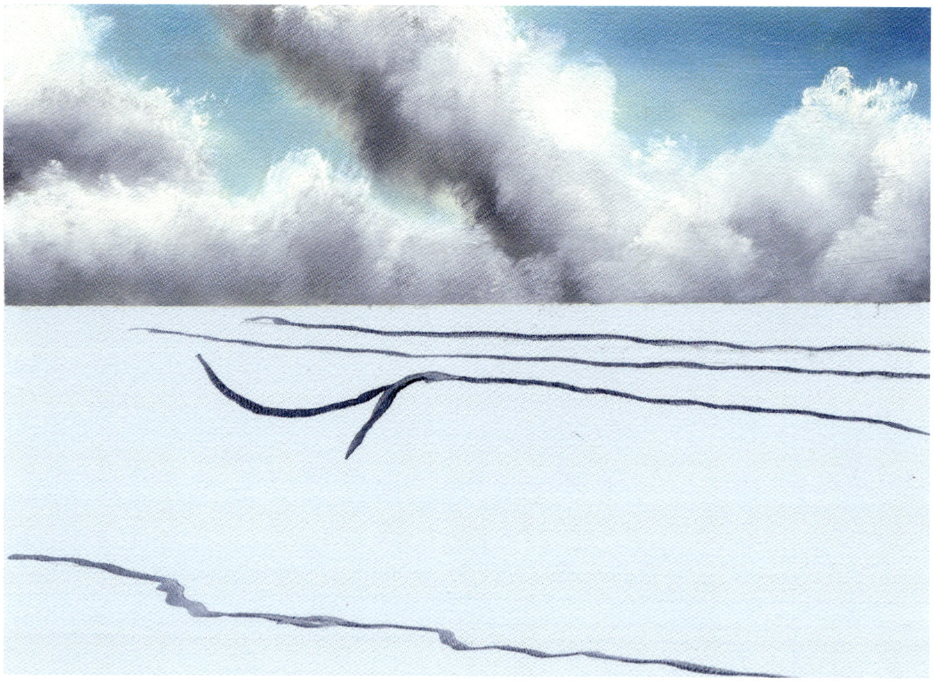

SCHRITT 3

Entfernen Sie das Klebeband, um eine schöne und gerade Horizontlinie freizulegen. Verwenden Sie eine Mischung aus Farbverdünner, Phthaloblau, und Alizarinkarmesin auf dem kleinen Katzenzungenpinsel, um grob große Wellenformen zu skizzieren.

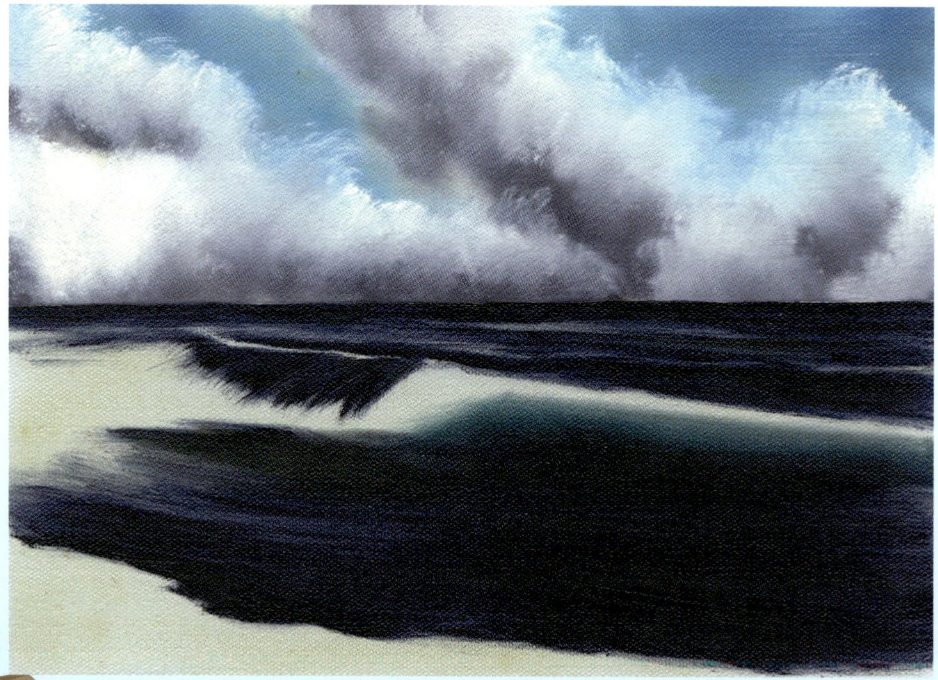

SCHRITT 4

Füllen Sie die gesamte Wasserfläche mithilfe des Spalterpinsels und mit einer Mischung aus Preußischblau und Alizarinkarmesin. Verwenden Sie lange, horizontale Striche. Ohne den Pinsel zu reinigen, fügen Sie ein wenig Ockergelb zu der Mischung hinzu, während Sie sich nach vorn zum Betrachter arbeiten.

Ohne den Pinsel zu säubern, nehmen Sie Mitternachtsschwarz und Ockergelb auf und fügen mit langen, horizontalen Strichen den Schattenbereich unter der großen Welle hinzu, wobei Sie das Wasser in Richtung Strand weiterziehen. Fahren Sie fort, indem Sie Phthaloblau und Ockergelb auf die große Welle auftragen, wobei Sie den oberen Rand und das transparente »Auge« auslassen. Ziehen Sie die dunkle Farbmischung mit demselben Pinsel über die Oberseite der brechenden Welle.

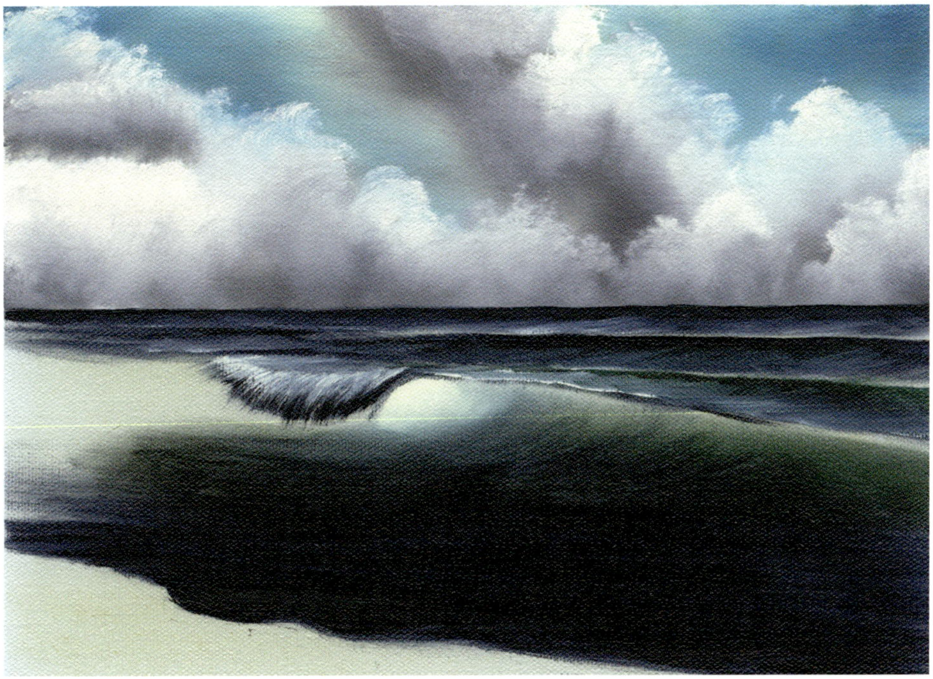

SCHRITT 5

Um die Wellen im Hintergrund zu gestalten, fügen Sie zwei lange, horizontale Linien mit Titanweiß und einem Fächerpinsel hinzu. Fügen Sie dieses Weiß auch am oberen Rand der Welle und auf der Oberseite der brechenden Welle hinzu. Erfassen Sie mit einem sauberen und trockenen Fächerpinsel in einer kleinen, schwungvollen Bewegung nur die Oberkante der weißen Linien – ziehen Sie sie dann zurück und mischen Sie sie mit der dunklen Grundfarbe des Wassers. Lassen Sie dunkle Bereiche zwischen den Wellen existieren. Setzen Sie anschließend in der Nähe des Horizonts mit Titanweiß und einem Fächerpinsel ein wenig »Wasserfunkeln« in den Hintergrund.

Mit dem Spachtel stellen Sie auf Ihrer Palette eine Mischung aus Titanweiß und einem Hauch von Kadmiumgelb her. Verwenden Sie diese Mischung und einen kleinen Katzenzungenpinsel, um das transparente »Auge« der Welle auszufüllen. Lassen Sie diese helle Farbe über einem kleinen Teil der oberen Welle auslaufen. Mit der oberen Ecke eines sauberen und trockenen Spalterpinsels verblenden Sie vorsichtig das »Auge« der Welle. Verblenden und formen Sie die gesamte Welle, indem Sie mit einer waagerechten Pinselhaltung vom hellen Bereich oben bis zur dunklen Grundfarbe hinunterziehen und darauf achten, dass keine der dunklen Farben in das »Auge« der Welle gelangt. Verwenden Sie eine schwungvolle Bewegung mit dem Pinsel, um den Fluss des Wassers zu erzeugen.

Verwenden Sie Titanweiß und einen Fächerpinsel, um die obere Kante der Welle hervorzuheben. Benutzen Sie den Fächerpinsel außerdem, um mit dem Titanweiß leicht über die brechende Welle zu streichen und so helle Akzente auf der Welle zu setzen.

»Lassen Sie uns hier ein paar kleine Akzente setzen, nur damit die kleinen Tropfen in der Sonne funkeln.«

SCHRITT 6

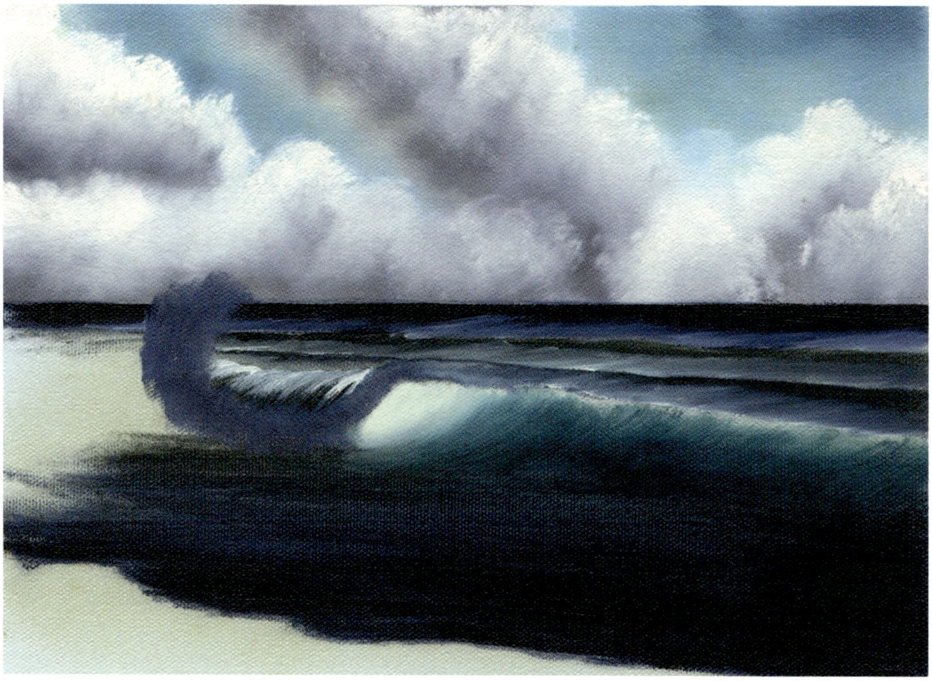

Mischen Sie mit dem kleinen Katzenzungenpinsel eine Lavendelfarbe aus Phthaloblau, Titanweiß und Alizarinkarmesin an. Mit kleinen, kreisförmigen Strichen beginnen Sie nun, den Schaum des großen Brechers zu erschaffen und dann die oberen Kanten mit Titanweiß und Kadmiumgelb hervorzuheben. Verblenden Sie diese leicht mit einem sauberen und trockenen kleinen Katzenzungenpinsel und verblenden Sie dann den gesamten Schaumbereich mit der oberen Ecke eines sauberen und trockenen Spalterpinsels.

Formen Sie mit einer Mischung aus Phthaloblau, Titanweiß und Alizarinkarmesin und einem Fächerpinsel kleine Schaummuster in der großen Welle. Während Sie sich vorarbeiten, wischen Sie Schaum ins Wasser, indem Sie den Pinsel waagerecht halten und mit Titanweiß malen.

SCHRITT 7

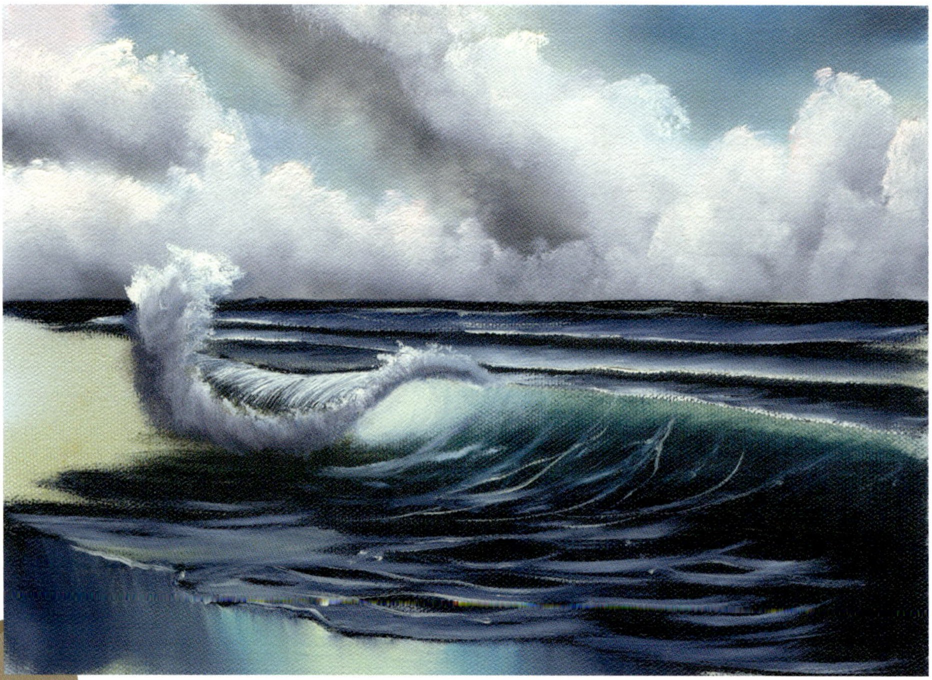

Für Reflexionen im nassen Sand verwenden Sie den Fächerpinsel und eine Mischung aus Titanweiß und Kadmiumgelb, wobei Sie die Farbe nach außen hin dunkler werden lassen, indem Sie Phthaloblau, Alizarinkarmesin und Mitternachtsschwarz hinzufügen. Ziehen Sie die Farbe mit einem sauberen und trockenen Spalterpinsel nach unten und streichen Sie für ein wasserartiges Aussehen dann vorsichtig darüber.

Verwenden Sie den Detailpinsel mit Farbverdünner und der weiß-gelben Farbmischung, um den oberen Rand der großen Welle hervorzuheben – fügen Sie dem Pinsel nach und nach etwas Phthaloblau hinzu. Malen Sie mithilfe des kleinen Katzenzungenpinsels den Schaum des kleinen Hintergrundbrechers mit der Lavendelfarbe mittels kleiner Kreise und heben Sie dann die oberen Kanten mit der weiß-gelben Akzent-Farbe hervor. Mit einem sauberen und trockenen Katzenzungenpinsel verblenden Sie die hellen Akzente leicht. Mit dem Detailpinsel fügen Sie kleine Feinheiten und glänzende Akzente auf dem Wasser hinzu – einschließlich eines Schattens der auf den Strand gespülten Welle.

Felsen

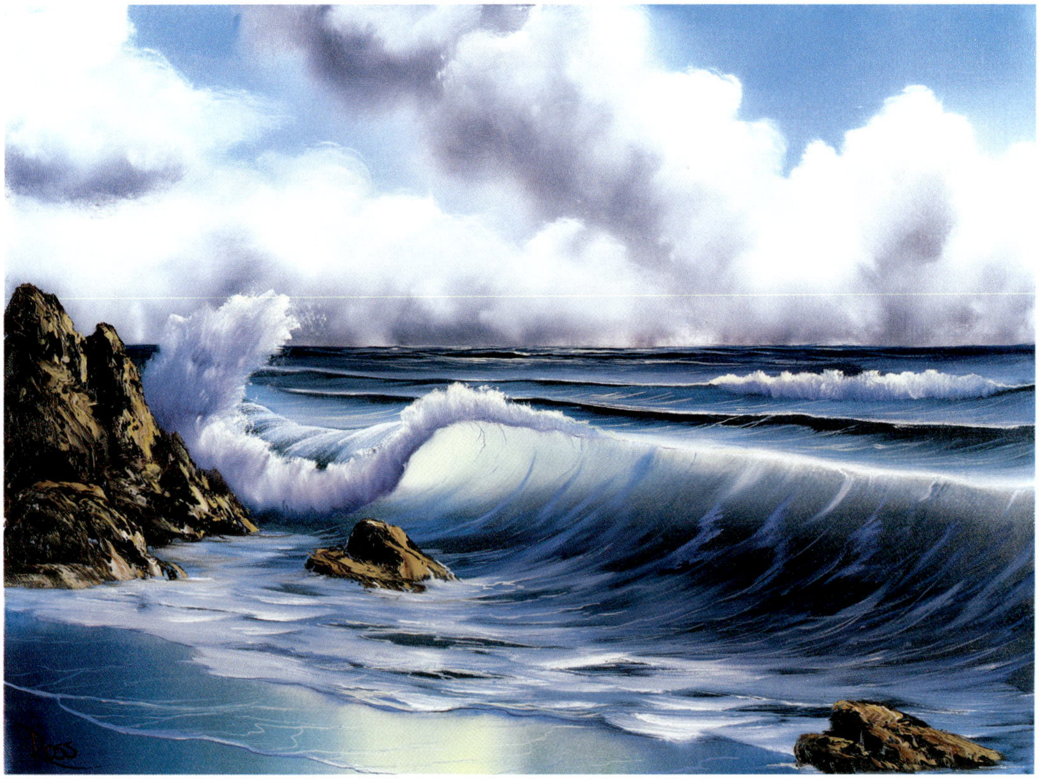

SCHRITT 8

Kreieren Sie den großen Felsen mit einer Mischung aus Vandyckbraun und Dunkelsiena sowie einem Spachtel und drücken Sie die Farbe nur leicht an die Leinwand. Fügen Sie auch einige kleinere Felsen und Steine hinzu. Setzen Sie Akzente mittels einer Mischung aus Titanweiß, Dunkelsiena und Ockergelb, die Sie mit dem Spachtel analog zum Gebirge (siehe Seite 14) auftragen.

Letzter Feinschliff

Verwenden Sie Titanweiß und einen Fächerpinsel, um Wasser auf die Unterkante der Felsen und Steine aufzutragen. Tragen Sie außerdem ein wenig Flüssigweiß auf die breite Spitze des Spachtels auf, um die Wasserlinien »einzuschneiden«.

Signieren Sie Ihr Bild noch und lehnen Sie sich zurück, um Ihre wunderschöne Meereslandschaft zu bewundern!

WINTER IM GRAND TETON

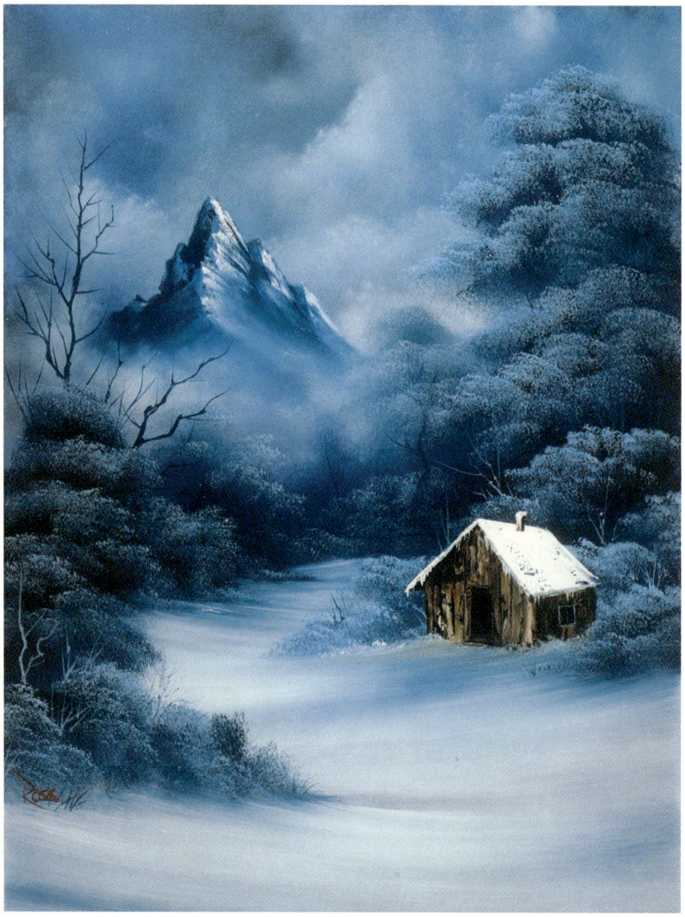

WERKZEUGE UND MATERIALIEN

- 25 mm breiter Flachpinsel
- 50 mm breiter Spalterpinsel
- 12,5 mm breiter Flachpinsel
- Detailpinsel
- Großer Spachtel
- 45 cm x 60 cm große Leinwand
- Schwarzes Gesso
- Blaue Acrylfarbe
- Flüssigweiß
- Flüssigtransparent
- Titanweiß
- Phthaloblau
- Preußischblau
- Mitternachtsschwarz
- Alizarinkarmesin
- Saftgrün

»Wir zeigen Ihnen nur, wie es geht, aber Sie treffen die Entscheidungen. Wenn man so viel Macht hat, müssen Sie auch große Entscheidungen treffen.«

VORBEREITUNG DER LEINWAND

Tupfen Sie mit einem zerknüllten Papiertuch, schwarzem Gesso und blauer Acrylfarbe einen mellierten Effekt auf die Leinwand. Dabei sollten Sie einige Bereiche nicht abdecken. Lassen Sie die Leinwand vollständig trocknen, bevor Sie fortfahren!

Himmel

SCHRITT 1

Wenn die Acrylfarbe getrocknet ist, verwenden Sie den Spalterpinsel, um die gesamte Leinwand mit einer sehr kleinen Menge von Flüssigtransparent zu bedecken. Verwenden Sie ein Papiertuch, wischen Sie fest über die Leinwand und entfernen Sie so viel Flüssigtransparent wie möglich. Das verbleibende Flüssigtransparent reicht aus, um mit dem Bild fortzufahren. Beginnen Sie auf der nassen Leinwand zu malen.

SCHRITT 2

Gehen Sie mit dem Spalterpinsel in das Titanweiß und klopfen Sie die Borsten fest gegen die Palette, um eine gleichmäßige Verteilung der Farbe auf den Borsten zu gewährleisten. Malen Sie die Wolken in mehreren Schichten mit kreisenden Strichen auf den oberen Teil der Leinwand. Sie können die Farbe variieren, indem Sie eine kleine Menge Phthaloblau auf den Pinsel geben. Sehen Sie, dass die sich bereits auf der Leinwand befindlichen Acrylfarben durch die Ölfarben sichtbar sind und dadurch sehr interessante Wolkeneffekte erzeugt werden?

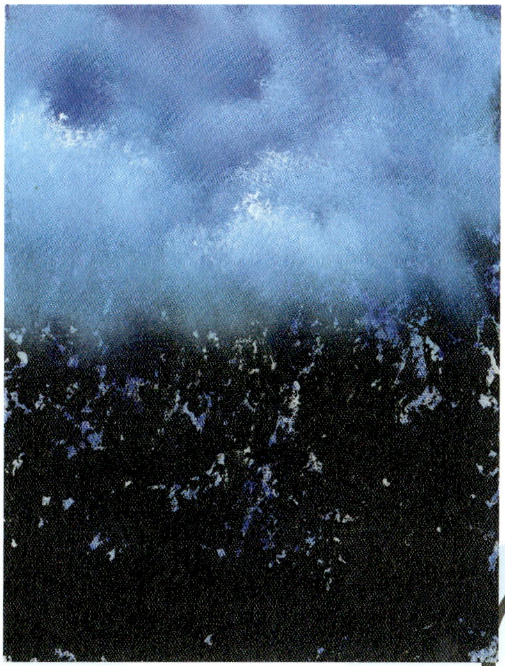

Gebirge

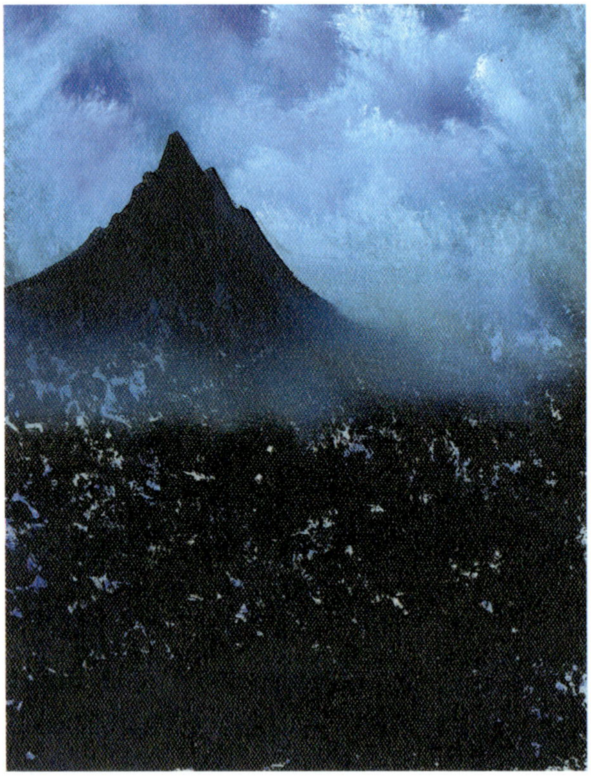

SCHRITT 3

Mischen Sie Preußischblau, Mitternachtsschwarz und Alizarinkarmesin mit dem Spachtel. Führen Sie dann die Schritte 1 und 2 von Seite 14 aus, um mit dem Auftragen des Berges zu beginnen.

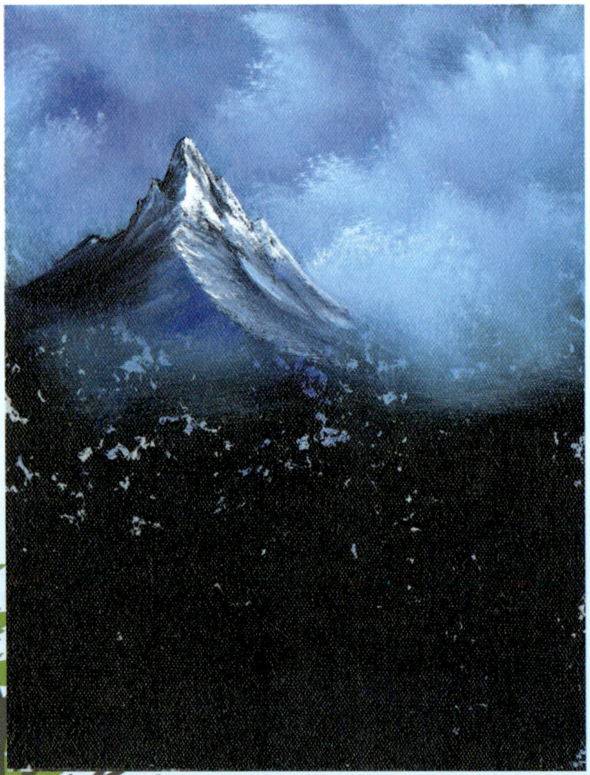

SCHRITT 4

Heben Sie den Berg mit Titanweiß hervor und verwenden Sie eine Mischung aus Titanweiß und Phthaloblau, um Schatten auf der linken Seite des Berges zu erzeugen. Verwenden Sie nun die Schritte 3 und 4 von Seite 15 zur Fertigstellung des Gebirges.

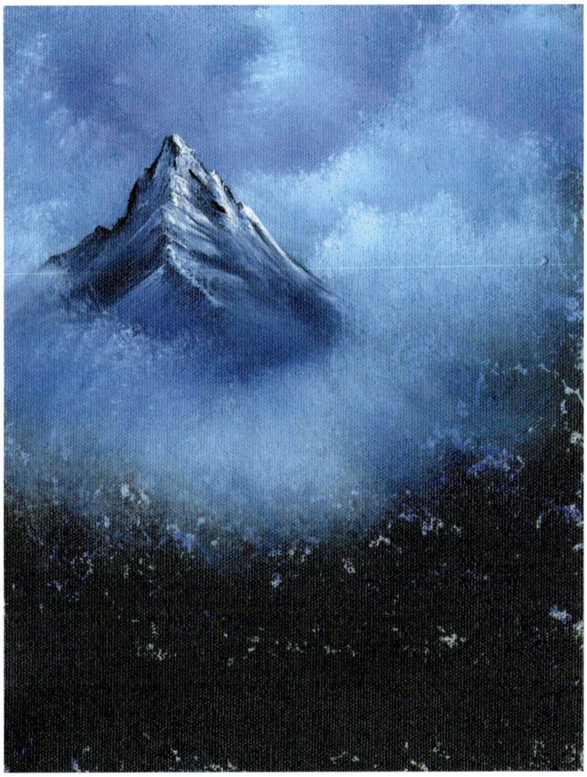

SCHRITT 5

Verwenden Sie eine Mischung aus Titanweiß und Phthaloblau und einen Spalterpinsel, um eine Wolke mit kreisenden Bewegungen am Fuß des Berges zu schaffen.

»Lassen Sie uns ein paar nette kleine Wolken erschaffen, die einfach herumschweben und den ganzen Tag Spaß haben.«

Bäume im Hintergrund

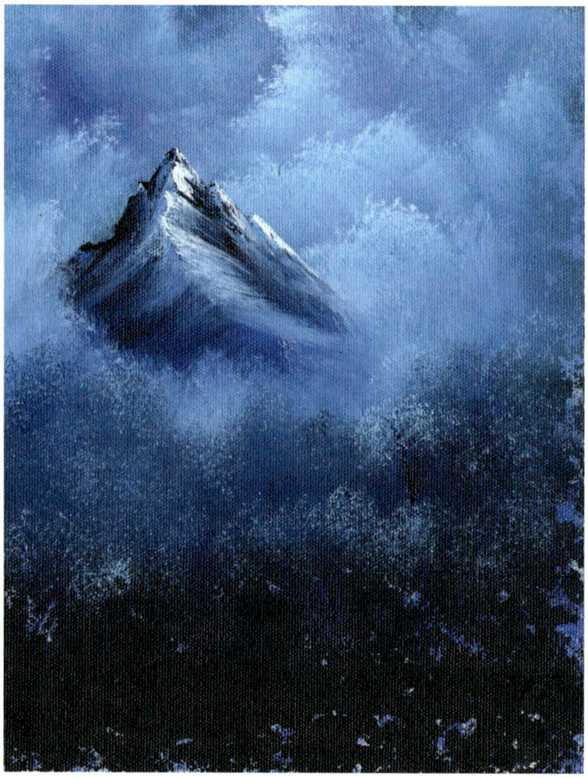

SCHRITT 6

Tippen Sie die Borsten des 12,5 mm breiten Flachpinsels in die dunkle Bergmischung. Klopfen Sie sich am Fuß des Berges nach unten, um Bäume auf der Leinwand einzufügen. Ergänzen Sie die Baumstämme mit der gleichen dunklen Farbe und dem Detailpinsel (siehe »Farbe mit dem Pinsel oder Spachtel aufnehmen« auf Seite 11). Üben Sie nur sehr wenig Druck auf den Pinsel aus, während Sie die Stämme formen. Durch Drehen und Wackeln des Pinsels können Sie den Stämmen ein knorriges Aussehen verleihen.

Um die Bäume zu betonen, nutzen Sie den kleinen Flachpinsel, indem Sie ihn zuerst in Flüssigweiß und dann die Borsten in eine Mischung aus Titanweiß und Phthaloblau tauchen. Auch hier tippen Sie sich einfach immer weiter nach unten, um verschneite Akzente aufzutragen; dort beginnen Sie später, einzelne Bäume zu formen.

Bäume und Schnee im Mittelgrund

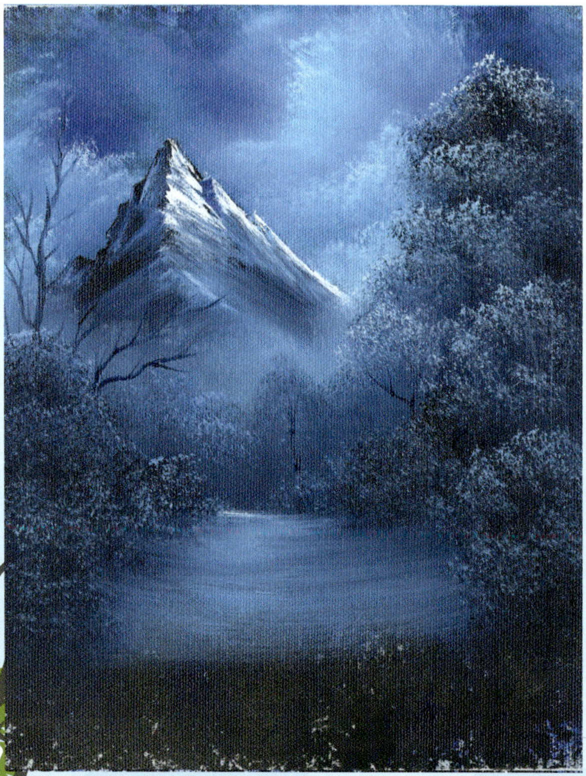

SCHRITT 7

Tauchen Sie mit dem Spalterpinsel in das Titanweiß und fügen Sie der Landschaft mit schwungvollen, horizontalen Strichen Schnee am unteren Ende der Bäume hinzu.

Erschaffen Sie die größeren Bäume und Büsche mit dem großen Flachpinsel und der Farbkombination aus Preußischblau, Mitternachtsschwarz und Alizarinkarmesin. Auch hier tupfen sich Sie einfach nach unten. Verdünnen Sie die Mischung und verwenden Sie den Detailpinsel, um Stämme und Äste hinzuzufügen.

Heben Sie die Bäume mit Flüssigweiß, Titanweiß und Phthaloblau sowie dem kleinen Flachpinsel hervor. Formen Sie vorsichtig einzelne Blattbüschel, kleine Sträucher und Bäume. Setzen Sie dann mit Titanweiß und dem Spalterpinsel horizontale Striche, um Schnee auf den Ästen der Bäume aufzutragen.

Hütte

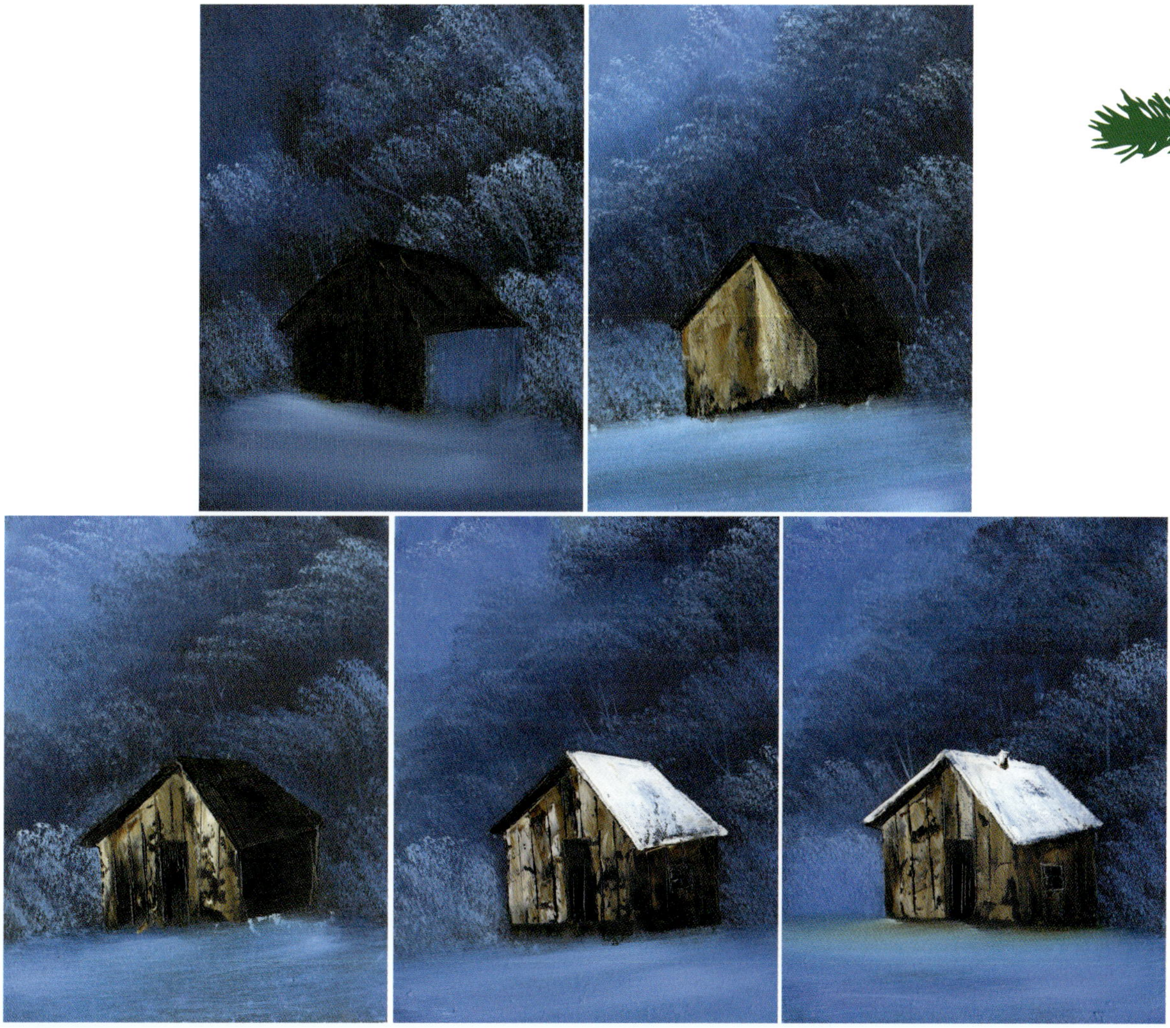

SCHRITT 8

Verwenden Sie den Spachtel, um eine braune Farbe auf Ihrer Palette herzustellen, indem Sie die gleichen Anteile Saftgrün und Alizarinkarmesin vermischen. Reinigen Sie den Spachtel und verwenden Sie ihn, um Farbe in der Grundform der Hütte von der Leinwand zu entfernen. Nehmen Sie mit dem Spachtel eine kleine Rolle der braunen Farbmischung auf. Malen Sie die Dach-Basis und ziehen Sie dann die Farbe an der Vorderseite und den Seiten der Hütte herunter. Verwenden Sie eine Mischung aus Braun und Titanweiß, um die Vorderseite des Häuschens hervorzuheben, und zwar mit so wenig Druck, dass die Farbe »bricht«. Verwenden Sie Braun und einen Spachtel, um die Tür und das Fenster hinzuzufügen.

Das schneebedeckte Dach fügen Sie mit Titanweiß hinzu. Formen Sie den Boden der Hütte, indem Sie die überschüssige Farbe mit einem sauberen Spachtel entfernen. Fügen Sie nun den Schnee mit Titanweiß und dem Spalterpinsel mittels langer, horizontaler Striche zur dunklen Dachbasis hinzu.

Bäume und Büsche im Vordergrund

SCHRITT 9

Verwenden Sie eine dunkle Farbmischung und einen Flachpinsel, um kleine Büsche neben der Hütte hinzuzufügen und um die Bäume und Büsche im Vordergrund organisch in die Umgebung einzubinden. Betonen Sie auch hier die Bäume und Büsche mit einer Mischung aus Titanweiß und Phthaloblau sowie einem 12,5 mm breiten Flachpinsel.

Um Schatten zu erzeugen, ziehen Sie mit dem Spalterpinsel etwas von der dunklen Baumfarbe vom Fuße der Büsche in den Schnee hinein.

Letzter Feinschliff

Verwenden Sie verdünnte helle und dunkle Farben und einen Detailpinsel, um kleine Äste und Zweige hinzuzufügen. Nachdem Sie Ihre Signatur angebracht haben, ist Ihr Bild fertig!

> »Diese Dinge befinden sich direkt in Ihrem Pinsel. Alles, was Sie tun müssen ist, sie nur hervorzulocken.«

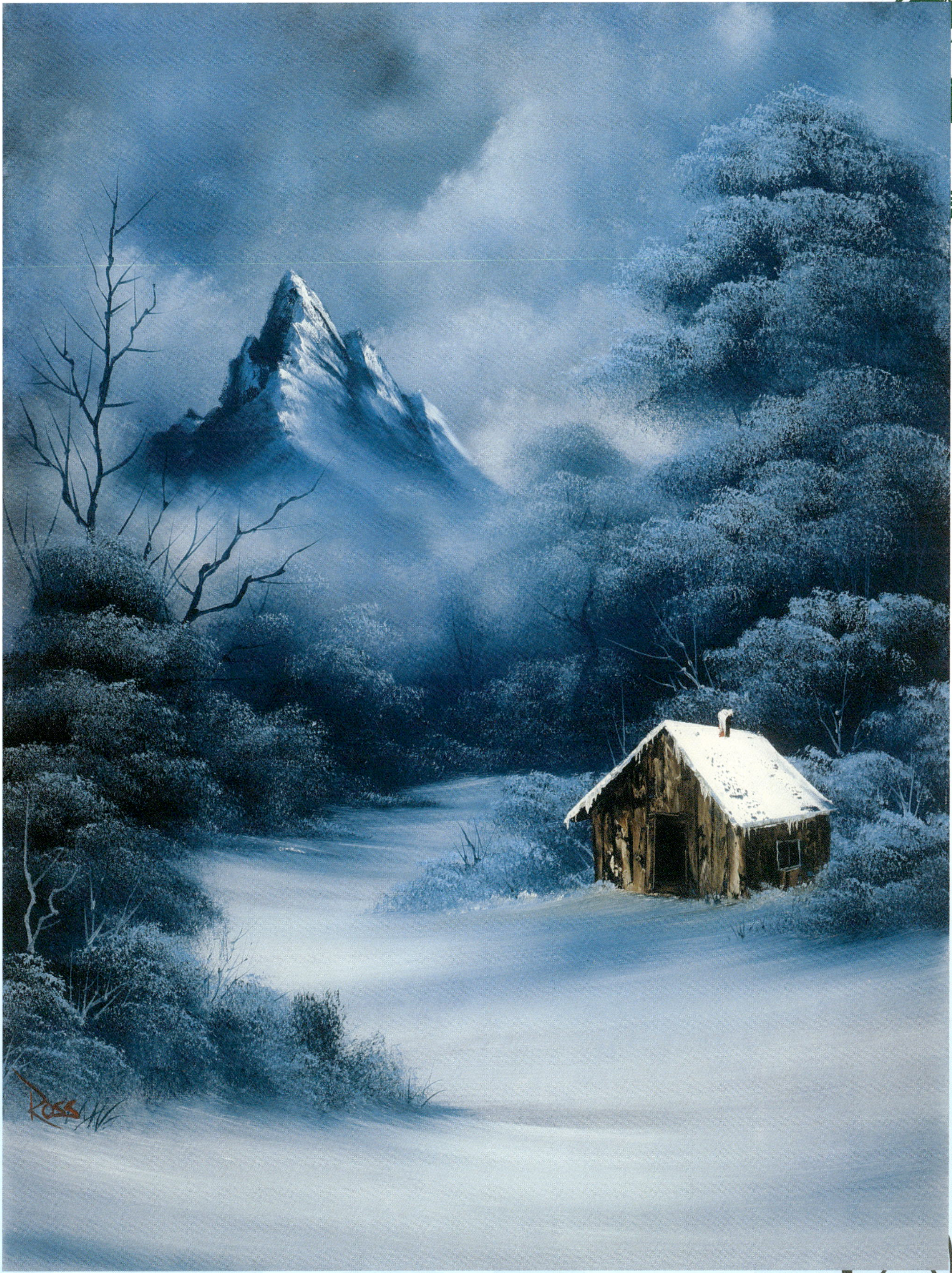
Ross

FLUSS-WINDUNG

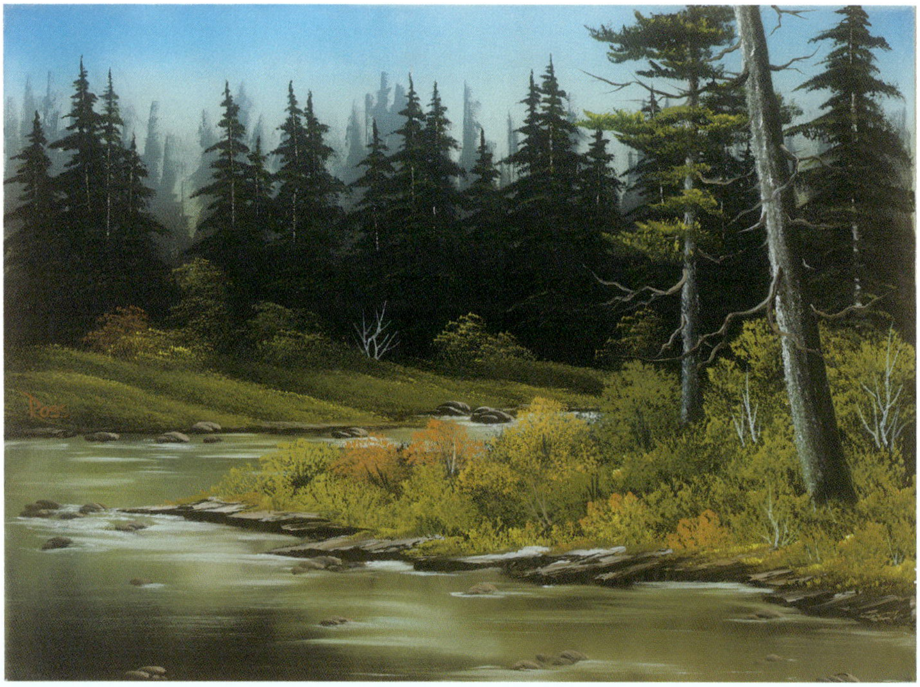

WERKZEUGE UND MATERIALIEN

- 25 mm breiter Spalterpinsel
- 50 mm breiter Spalterpinsel
- Kleiner Katzenzungenpinsel
- Großer Fächerpinsel
- Detailpinsel
- Großer Spachtel
- Schaumstoffpinsel oder alter Pinsel
- 45 cm x 60 cm breite Leinwand
- Schwarzes Gesso
- Flüssigweiß
- Flüssigtransparent
- Titanweiß
- Phthalogrün
- Phthaloblau
- Preußischblau
- Mitternachtsschwarz
- Dunkelsiena
- Vandyckbraun
- Alizarinkarmesin
- Saftgrün
- Kadmiumgelb
- Ockergelb
- Indischgelb
- Hellrot

»Wenn uns etwas nicht gefällt, verwandeln wir es einfach in einen kleinen, glücklichen Baum. Denn wie wir wissen: Für uns gibt es keine Fehler, sondern nur glückliche kleine Zufälle.«

VORBEREITUNG DER LEINWAND

Verwenden Sie einen Schaumstoffpinsel oder einen alten Pinsel, um die dunklen Teile des Bildes einschließlich der kleinen Baumkronen mit einer dünnen, gleichmäßigen Schicht aus schwarzem Gesso vorzumalen. Lassen Sie es vollständig trocknen, bevor Sie fortfahren.

SCHRITT 1

Wenn das schwarze Gesso getrocknet ist, verwenden Sie den 50 mm breiten Spalterpinsel, um den hellen, oberen Teil der Leinwand mit einer dünnen, gleichmäßigen Schicht Flüssigweiß zu bedecken. Bestreichen Sie den unteren Teil der Leinwand mit einer sehr dünnen Schicht Flüssigtransparent. Bevor die Farbe trocknet, tragen Sie eine Mischung aus Saftgrün und Vandyckbraun in einer dünnen gleichmäßigen Schicht auf. Beginnen Sie damit, bevor die Farbe vollständig getrocknet ist.

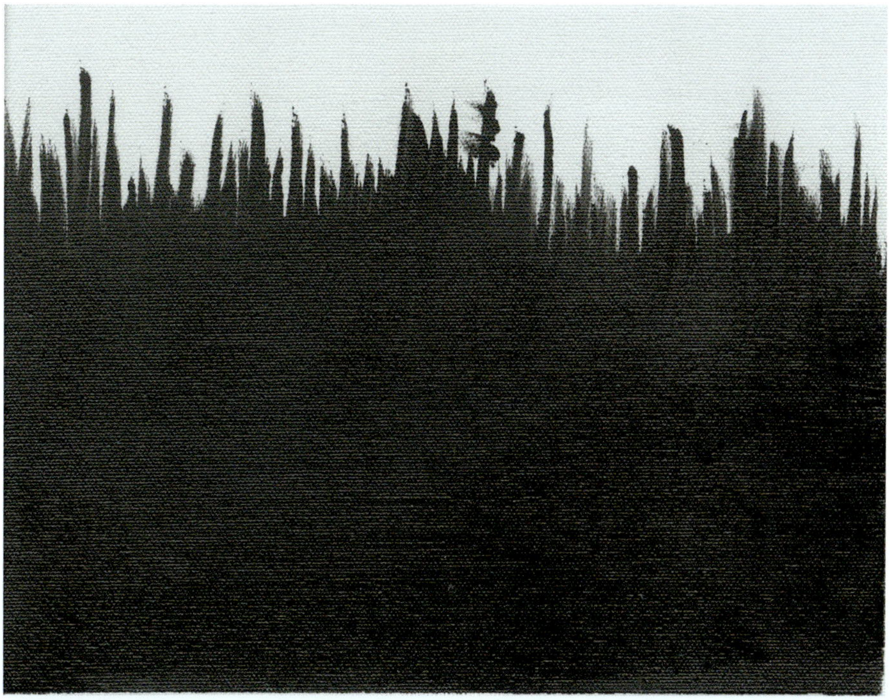

Himmel

SCHRITT 2

Nehmen Sie mit dem 50 mm breiten Spalterpinsel eine kleine Menge Phthaloblau auf und malen Sie mit überkreuzenden Pinselstrichen den Himmel im oberen Teil der Leinwand. Beobachten Sie, wie sich die Farbe mit der bereits auf der Leinwand befindlichen Farbe vermischt und so den Eindruck von vernebelten Baumkronen erzeugt.

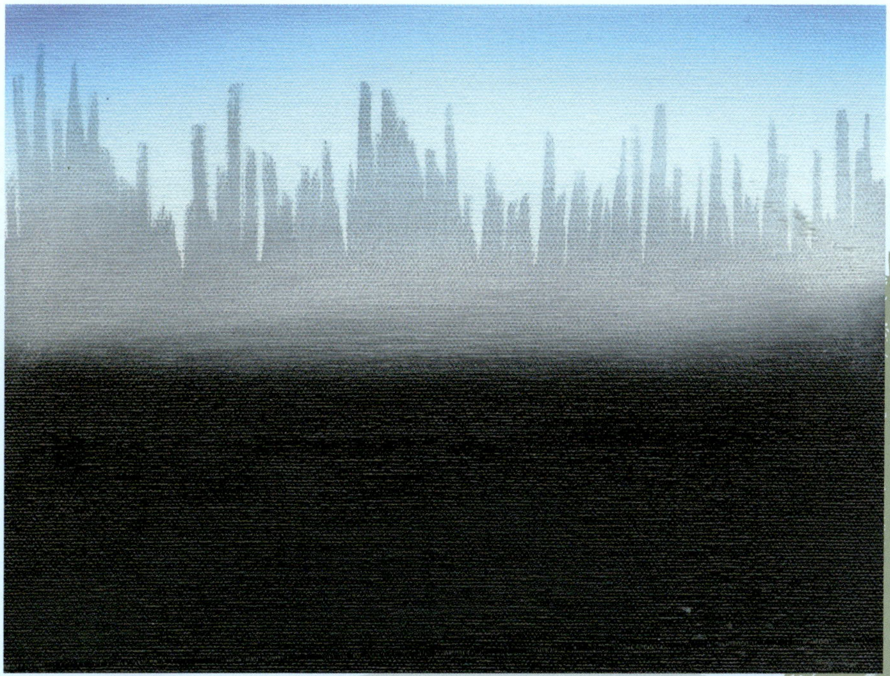

Bäume

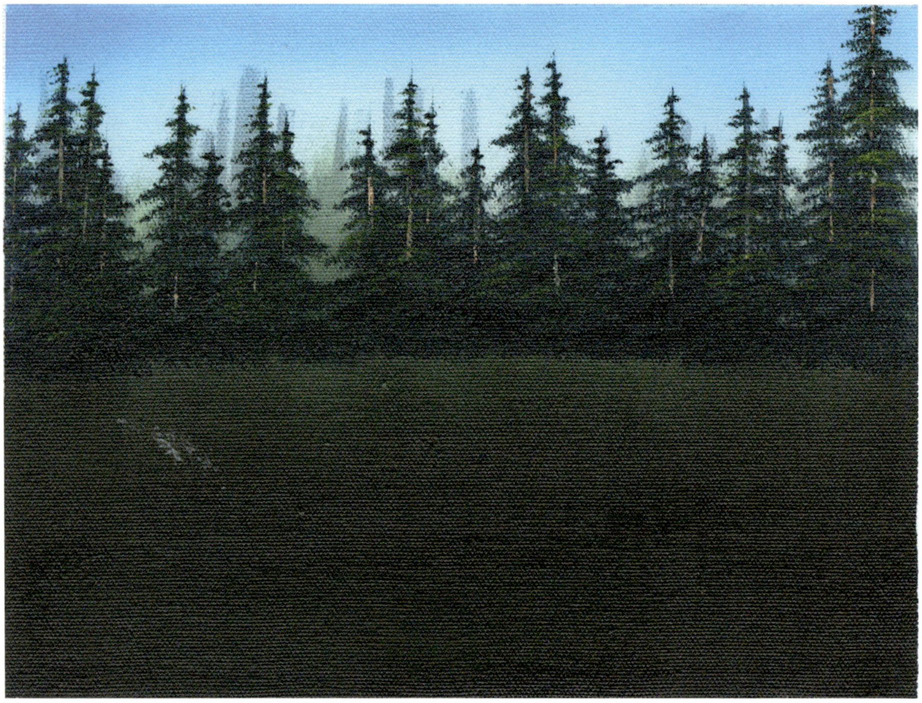

SCHRITT 3

Malen Sie die deutlicher zu sehenden Tannen (ausführliche Anweisungen hierzu finden Sie auf Seite 12) mit einer Mischung aus Mitternachtsschwarz, Preußischblau, Phthalogrün und Alizarinkarmesin. Verwenden Sie eine Mischung aus Titanweiß und Dunkelsiena für die Stämme, Kadmiumgelb und Mitternachtsschwarz für die hellen Akzente an den Zweigen.

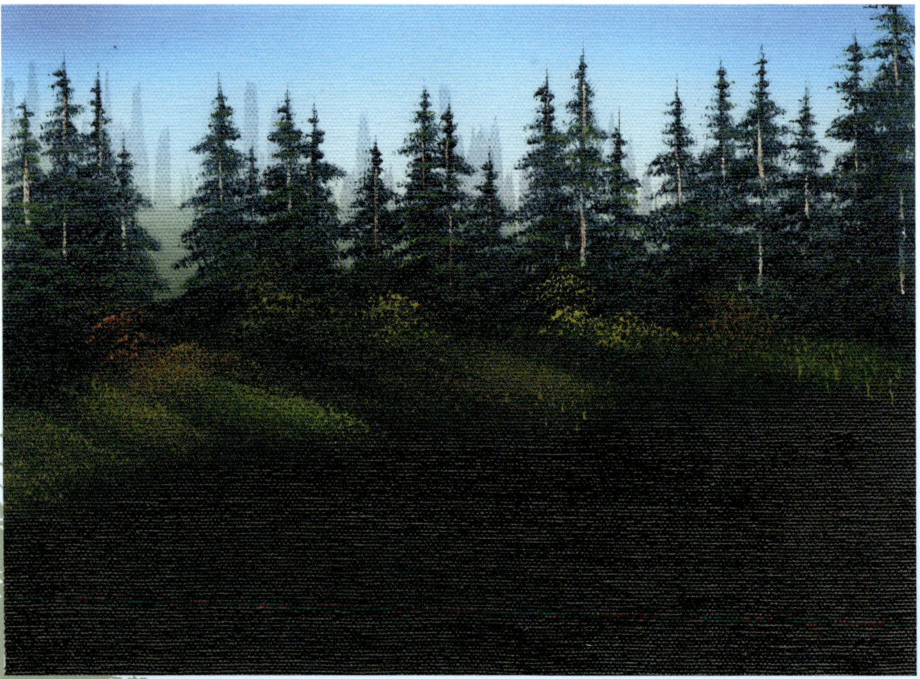

SCHRITT 4

Arbeiten Sie schichtweise, während Sie die weiche Grasfläche am Fuße der Bäume kreieren. Nehmen Sie Farbe auf, indem Sie den 50 mm breiten Spalterpinsel in einem 45-Grad-Winkel halten und die Borsten in die verschiedenen Mischungen aus allen Gelbtönen, Saftgrün, Mitternachtsschwarz und Hellrot tupfen. Lassen Sie den Pinsel bei jedem Auftreffen leicht nach vorn in die Farbe gleiten. Dadurch stellen Sie sicher, dass die Spitzen der Borsten vollständig mit Farbe bedeckt sind. Halten Sie den Pinsel waagerecht zur Leinwand und klopfen Sie sich vorsichtig nach unten.

Wasser

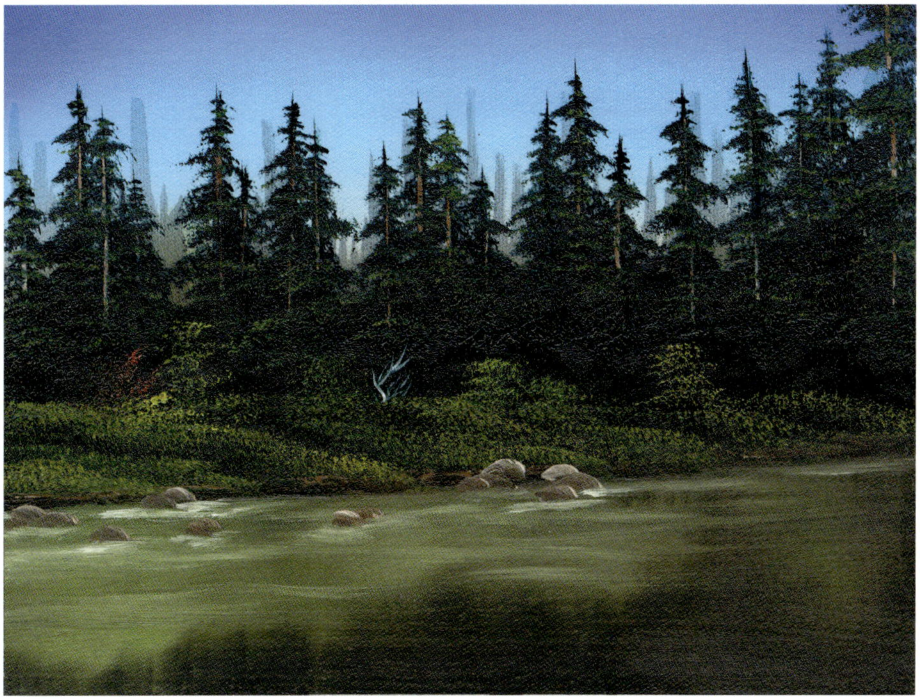

SCHRITT 5

Spiegelungen im Wasser erzeugen Sie mit etwas Titanweiß auf dem 50 mm breiten Spalterpinsel, indem Sie ihn gerade nach unten ziehen und dann vorsichtig über die Stelle streichen. Verwenden Sie dann einen Spachtel und nehmen Sie damit eine kleine Farbrolle aus einer Mischung Vandyckbraun und Dunkelsiena auf die Spachtelschneide auf, um die Ufer entlang hinzuzufügen. Heben Sie die Ufer mit einer Mischung aus Titanweiß und Vandyckbraun hervor. »Verwirbeln« Sie dann den Wasserrand mithilfe eines Fächerpinsels und mit einer Mischung aus Flüssigweiß und Titanweiß.

Um dem Wasser Steine hinzuzufügen, nehmen Sie mit dem kleinen Katzenzungenpinsel eine Mischung aus Vandyckbraun und Dunkelsiena auf und ziehen eine Seite der Borsten durch eine dünne Mischung aus Flüssigweiß, Vandyckbraun und Dunkelsiena. Mit der hellen Seite des Pinsels nach oben zeigend, formen Sie die Felsen mit einem einzigen, geschwungenen Strich. Verwenden Sie einen Fächerpinsel und eine Mischung aus Flüssigweiß und Titanweiß, um sich an der Unterkante der Steine kräuselndes Wasser zu erschaffen.

Erdboden und Pflanzen im Vordergrund

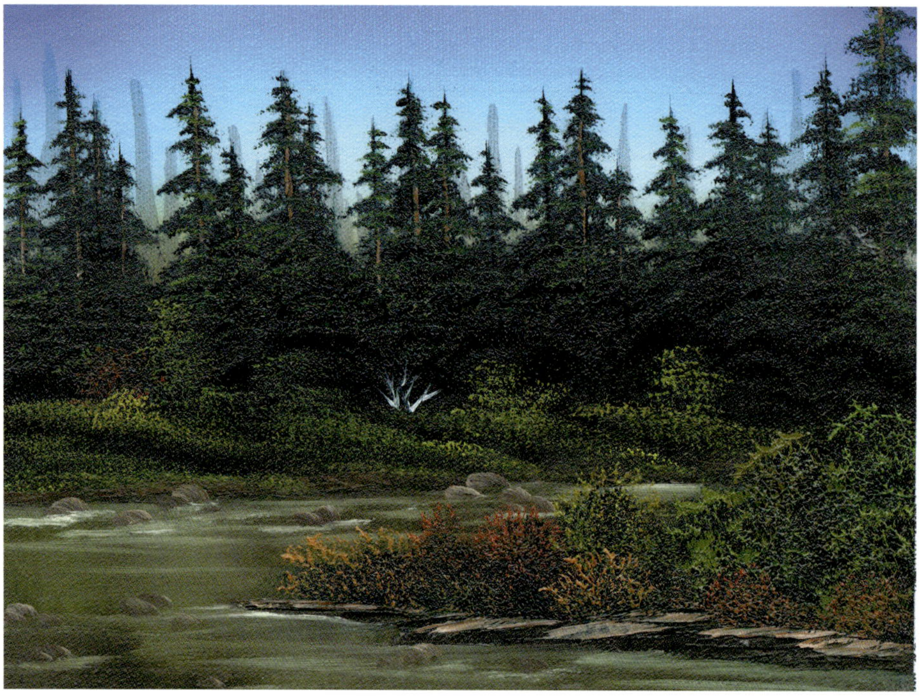

SCHRITT 6

Arbeiten Sie sich im Bild weiter zum Betrachter vor und formen Sie mit einem 25 mm breiten Spalterpinsel und einer dunklen Farbmischung kleine Bäume und Büsche im Vordergrund. Um die Bäume und Sträucher hervorzuheben, tauchen Sie den Spalterpinsel zunächst in Flüssigweiß. Dann ziehen Sie den Pinsel (mehrmals in eine Richtung, um eine Borstenecke abzurunden) durch verschiedene Mischungen von Gelb, Hellrot und Saftgrün. Mit der abgerundeten Ecke des Pinsels nach oben zeigend berühren Sie leicht die Leinwand und zwingen so die Borsten nach oben, um die einzelnen Bäume und Büsche hervorzuheben. Konzentrieren Sie sich dabei auf Form und Gestalt – versuchen Sie nicht, einfach wahllos zu »schlagen«.

Nutzen Sie eine Mischung aus Vandyckbraun und Dunkelsiena und einen Spachtel, um den Erdboden am Fuße der Sträucher im Vordergrund hinzuzufügen. Betonen Sie diesen dann mit einer Mischung aus Titanweiß und den Brauntönen auf Ihrem Spachtel.

Verwenden Sie auch hier Titanweiß mit einem 50 mm breiten Spalterpinsel, um die Spiegelungen im Vordergrund herunterzuziehen, streichen Sie dann mit dem Pinsel leicht darüber, um ein »wässriges« Aussehen zu erzielen. Erzeugen Sie mit kreisenden Bewegungen den Wasserrand und Wellen, indem Sie eine Mischung aus Flüssigweiß und Titanweiß sowie einen Fächerpinsel verwenden. Fügen Sie dann mit dem kleinen Katzenzungenpinsel kleine Felsen und Steine in das Wasser im Vordergrund hinzu.

Große Bäume im Vordergrund

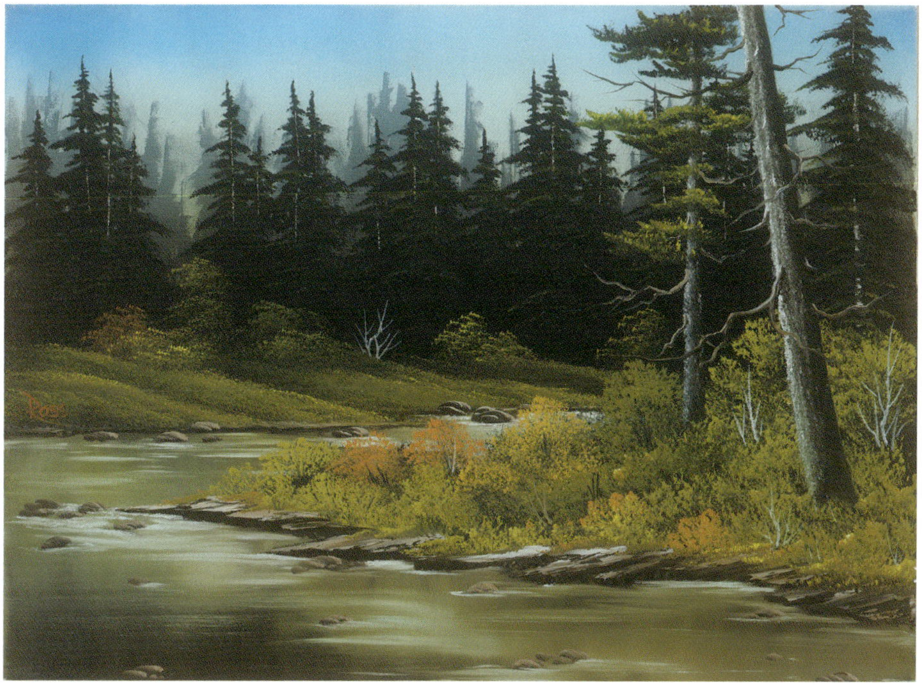

SCHRITT 7

Gehen Sie mit einem Fächerpinsel in eine Mischung aus Vandyckbraun und Dunkelsiena. Ziehen Sie eine Seite der Borsten zuerst durch eine dünne Mischung aus Flüssigweiß und dann die andere Seite durch das Braun, sodass beide Farben an dem Pinsel haften. Halten Sie den Pinsel mit der hellen Farbe des Pinsels auf der linken Seite und tupfen Sie sich Ihren Weg nach unten, um die großen Tannenbaumstämme im Vordergrund zu erschaffen.

Verwenden Sie verdünntes Vandyckbraun und einen Detailpinsel, um kleine Äste und Zweige hinzuzufügen. Verwenden Sie dann die dunkle Farbmischung (siehe Seite 12) und einen Fächerpinsel, um den großen Tannen mit nach oben gerichteten Strichen Nadeln zu malen. Heben Sie die Nadeln durch Hinzufügen von Kadmiumgelb mithilfe eines Fächerpinsels hervor.

Letzter Feinschliff

Fügen Sie Ihre Signatur hinzu und Ihr Meisterwerk ist fertig!

VERLORENER SEE

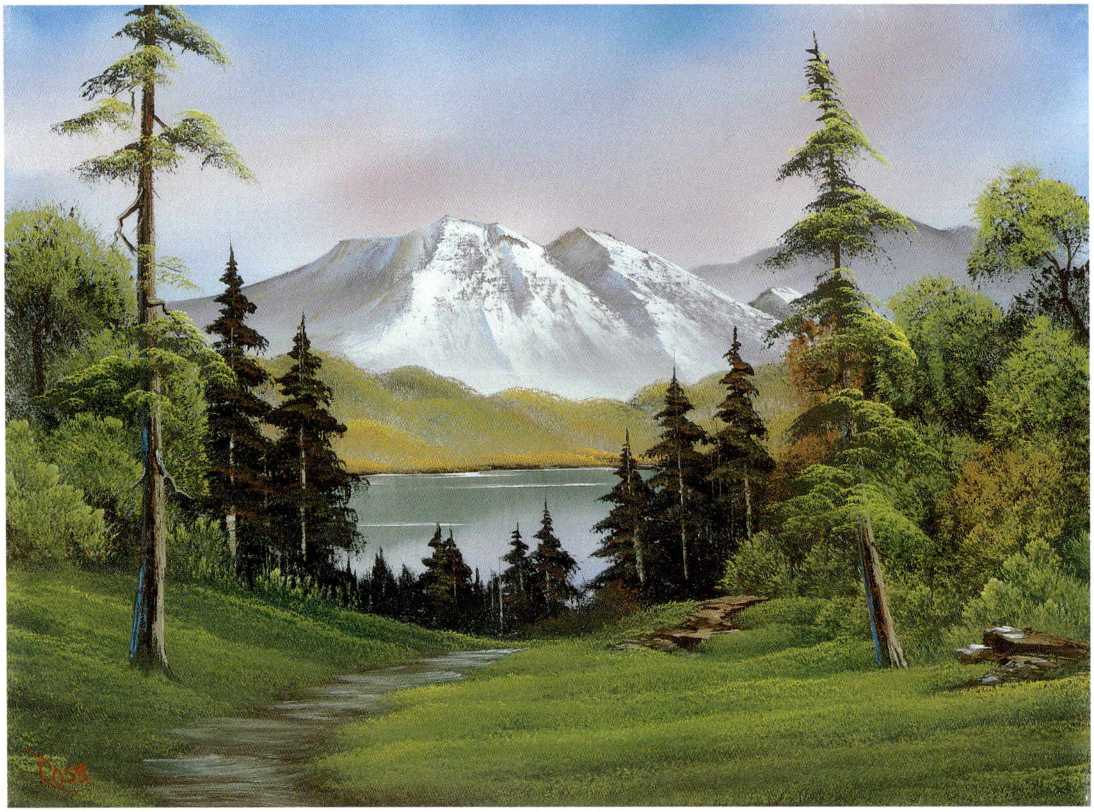

WERKZEUGE UND MATERIALIEN

- 25 mm breiter Spalterpinsel
- 50 mm breiter Spalterpinsel
- 25 mm breiter Katzenzungenpinsel
- Großer Fächerpinsel
- Großer Spachtel
- Kleiner Spachtel
- 45 cm x 60 cm große Leinwand
- Flüssigweiß
- Alizarinkarmesin
- Hellrot
- Kadmiumgelb
- Indischgelb
- Mitternachtsschwarz
- Saftgrün
- Titanweiß
- Phthaloblau
- Preußischblau
- Vandyckbraun
- Ockergelb

»Man kann wirklich lernen, beim Malen kreativ zu sein. Es ist wie mit allem anderen, man braucht nur ein bisschen Übung.«

VORBEREITUNG DER LEINWAND

Beginnen Sie damit, die gesamte Leinwand mit einer dünnen, gleichmäßigen Schicht Flüssigweiß mit dem 50 mm breiten Spalterpinsel zu grundieren. Arbeiten Sie sich mit langen, horizontalen und vertikalen Strichen vor und zurück, um eine gleichmäßige Verteilung der Farbe auf der Leinwand zu erzielen. Beginnen Sie auf der nassen Leinwand, bevor das Flüssigweiß getrocknet ist.

Himmel

SCHRITT 1

Malen Sie mit einem 50 mm breiten Spalterpinsel und einer kleinen Menge Alizarinkarmesin mit kreuz und quer verlaufenden Strichen einen rosa Schimmer in den Himmel, knapp über dem Horizont. Ohne den Pinsel zu säubern, fügen Sie Phthaloblau zu den Borsten hinzu und vervollständigen den Rest des Himmels ebenso. Benutzen Sie die Farbe auf dem Pinsel, um kleine Wolken im rosafarbenen Bereich des Himmels anzudeuten. Verblenden Sie die Farben mit der gleichen Technik und mit einem sauberen und trockenen 50 mm breiten Spalterpinsel. Grundieren Sie den Bereich für den See mit einer Mischung aus Phthaloblau und Mitternachtsschwarz und einem 50 mm breiten Spalterpinsel mittels langer, horizontaler Striche.

Gebirge

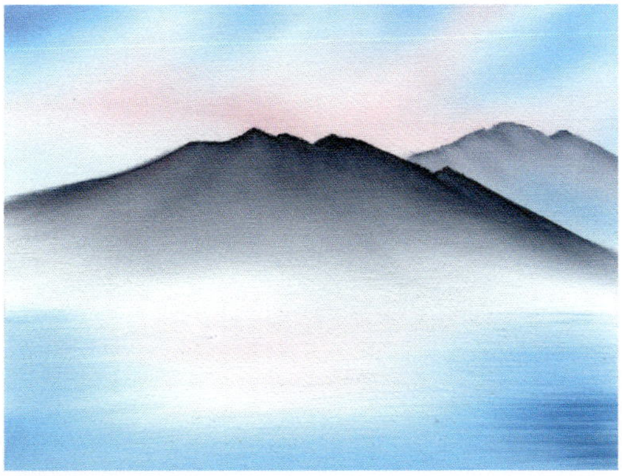

SCHRITT 2

Malen Sie den großen Berg mit einer Mischung aus Mitternachtsschwarz, Preußischblau, Alizarinkarmesin und Vandyckbraun (siehe Seite 14 für Anweisungen zum Malen von Bergen). Gestalten Sie auch die Andeutung eines weiteren Berges in der Ferne.

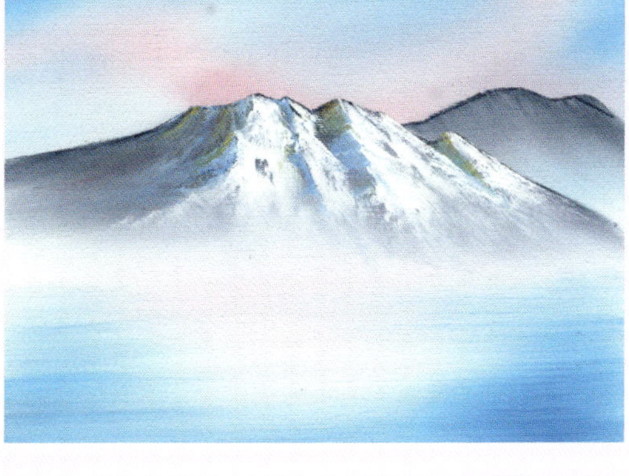

SCHRITT 3

Heben Sie den Berg mit Titanweiß hervor, das Sie mit einer sehr kleinen Menge Mitternachtsschwarz vermischen. Fügen Sie die Schatten an den linken Seiten mit einer Mischung aus Titanweiß, Preußischblau und Dunkelsiena hinzu.

Vorgebirge

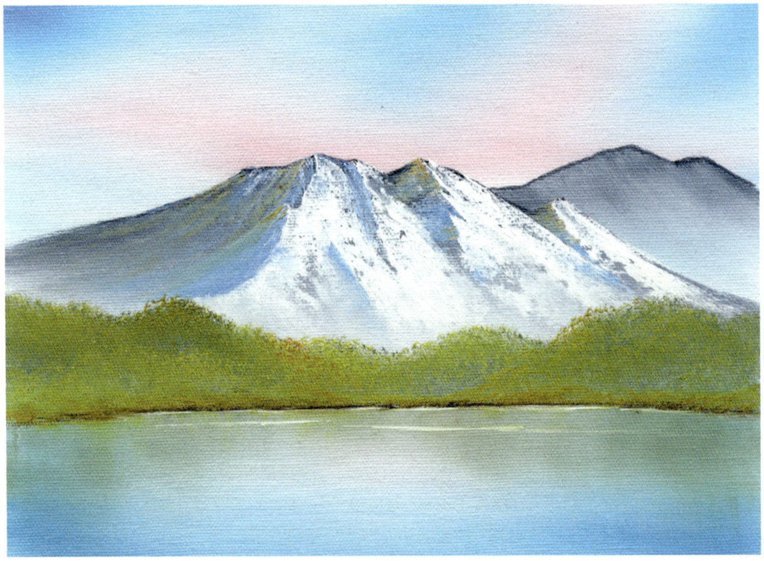

SCHRITT 4

Mischen Sie Saftgrün und Titanweiß mit der Bergmischung. Verwenden Sie dann den Katzenzungenpinsel, um die Ausläufer am Fuße des Berges zu formen. Streichen Sie diese dunkle Farbe bis in das Wasser, um Reflexionen zu erzeugen. Ziehen Sie die Farbe mit einem sauberen und trockenen 50 mm breiten Spalterpinsel gerade nach unten und streichen Sie horizontal leicht darüber, um Spiegelungen im Wasser zu erzeugen. Nehmen Sie verschiedene Mischungen aller Gelbtöne mit dem Katzenzungenpinsel auf und betonen Sie sanft die Ausläufer des Gebirges. Verwenden Sie eine kleine Farbrolle Vandyckbraun auf der langen Kante Ihres Spachtels, um die Ufer entlang des Wasserrandes zu gestalten. Nutzen Sie dann den Spachtel, um die Wasserlinien und -kräusel mit Flüssigweiß aufzutragen.

Tannen

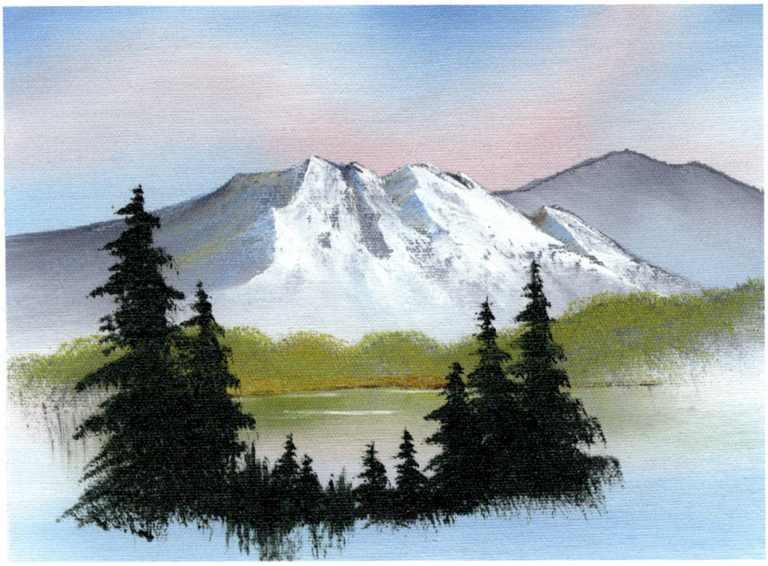

SCHRITT 5

Verwenden Sie den Fächerpinsel und eine Mischung aus Mitternachtsschwarz, Preußischblau, Vandyckbraun, Alizarinkarmesin und Saftgrün, um die großen Nadelbäume (siehe Seite 12 für Anweisungen) zu kreieren. Sie können die Andeutung von kleinen Bäumen erzeugen, indem Sie den Pinsel senkrecht halten und sich einfach nach unten klopfen.

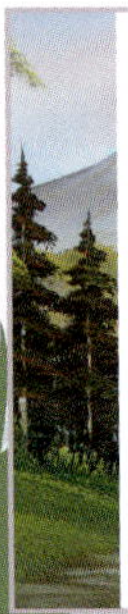

»Wow, das ist ein sehr schöner Baum … dafür, dass er so schnell gemalt wurde.«

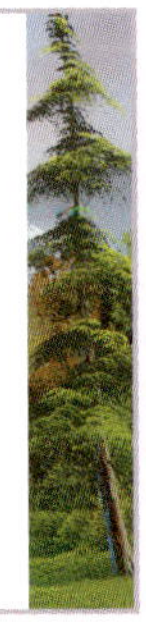

SCHRITT 6

Nutzen Sie den 50 mm breiten Spalterpinsel mit der gleichen dunklen Mischung zum Formen der belaubten Bäume und Büsche. Füllen Sie dann den gesamten unteren Teil der Leinwand mit dieser dunklen Grundfarbe. Reinigen Sie Ihren Spalterpinsel noch nicht; Sie werden ihn im nächsten Schritt so wiederverwenden.

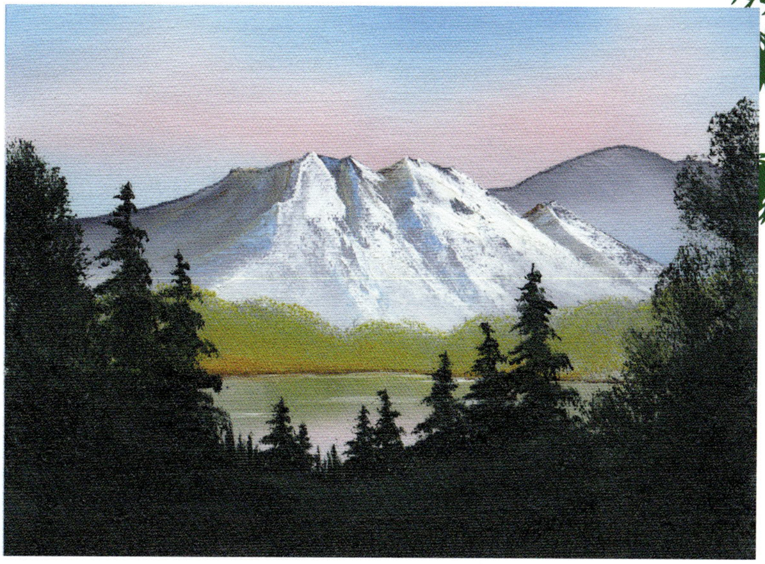

Bäume und ein Weg im Vordergrund

SCHRITT 7

Mittels einer Mischung aus Dunkelsiena und Titanweiß und einem kleinen Spachtel fügen Sie die Stämme der Tannen hinzu. Stämme, Stöcke und Zweige deuten Sie an, indem Sie die Leinwand einfach mit der Spachtelspitze berühren.

Tauchen Sie den 50 mm breiten Spalterpinsel in Flüssigweiß und ziehen Sie ihn in einer Richtung (um eine Ecke abzurunden) durch verschiedene Mischungen, bestehend aus der dunklen Grundfarbe, allen Gelbtönen sowie Hellrot. Halten Sie die abgerundete Ecke nach oben, sodass sich die Borsten nach oben biegen, und erschaffen Sie die einzelnen Bäume und Sträucher.

Tauchen Sie den 50 mm breiten Spalterpinsel (an dem sich noch die dunkle Farbe befindet) in verschiedene Mischungen aller Gelbtöne und betonen Sie den Boden, indem Sie den Pinsel waagerecht halten und sich nach unten fortbewegen. Arbeiten Sie in Schichten und achten Sie darauf, dass Sie nicht die gesamte dunkle Grundfarbe verdecken, die sich bereits auf der Leinwand befindet.

(Fortsetzung auf der nächsten Seite)

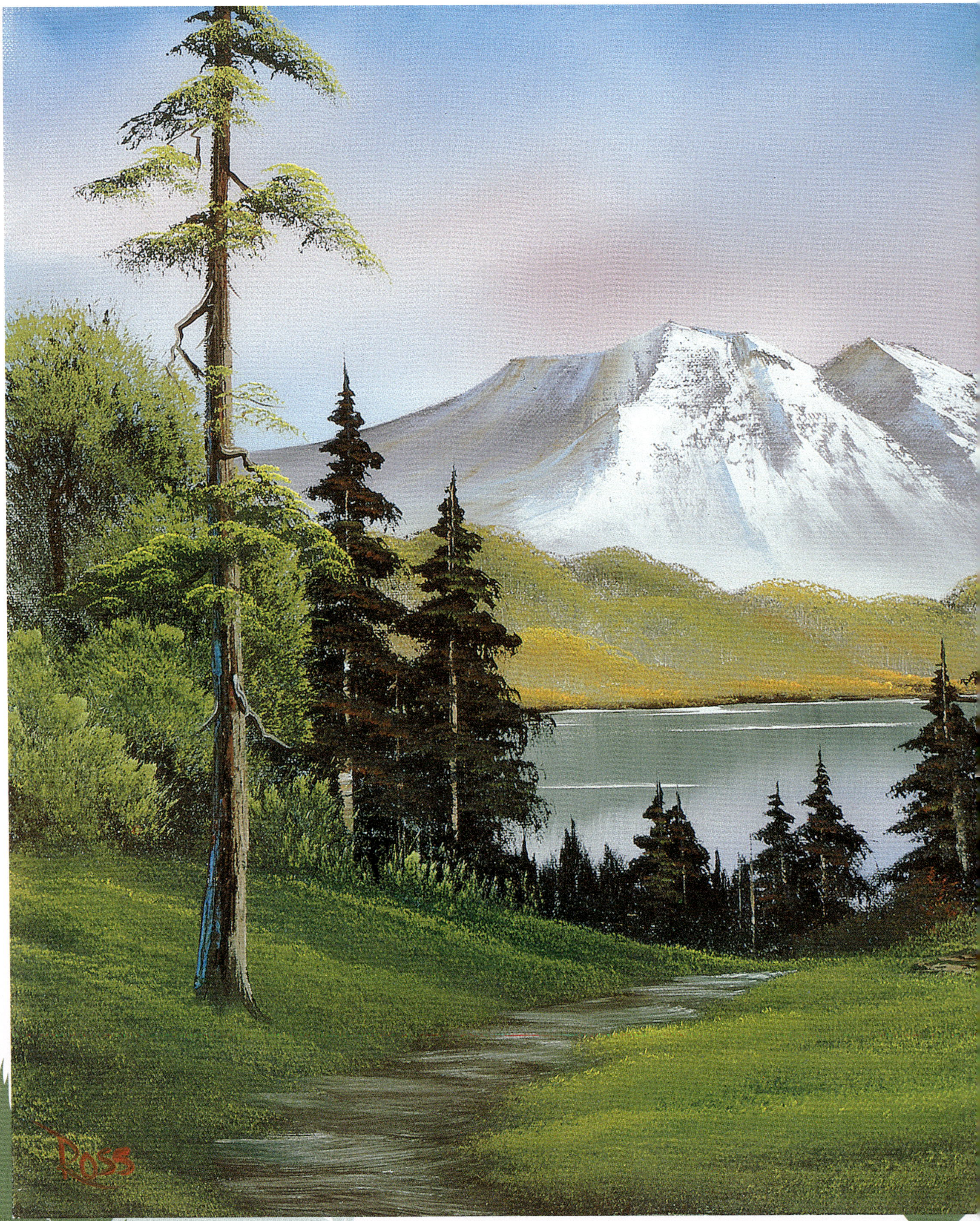
Ross

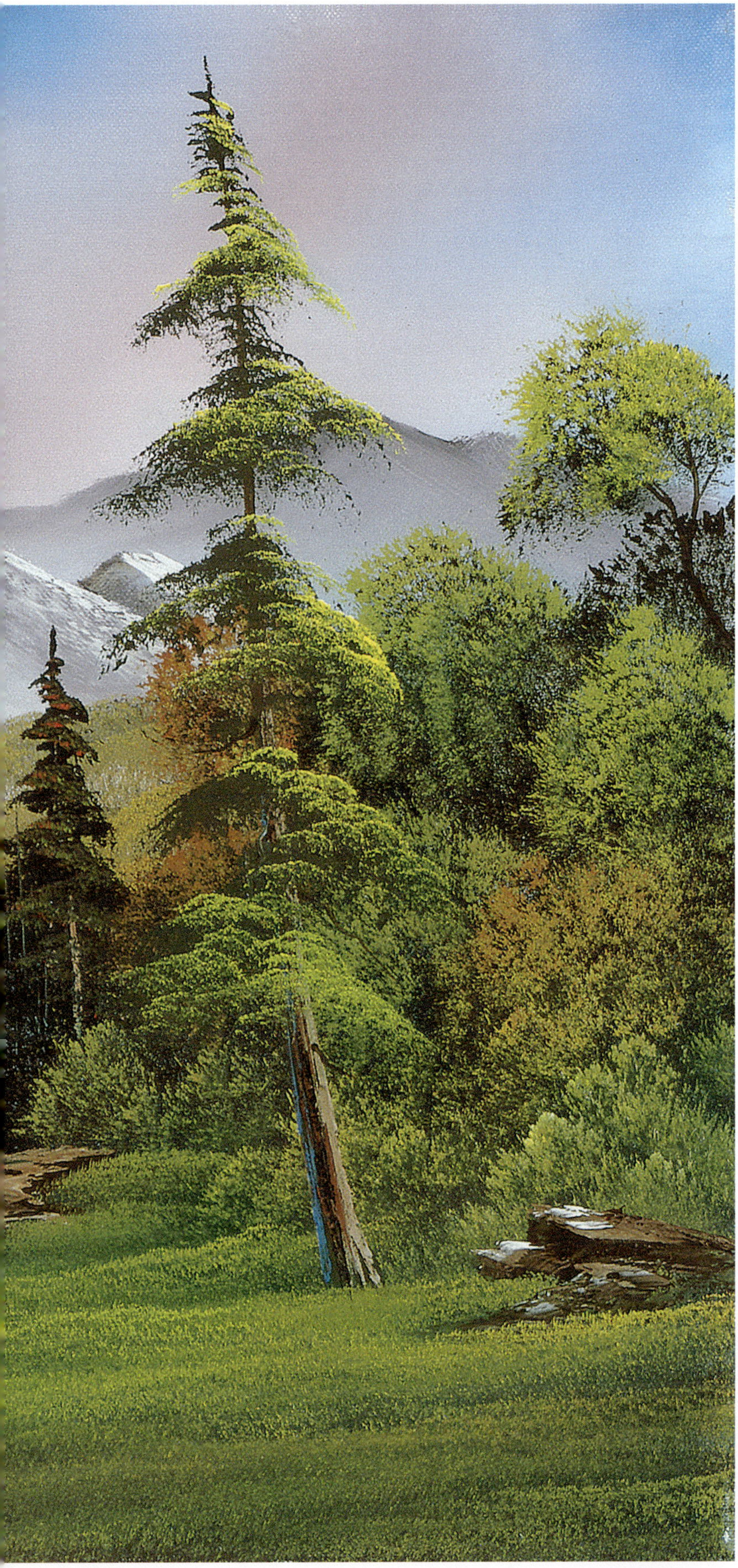

(Fortsetzung von Seite 47)

Verwenden Sie Vandyckbraun und einen Fächerpinsel und kurze, horizontale Striche, um den Pfad hinzuzufügen und um ihn dann mit Titanweiß hervorzuheben. Als nächstes formen Sie kleine Felsen und Steine mit Vandyckbraun und einem Spachtel und heben diese mit einer Mischung aus Dunkelsiena und Titanweiß hervor. Mit der Spachtelspitze deuten Sie kleine Stöcke und Zweige an.

Die großen Baumstämme werden mit Vandyckbraun und einem Fächerpinsel gemalt. Halten Sie den Pinsel senkrecht und ziehen Sie ihn einfach entlang der Leinwand nach unten. Üben Sie mehr Druck auf den Pinsel aus, je weiter Sie nach unten kommen, um die Stämme gegen Ende zu verdicken. Heben Sie die rechten Seiten der Stämme mit einer Mischung aus Dunkelsiena und Titanweiß mittels einer kleinen Farbrolle auf Ihrem Spachtel hervor.

Mit einer Mischung aus Farbverdünner und Vandyckbraun und einem Detailpinsel fügen Sie nun die Äste und Zweige hinzu. Verwenden Sie eine dunkle Baum-Farbmischung (siehe Seite 12) auf dem Katzenzungenpinsel, um das Blattwerk an den Bäumen zu erschaffen und mit verschiedenen Mischungen aller Gelbtöne und dem gleichen Pinsel zu betonen.

Letzter Feinschliff

Verwenden Sie eine verdünnte Farbe und einen Detailpinsel, um Ihr neues Meisterwerk zu signieren!

SEEUFER-WEG

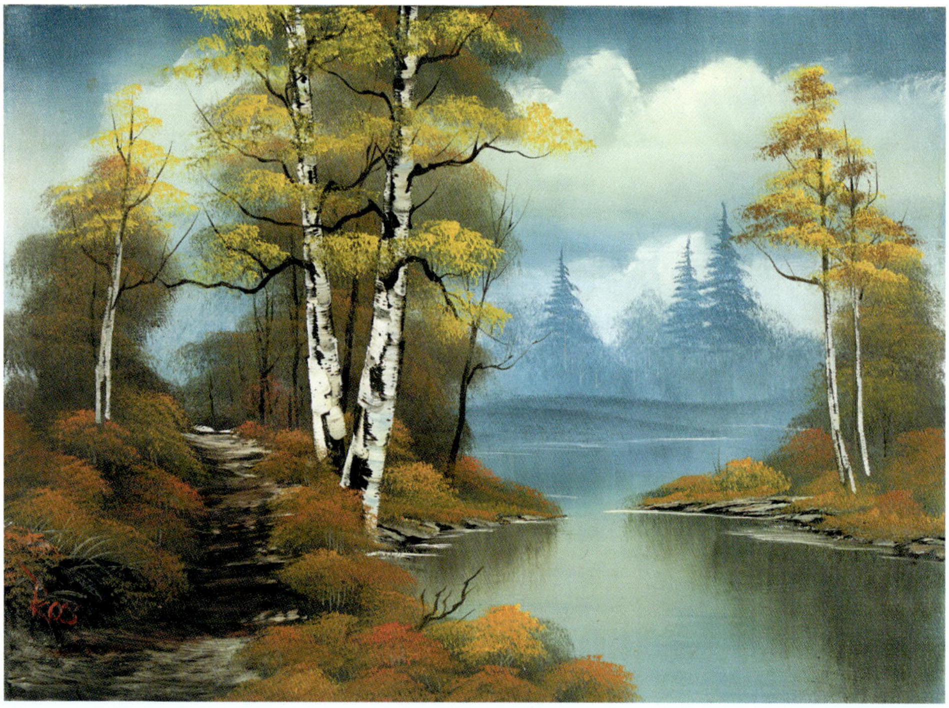

WERKZEUGE UND MATERIALIEN

- 50 mm breiter Spalter-pinsel
- Großer Fächerpinsel
- Detailpinsel
- Großer Spachtel
- 45 cm x 60 cm große Leinwand

- Flüssigweiß
- Titanweiß
- Phthaloblau
- Preußischblau
- Mitternachtsschwarz
- Dunkelsiena
- Vandyckbraun

- Alizarinkarmesin
- Saftgrün
- Kadmiumgelb
- Ockergelb
- Indischgelb
- Hellrot

»Das ist nichts, worüber Sie sich den Kopf zerbrechen oder Sorgen machen sollten; genießen Sie es! Das Malen sollte nichts andres tun, als Sie glücklich zu machen!«

VORBEREITUNG DER LEINWAND

Beginnen Sie damit, die gesamte Leinwand mit einem 50 mm breiten Spalterpinsel und einer dünnen, gleichmäßigen Schicht Flüssigweiß zu grundieren. Arbeiten Sie sich mit langen, horizontalen und vertikalen Strichen vor und zurück, um eine gleichmäßige Verteilung der Farbe auf der Leinwand zu erzielen. Beginnen Sie zu malen, bevor das Flüssigweiß getrocknet ist.

Himmel

SCHRITT 1

Nehmen Sie mit dem Spalterpinsel eine Mischung aus Phthaloblau, Mitternachtsschwarz und einem Hauch von Ockergelb auf und klopfen Sie die Borsten fest gegen die Palette, um die Farbe gleichmäßig zu verteilen. Malen Sie den Himmel mit kleinen, kreuz und quer verlaufenden Strichen. Dabei sollten Sie einige Bereiche offen und unbemalt lassen, um später Wolken hinzufügen zu können. Geben Sie diese Farbe mit langen, horizontalen Strichen auch auf den unteren Bereich der Leinwand, um dort Wasser zu kreieren. Verblenden Sie die gesamte Leinwand mit einem sauberen und trockenen 50 mm breiten Spalterpinsel.

SCHRITT 2

Gehen Sie mit dem Spalterpinsel in das Titanweiß und fügen Sie dann mit kreisförmigen Bewegungen Wolkenformen in die unbemalten Bereiche des Himmels ein. Verwenden Sie dann die obere Ecke eines sauberen und trockenen Spalterpinsels, um die Unterseite der Wolken zu verblenden und schieben Sie den Pinsel dann leicht nach oben, um sie »aufzulockern«.

Bäume im Hinter- und Vordergrund

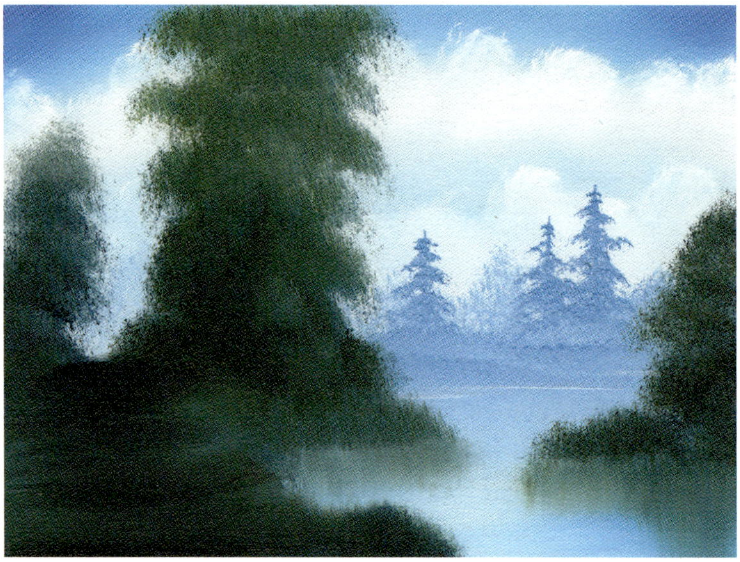

SCHRITT 3

Nehmen Sie mit dem Fächerpinsel eine Mischung aus Preußischblau, Mitternachtsschwarz, Vandyckbraun, Ockergelb und Titanweiß auf. Folgen Sie dann den Schritten auf Seite 12, um kleine Tannen im Hintergrund zu erschaffen.

Geben Sie mit dem Spalterpinsel ein wenig Vandyckbraun in die Baum-Farbmischung. Halten Sie den Pinsel waagerecht und tupfen Sie auf die Leinwand, um den Boden am Fuße der Bäume zu erschaffen. Von dieser Farbe ziehen Sie ein wenig – gerade nach unten – ins Wasser und streichen horizontal sanft darüber, um Reflexionen zu erzeugen. Nehmen Sie Ihren Spachtel und etwas Flüssigweiß, um die Wasserlinien »einzuschneiden«.

Mischen Sie Vandyckbraun, Dunkelsiena, Alizarinkarmesin und Mitternachtsschwarz mit einem Spalterpinsel. Bewegen Sie sich näher zum Betrachter: Halten Sie dazu den Pinsel waagerecht und tupfen Sie, um die Grundform der größeren Bäume und Büsche zu kreieren. Drehen Sie den Pinsel um und bringen Sie diese Grundfarbe in das Wasser unter den Landvorsprüngen; ziehen Sie den Pinsel nach unten und streichen Sie quer darüber, um eine Spiegelung der Bäume im Wasser zu erzeugen.

SCHRITT 4

Verwenden Sie Vandyckbraun und einen Spalterpinsel: Beginnen Sie, den Weg auf der linken Seite des Bildes mit horizontalen Strichen anzudeuten. Dann fügen Sie kleine Baumstämme und Äste mit verdünntem Vandyckbraun und einem Detailpinsel hinzu.

Heben Sie die Bäume und Büsche hervor, indem Sie mit dem Spalterpinsel in verschiedene Mischungen aus allen Gelbtönen, Saftgrün und Hellrot tupfen. Verwenden Sie nur eine Ecke des Pinsels zum Malen. Versuchen Sie, nicht einfach wahllos zu klopfen; formen Sie hier vielmehr die einzelnen Baum- und Buschformen.

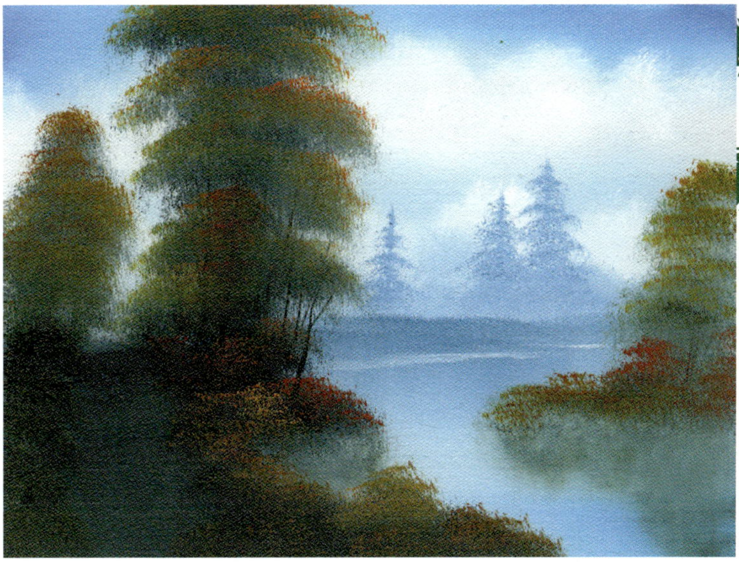

SCHRITT 5

Verwenden Sie Vandyckbraun und einen Spachtel, um die Ufer entlang der Wasserkante zu bilden. Heben Sie die Ufer mit einer Mischung aus Titanweiß, Dunkelsiena und Phthaloblau hervor. Tragen Sie die Farbe mit so wenig Druck auf, dass die Farbe »bricht«. Nehmen Sie mit der langen Klinge des Spachtels eine kleine Farbrolle Flüssigweiß auf. Drücken Sie den Spachtel mit viel Druck gerade gegen die Leinwand, um die Wasserlinien hinzuzufügen.

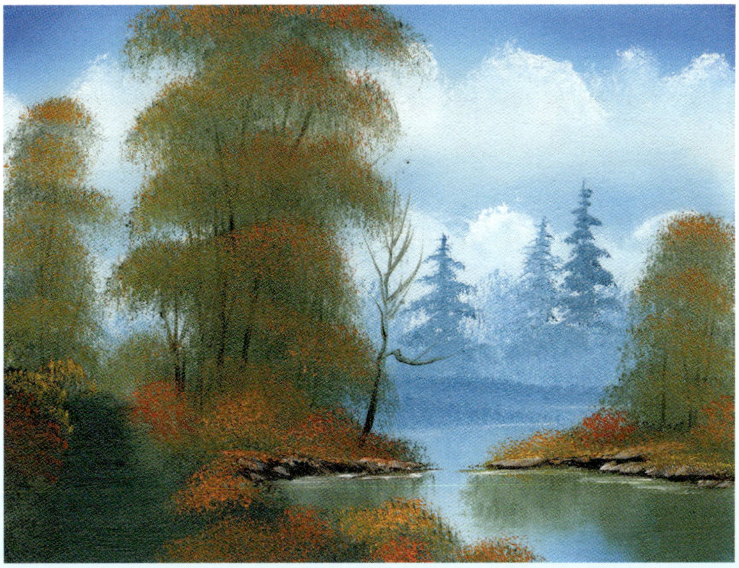

Erweitern Sie die grasbewachsenen Bereiche an den Ufern, indem Sie mit dem Fächerpinsel eine Farbmischung aus allen Gelbtönen, Saftgrün und Hellrot auf die zuvor geschaffenen Bäume und Büsche tupfen. Halten Sie den Pinsel waagerecht und zwingen Sie die Borsten dazu, sich nach oben zu biegen, wenn Sie die Leinwand berühren.

Den Baum in der Mitte formen Sie mit dem Fächerpinsel und einer Mischung aus Preußischblau, Mitternachtsschwarz und Saftgrün. Verwenden Sie die Spitze Ihres Spachtels, um die Andeutung eines Baumstamms einzukratzen.

Birken

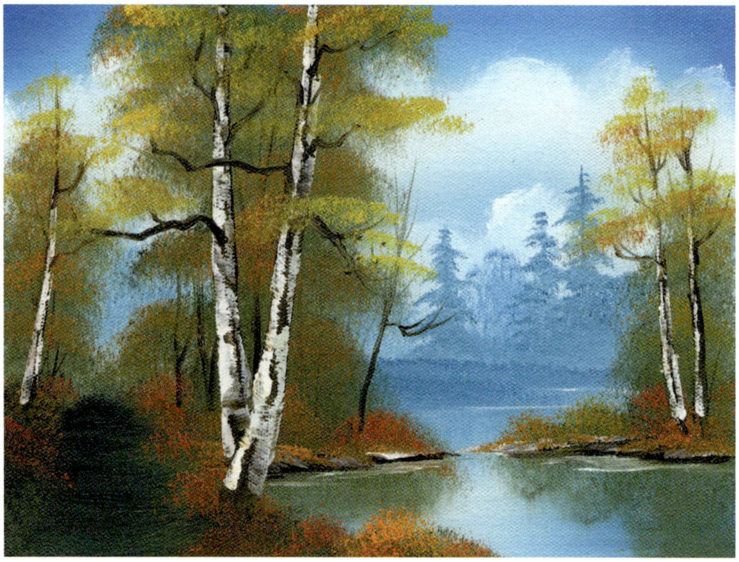

SCHRITT 6

Beginnen Sie jeden einzelnen Baumstamm mit einem Fächerpinsel und der Farbe Vandyckbraun. Halten Sie den Pinsel senkrecht, beginnen Sie an der Spitze des Stammes und ziehen Sie den Pinsel nach unten, wobei Sie mehr Druck ausüben, wenn Sie sich den Wurzeln nähern. Heben Sie die Stämme hervor, indem Sie an der langen Klinge Ihres Spachtels eine kleine Farbrolle Titanweiß formen. Halten Sie den Spachtel senkrecht, berühren Sie die Ränder der Stämme und ziehen Sie sie leicht nach innen; versuchen Sie, nicht die gesamte dunkle Grundfarbe zu überdecken.

Fügen Sie mit Wasser verdünntem Vandyckbraun und einem Detailpinsel Zweige hinzu. Ergänzen Sie das Blattwerk mit der Ecke Ihres Spalterpinsels und der Farbe Kadmiumgelb. Schaffen Sie ein richtiges Blätterdach; tupfen Sie nicht einfach wahllos auf die Leinwand.

»Sie können Berge, Flüsse und Bäume bewegen. Sie können bestimmen, wie Ihre Welt aussieht.«

Pfad

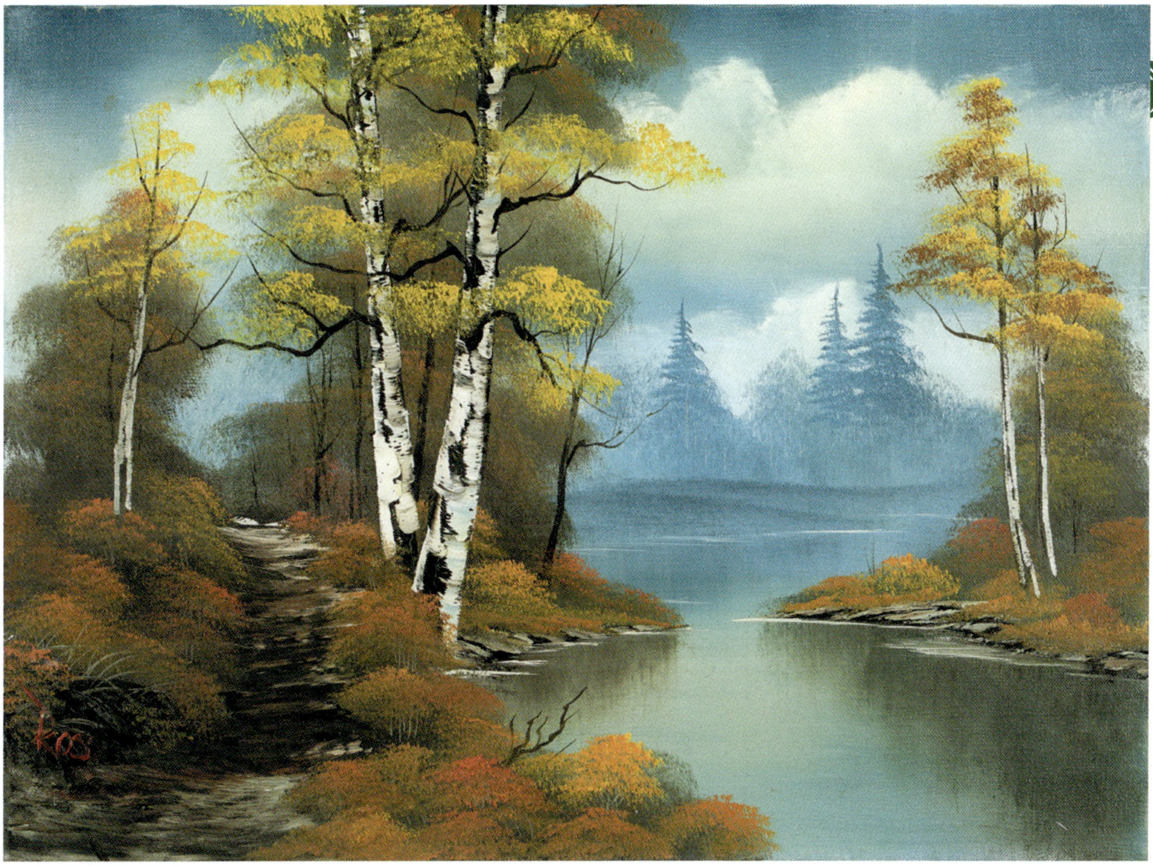

SCHRITT 7

Den Pfad haben Sie bereits in einem vorherigen Schritt zu malen begonnen. Setzen Sie nun mit verschiedenen Mischungen aus Dunkelsiena und Titanweiß und einem Spachtel Akzente, indem Sie horizontal und mit so wenig Druck über die Leinwand streichen, dass die Farbe »bricht«. Mit einem sauberen und trockenen Fächerpinsel streichen Sie mit sanften, waagerechten Bewegungen über den gesamten Pfad, um die Farbe weich zu verblenden. Arbeiten Sie sich schrittweise vorwärts und verwenden Sie den 50 mm breiten Spalterpinsel, um die grasbewachsenen Bereiche über die Ränder des Pfads wachsen zu lassen.

Letzter Feinschliff

Verwenden Sie verdünntes Titanweiß und einen Detailpinsel, um lange Gräser und andere letzte Einzelheiten in den Vordergrund zu bringen. Signieren Sie dann Ihr Bild, lehnen Sie sich zurück und bewundern Sie es!

OVALE ESSENZ

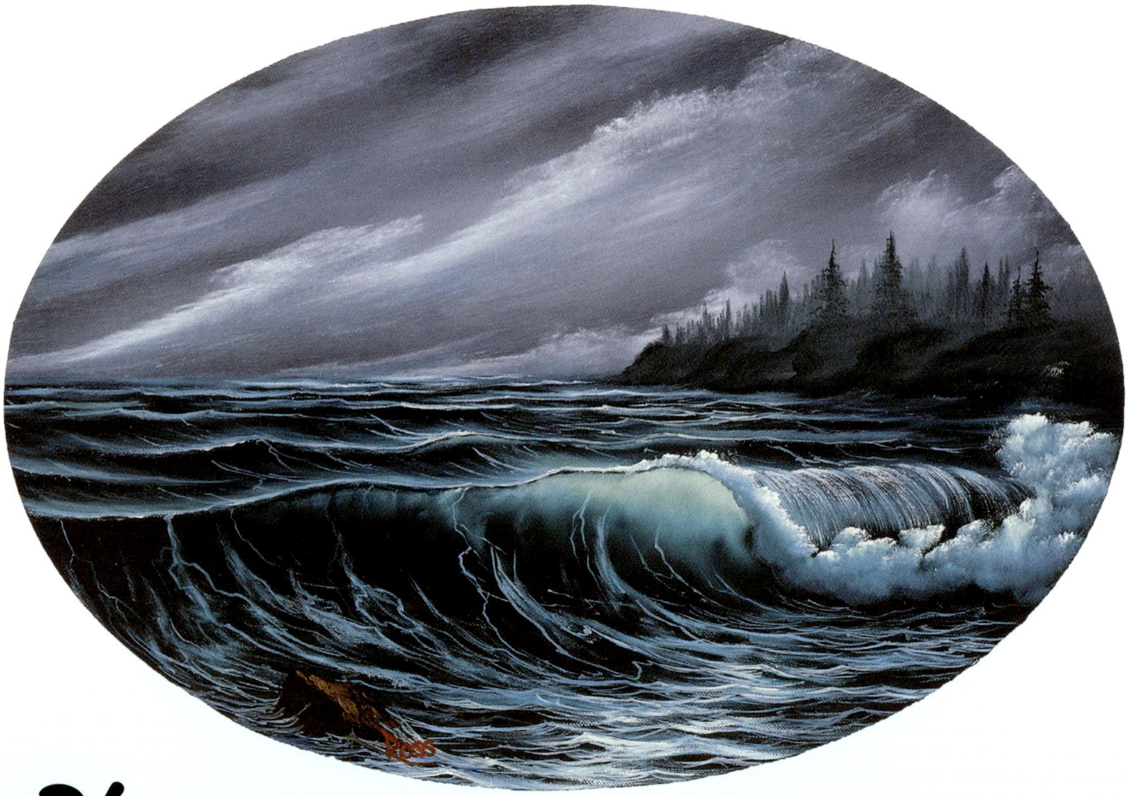

WERKZEUGE UND MATERIALIEN

- 25 mm breiter Spalterpinsel
- 50 mm breiter Spalterpinsel
- Großer Fächerpinsel
- Kleiner Katzenzungenpinsel
- Detailpinsel
- Kleiner Spachtel
- Schaumstoffpinsel oder alter Pinsel
- 45 cm x 60 cm große Leinwand
- Selbstklebende, wieder ablösbare Kunststofffolie
- Klebeband
- Schwarzes Gesso
- Flüssigtransparent
- Alizarinkarmesin
- Kadmiumgelb
- Dunkelsiena
- Mitternachtsschwarz
- Phthaloblau
- Phthalogrün
- Titanweiß
- Vandyckbraun

»Alles, was man versucht ohne erfolgreich zu sein, ist kein Misserfolg, wenn man daraus lernt!«

VORBEREITUNG DER LEINWAND

Bedecken Sie zunächst die gesamte Leinwand mit selbstklebender, wieder ablösbarer Kunststofffolie (z. B. Con-Tact Brand®-Papier, Klebeband oder Kreppband), wobei Sie in der Mitte der Folie ein etwa 35,5 cm x 50 cm großes Oval ausgeschnitten haben.

SCHRITT 1

Tragen Sie mit einem Schaumstoffpinsel oder einem alten Pinsel eine dünne, gleichmäßige Schicht schwarzes Gesso auf die gesamte Leinwand auf und lassen Sie diese vollständig trocknen, bevor Sie mit dem Malen beginnen. Bringen Sie Klebeband quer über die Leinwand an (knapp über der Mitte), um den Horizont zu markieren.

Verwenden Sie dann den 50 mm breiten Spalterpinsel, um die gesamte Leinwand mit einer sehr kleinen Menge Flüssigtransparent zu bedecken. Reiben Sie die Leinwand mit einem Papiertuch ab, um überschüssiges Flüssigtransparent so gut wie möglich zu entfernen. Das verbleibende Flüssigtransparent reicht aus, um mit dem Malen fortzufahren. Beginnen Sie, bevor es getrocknet ist.

Himmel

SCHRITT 2

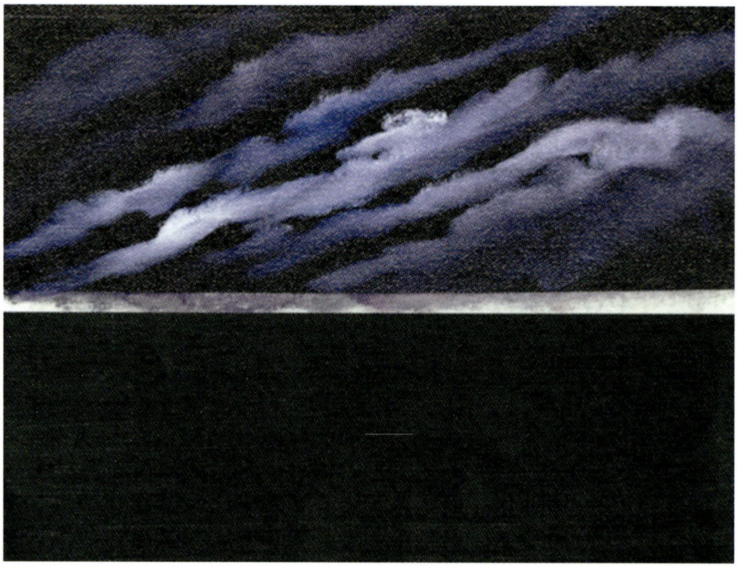

Tauchen Sie den 50 mm breiten Spalterpinsel in ein wenig Titanweiß ein; tupfen und wischen Sie einfach, um Wolkenformen am Himmel entstehen zu lassen. Der Pinsel nimmt die nasse Farbe auf, die sich bereits auf der Leinwand befindet, und färbt somit automatisch die Wolken mit ein. Verwenden Sie einen sauberen und trockenen 50 mm breiten Spalterpinsel, um die Unterseite der Wolken zu verblenden, wobei Sie darauf achten sollten, dass die obere Seite der Wolken jeweils ihre Form beibehält. Verwenden Sie Titanweiß und einen Fächerpinsel, um weitere Wolken hinzuzufügen, und streichen Sie dann mit schwungvollen Bewegungen nach oben, um den gesamten Himmel zu verblenden. Entfernen Sie anschließend das Klebeband von der Leinwand.

Küste und Wasser im Hintergrund

SCHRITT 3

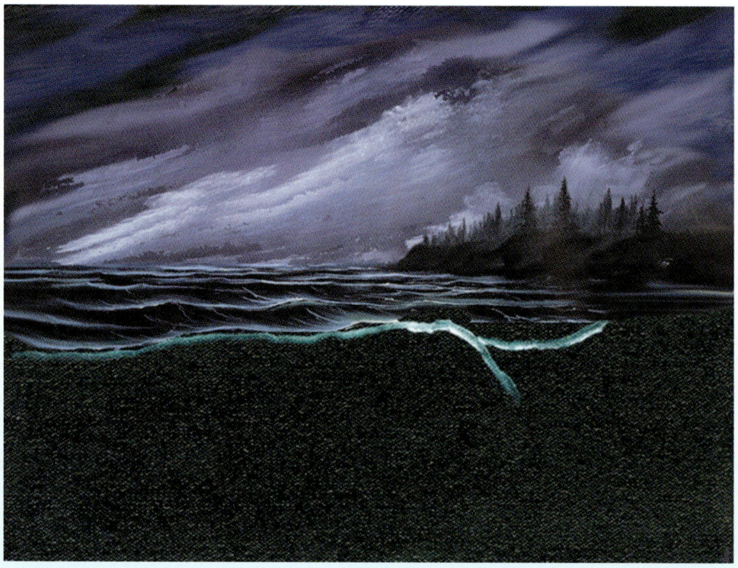

Verwenden Sie den Spalterpinsel erneut, um eine Mischung aus Phthaloblau und Mitternachtsschwarz entlang des Horizonts aufzutragen (das ist der Bereich, der durch das Klebeband trocken geblieben ist). Verwenden Sie Titanweiß mit einem kleinen Katzenzungenpinsel, um die große Welle im Vordergrund leicht anzuzeichnen.

Verwenden Sie nun einen Fächerpinsel und eine Farbmischung aus Mitternachtsschwarz, Phthaloblau, Phthalogrün und Vandyckbraun. Halten Sie den Pinsel vertikal und tupfen Sie nach unten, um die Bäume im Hintergrund, knapp über dem Horizont, anzudeuten. Verwenden Sie die Ecke des Pinsels, um bei den markanteren Bäumen einige Äste hinzuzufügen. Gestalten Sie den felsigen Vorsprung unter den Bäumen mit der gleichen dunklen Farbe und betonen Sie ihn dann an einigen Stellen mit einer sehr kleinen Menge Titanweiß.

Mit Titanweiß und einem sauberen Fächerpinsel fügen Sie nun mit kurzen, schwungvollen Strichen das Wasser entlang des Horizonts und am Fuße des Landvorsprungs hinzu. Malen Sie mit langen, horizontalen Strichen die Spitzen der Wellen im Hintergrund. Ziehen Sie den Pinsel mit kurzen, schwungvollen Strichen zurück, um die Spitzen der Wellen zu verblenden. Achten Sie darauf, dass Sie die dunkle Unterfarbe, die die Hintergrundwellen voneinander trennt, nicht ganz »vernichten«.

Welle

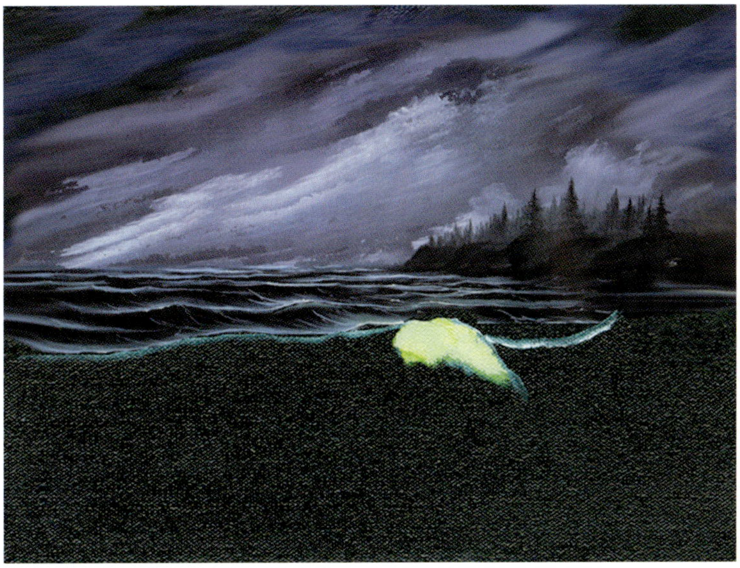

SCHRITT 4

Nehmen Sie mit dem kleinen Katzenzungenpinsel etwas Titanweiß und eine sehr kleine Menge Kadmiumgelb auf. Tragen Sie die Farben mit kreisenden Strichen in das »Auge« der Welle auf. Lassen Sie die Farbe über den oberen Teil der Welle auslaufen und allmählich übergehen in die dunkle Grundfarbe, die sich bereits auf der Leinwand befindet. Sie können diesen Vorgang wiederholen, bis Sie die gewünschte Helligkeit erreicht haben, aber beginnen Sie immer mit einem sauberen 25 mm breiten Katzenzungenpinsel!

»Schauen Sie sich um. Schauen Sie sich an, was um uns herum existiert. Schönheit ist überall – man muss nur hinschauen, um sie zu sehen.«

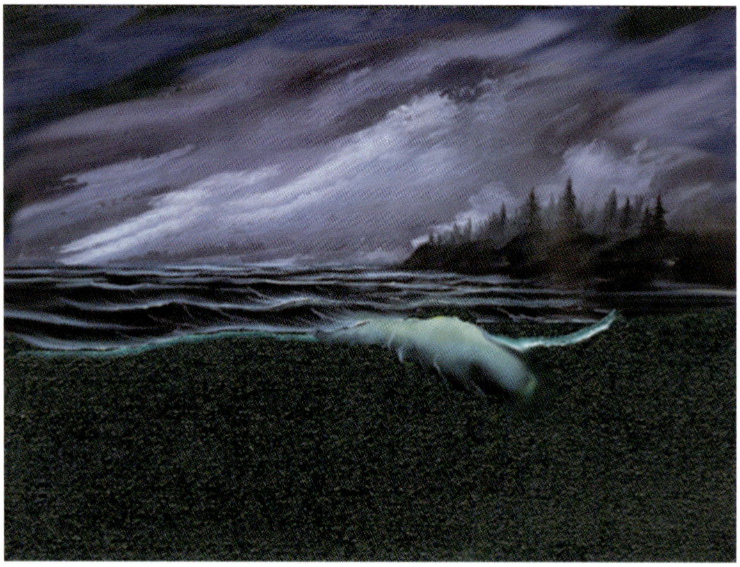

SCHRITT 5

Verwenden Sie die obere Ecke eines sehr sauberen und trockenen Spalterpinsels und kleine kreisförmige Striche, um das »Auge« der Welle leicht zu verblenden. Halten Sie den Pinsel waagerecht und achten Sie auf den Fluss des Wassers, um mit nach unten gerichteten Strichen den Rest der Welle zu formen.

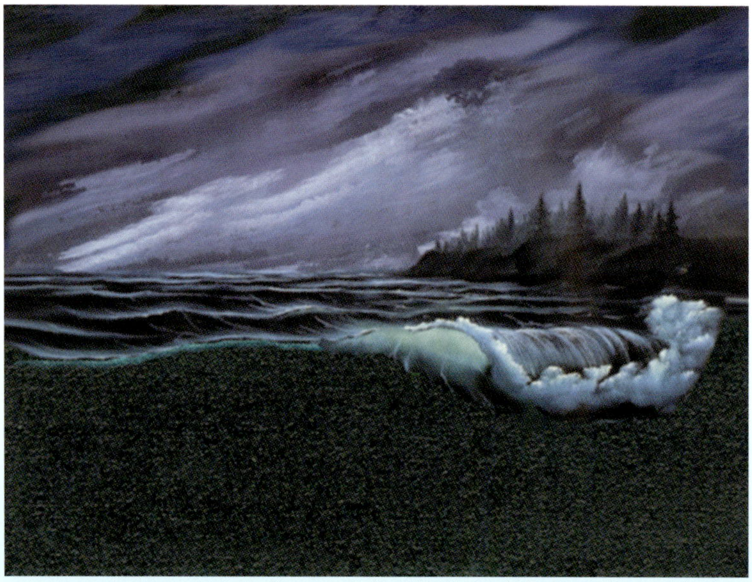

SCHRITT 6

Setzen Sie mit einem sauberen Fächerpinsel und Titanweiß einzelne Abwärtsstriche, um das Wasser hervorzuheben, das über den Wellenberg rollt.

Formen Sie den Schaum mit einer lavendelfarbenen Mischung aus Titanweiß, Phthaloblau und Alizarinkarmesin. Verwenden Sie den kleinen Katzenzungenpinsel mit kleinen, kreisförmigen Strichen, um die Grundform des Schaums am Ende und entlang des Randes der Welle zu bilden.

Betonen Sie die Schaumkrone mit Titanweiß und einem sauberen und trockenen Katzenzungenpinsel. Verwenden Sie winzige, kreisförmige und nach oben gerichtete Striche. Die Akzente setzen Sie an den oberen Kanten des Schaums, wo das Licht auftreffen würde; decken Sie aber den dunklen Hintergrund des Schaums nicht vollständig ab. Verwenden Sie die obere Ecke eines sauberen und trockenen Spalterpinsels mittels kleiner, kreisförmiger Striche, um die Akzente leicht zu verblenden. Versuchen Sie, die nach oben gerichteten Seiten des Schaums nicht zu berühren, da die Akzente dort recht hell bleiben sollen – doch ein paar leichte Tupfer mit der Pinselspitze oberhalb des Schaums erzeugen die Illusion von Gischt. Verwenden Sie eine verdünnte, dunkelblaue Farbmischung und einen Detailpinsel, um einen winzigen Schatten unter dem Schaum entlang der Kante der Welle hinzuzufügen.

Wasser im Vordergrund

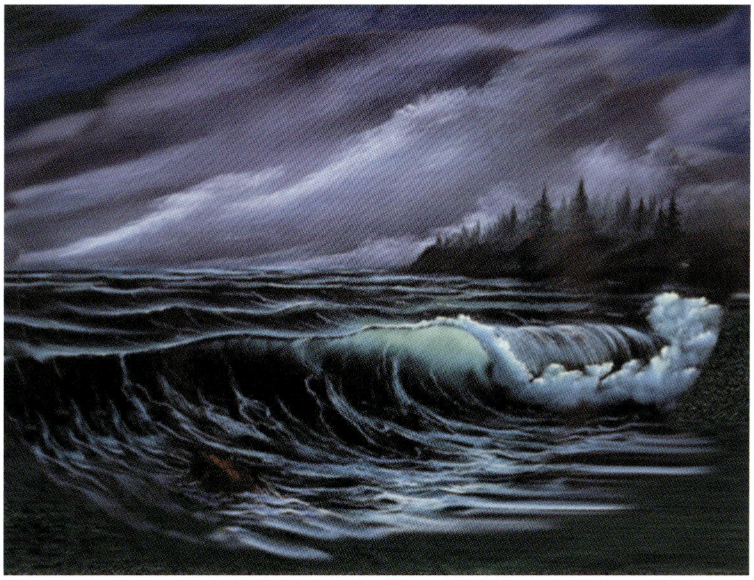

SCHRITT 7

Tupfen Sie einen sauberen Fächerpinsel in etwas Titanweiß. Achten Sie genau auf den Winkel des Wassers und setzen Sie mit einer Schrubb-Bewegung kurze, horizontale und vertikale Striche, um Schaum in der Welle zu erschaffen und um das vor der großen Welle befindliche Wasser mit Wellenreflexionen zu bestücken. Achten Sie auch hier darauf, dass Sie nicht die gesamte dunkle Grundfarbe »vernichten«. Sie können diese Akzente mit einem sauberen und trockenen Spalterpinsel ganz leicht verblenden.

Verwenden Sie Farbverdünner und verschiedene Mischungen von Titanweiß, Phthaloblau und Kadmiumgelb mit einem Detailpinsel, um dem Wasser hier und da ein »Glitzern« hinzuzufügen, wobei Sie genau darauf achten sollten, wo das Licht der gedachten, direkten Lichtquelle auftreffen würde.

Den Stein im Vordergrund erstellen Sie mit einem kleinen Spachtel und einer Farbmischung aus Vandyckbraun und Dunkelsiena. Die Oberseite des Steins heben Sie mit einer Mischung aus Dunkelsiena und Titanweiß hervor, wobei Sie so wenig Druck auf den Spachtel ausüben, dass die Farbe »bricht«.

Letzter Feinschliff

Der letzte Arbeitsschritt bei diesem Bild ist das Abziehen der Kunststofffolie von der Leinwand. Und voilà, Sie haben ein Meisterwerk geschaffen – ein Meisterwerk, das Sie unbedingt noch signieren sollten, vergessen Sie das bloß nicht!

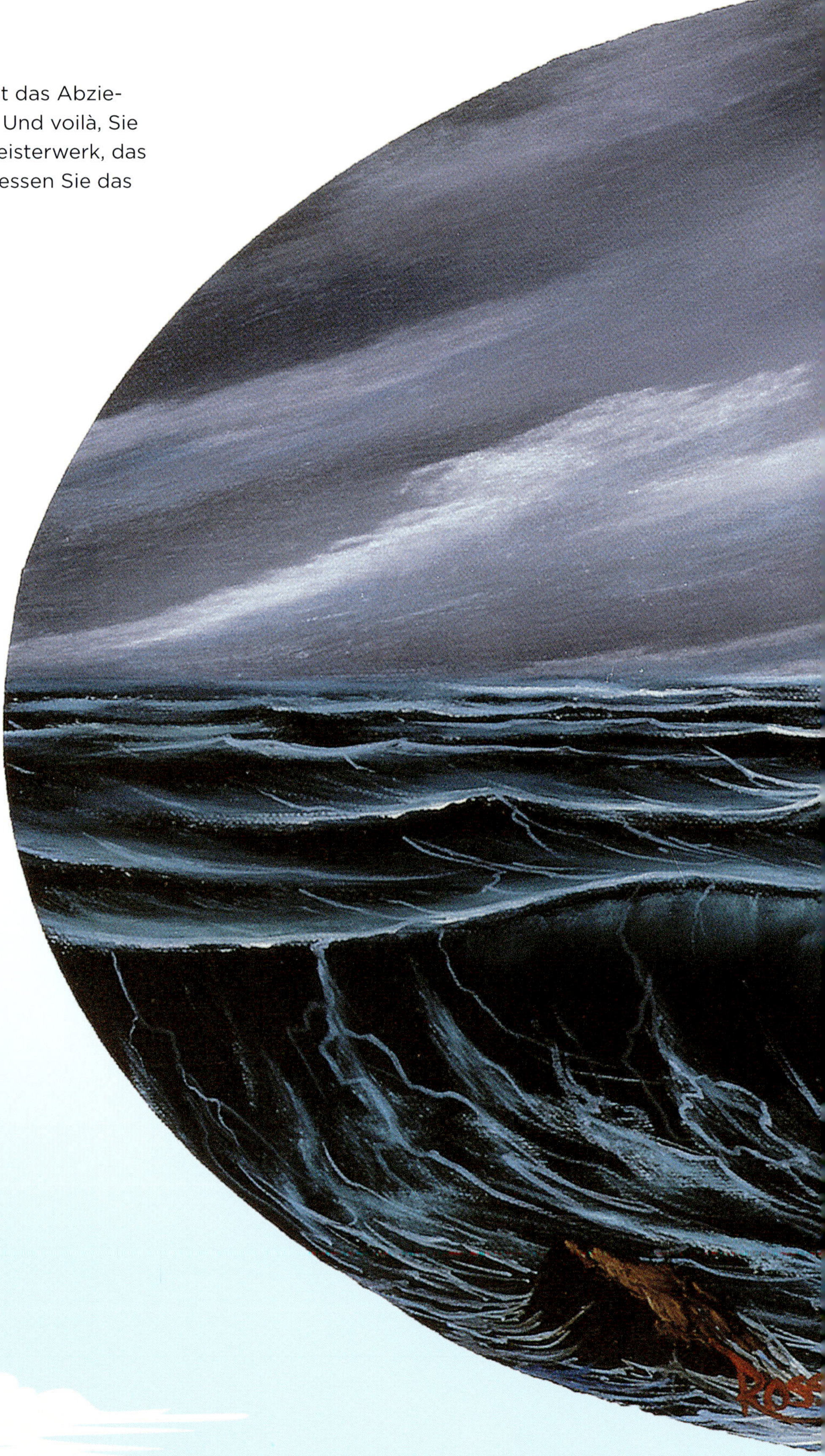

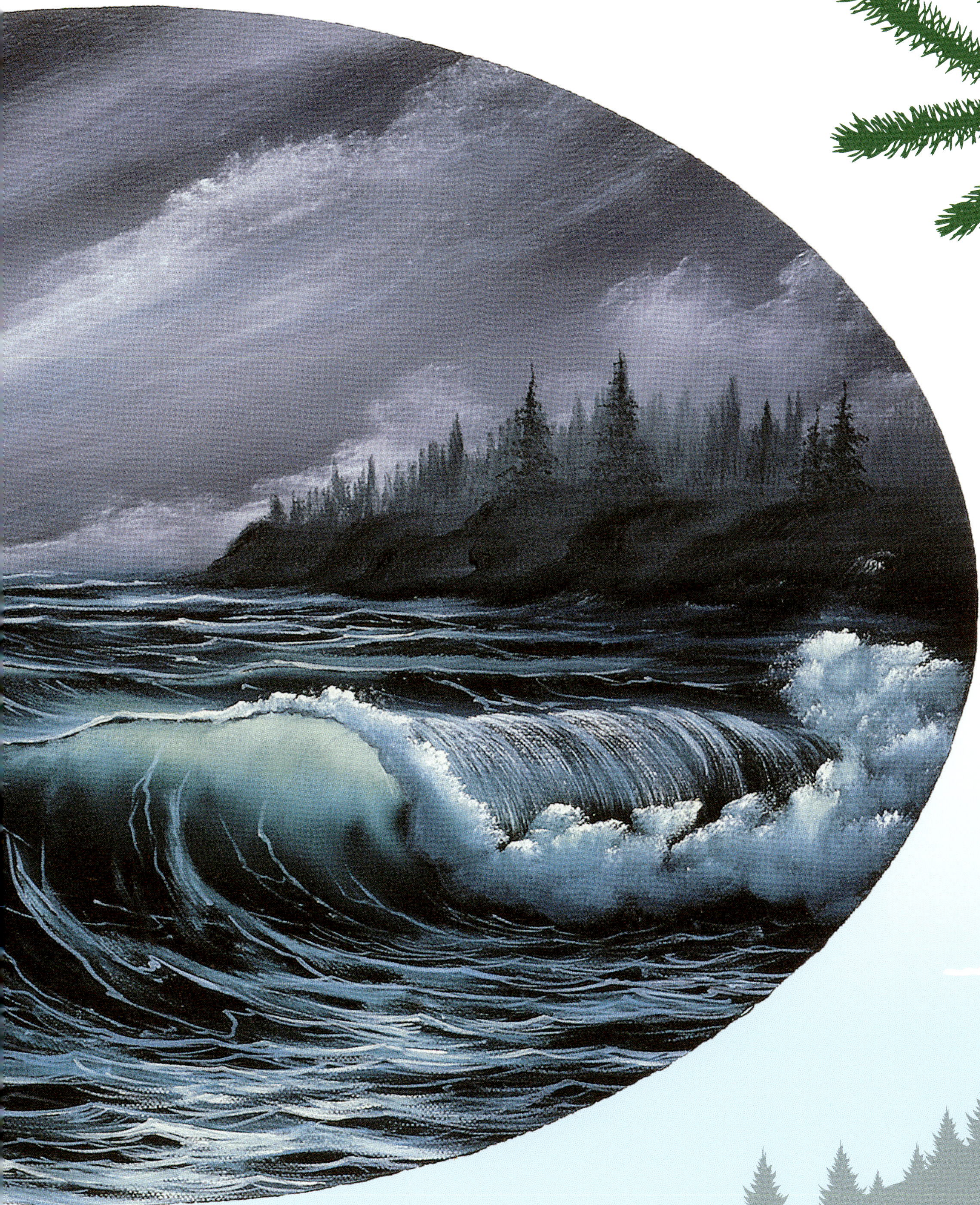

GRAUER BERG

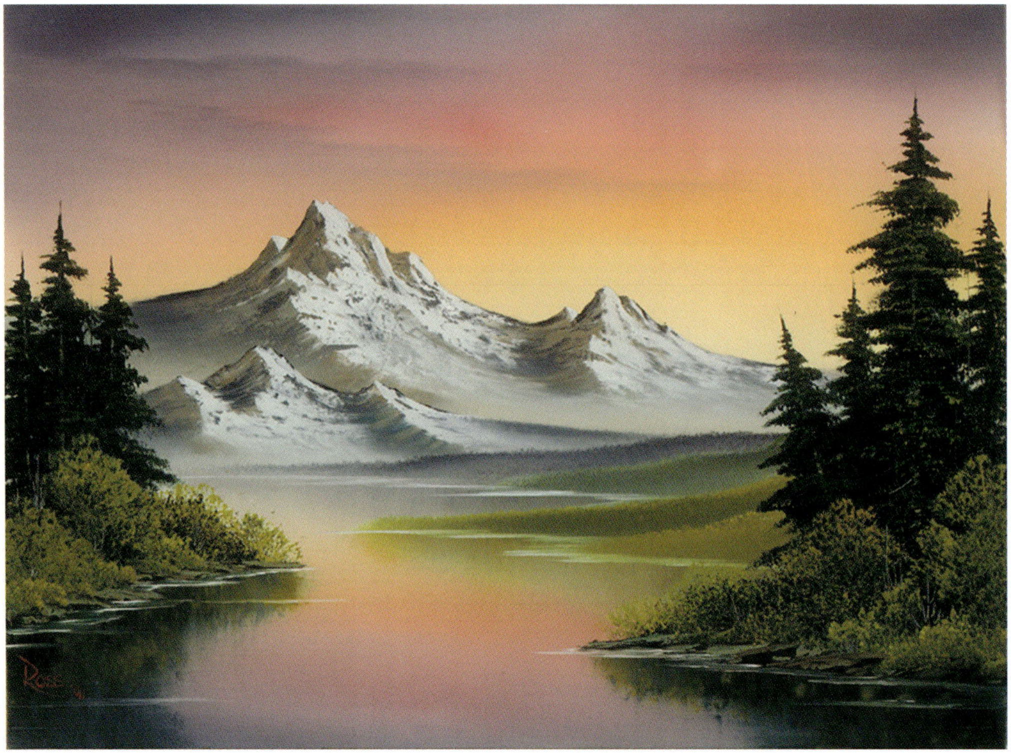

WERKZEUGE UND MATERIALIEN

- 25 mm breiter Spalterpinsel
- 50 mm breiter Spalterpinsel
- Großer Fächerpinsel
- Detailpinsel
- 45 cm x 60 cm große Leinwand
- Flüssigweiß
- Dunkelsiena
- Vandyckbraun
- Alizarinkarmesin
- Saftgrün
- Kadmiumgelb
- Ockergelb
- Indischgelb
- Hellrot
- Titanweiß
- Phthalogrün
- Phthaloblau
- Preußischblau
- Mitternachtsschwarz

»In der Malerei haben Sie eine unbegrenzte Macht: Sie verfügen über die Fähigkeit, Berge zu versetzen und Flüsse zu lenken.«

VORBEREITUNG DER LEINWAND

Beginnen Sie damit, die gesamte Leinwand mit einer dünnen, gleichmäßigen Schicht Flüssigweiß mit dem 50 mm breiten Spalterpinsel zu grundieren. Arbeiten Sie sich mit langen, horizontalen und vertikalen Strichen vor und zurück, um eine gleichmäßige Verteilung der Farbe auf der Leinwand zu erzielen. Beginnen Sie mit den Bergen, bevor das Flüssigweiß getrocknet ist.

Himmel

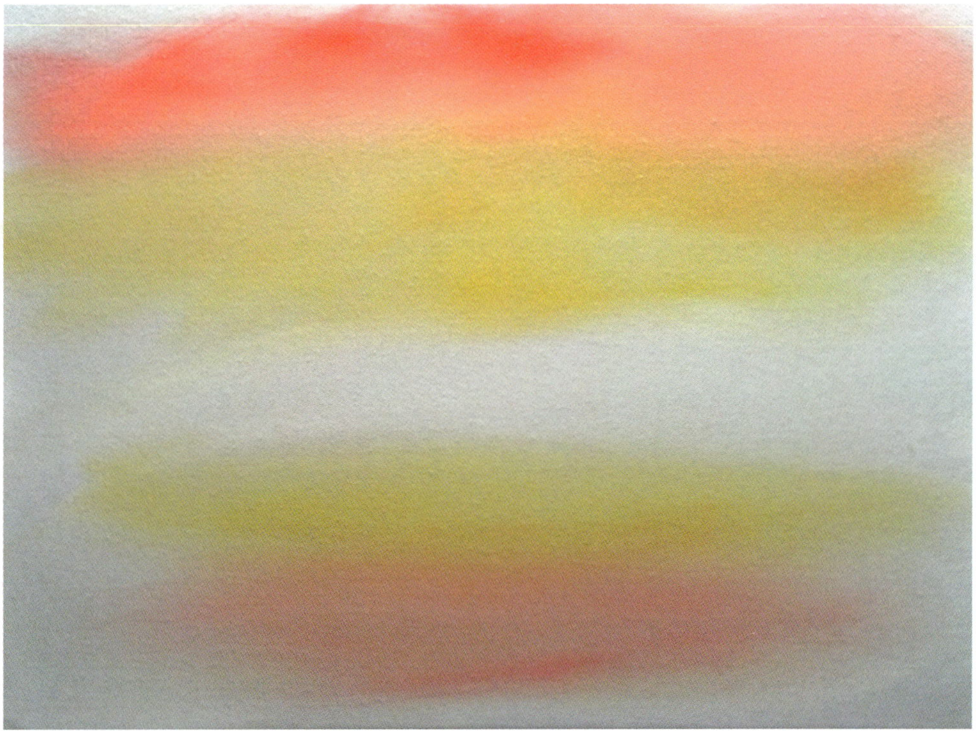

SCHRITT 1

Tupfen Sie den 50 mm breiten Spalterpinsel in eine kleine Menge Indischgelb und beginnen Sie damit, das goldene Glühen des Himmels mit kreuz und quer über die Leinwand verlaufenden Strichen direkt über dem Horizont zu erzeugen. Verwenden Sie dann Indischgelb und horizontale Striche, um das Leuchten im Wasser knapp unterhalb des Horizonts zu bilden.

Ohne den Pinsel zu säubern, nehmen Sie etwas Ockergelb auf und arbeiten sich mit kreuz und quer verlaufenden Pinselstrichen über die Leinwand. Wiederum kreieren Sie mit horizontalen Strichen Spiegelungen unterhalb des Indischgelbs im Wasser.

Mit dem gleichen, nicht gesäuberten Pinsel gehen Sie nun in eine kleine Menge Hellrot und streichen am oberen Rand mit kreuzenden Strichen und am unteren Ende mit horizontalen Stichen über die Leinwand.

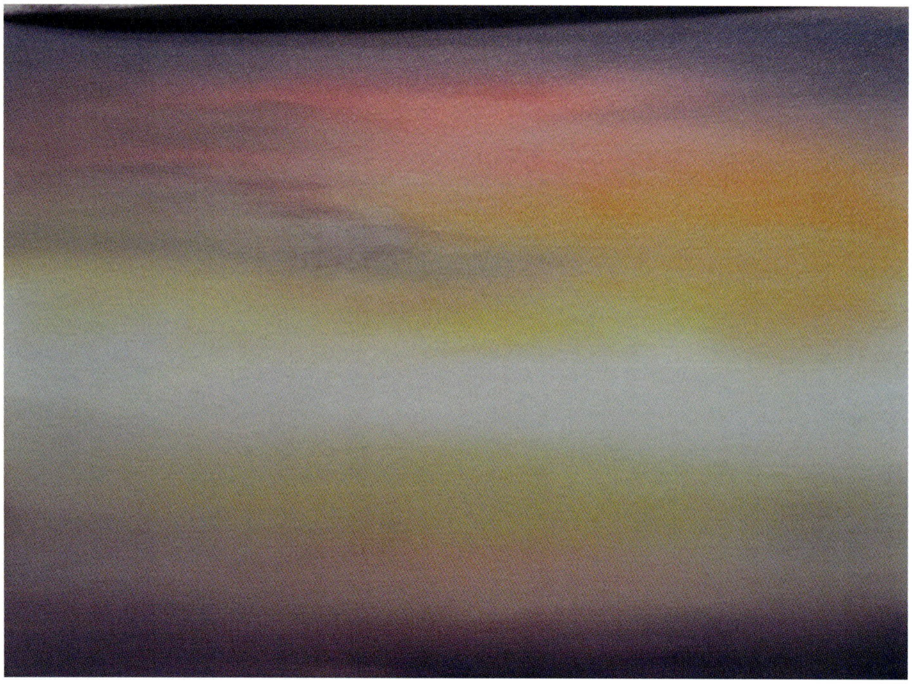

SCHRITT 2

Nehmen Sie den 50 mm breiten Spalterpinsel und eine Mischung aus Alizarinkarmesin und Phthaloblau und fahren Sie mit sich kreuzenden Strichen über den oberen Teil des Himmels. Halten Sie den Pinsel waagerecht und tupfen Sie einfach leicht nach unten, um Wolken anzudeuten.

Verwenden Sie dieselbe Mischung aus Alizarinkarmesin und Phthaloblau, um mit langen, horizontalen Strichen am unteren Rand der Leinwand die passende Spiegelung des Himmels im Wasser zu erzeugen. Streichen Sie nun mit einem sauberen und trockenen Spalterpinsel mit langen horizontalen Strichen über die gesamte Leinwand, um alles miteinander zu verblenden.

Gebirge

SCHRITT 3

Verwenden Sie Ihren Spachtel und eine Mischung aus Mitternachtsschwarz, Preußischblau, Alizarinkarmesin und Vandyckbraun, um ein großes Gebirge im Hintergrund zu erschaffen. Befolgen Sie die Schritte auf Seite 14 zum Erschaffen eines Berges.

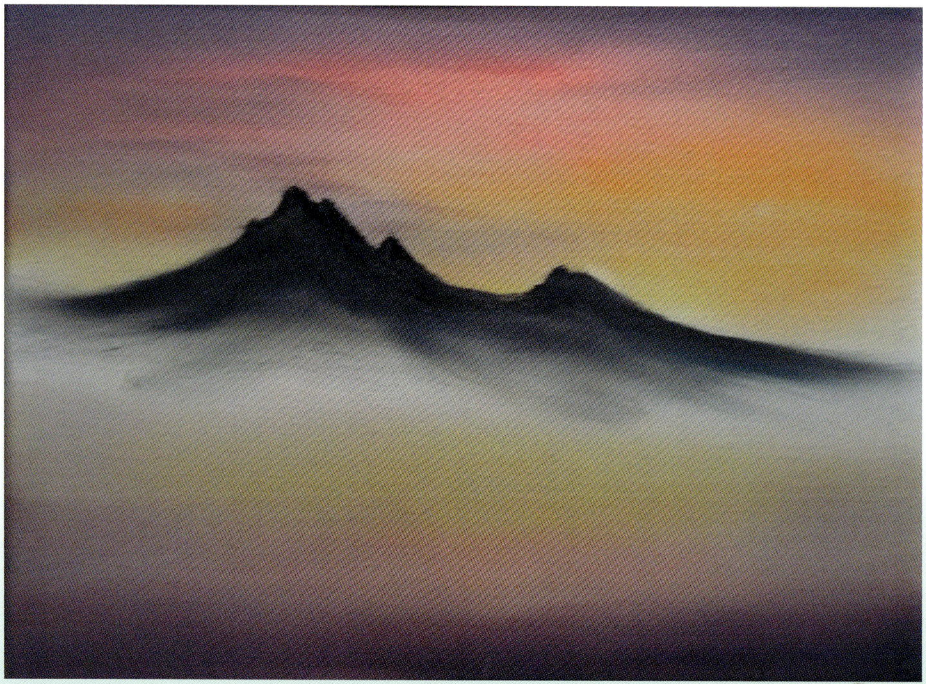

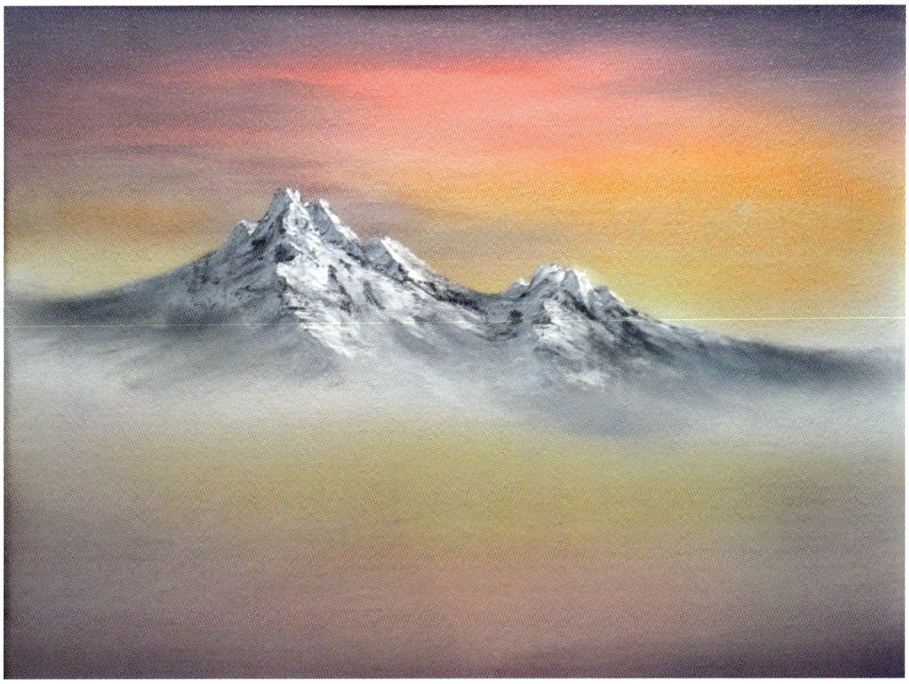

SCHRITT 4

Heben Sie den Berg mit verschiedenen Farbmischungen aus Titanweiß und Mitternachtsschwarz auf der rechten Seite hervor. Schattieren Sie den Berggipfel in der anderen Richtung mit einer Mischung aus Titanweiß, Preußischblau, Mitternachtsschwarz, Vandyckbraun und Alizarinkarmesin.

»Jeder Tag, an dem Sie malen, ist ein guter Tag.«

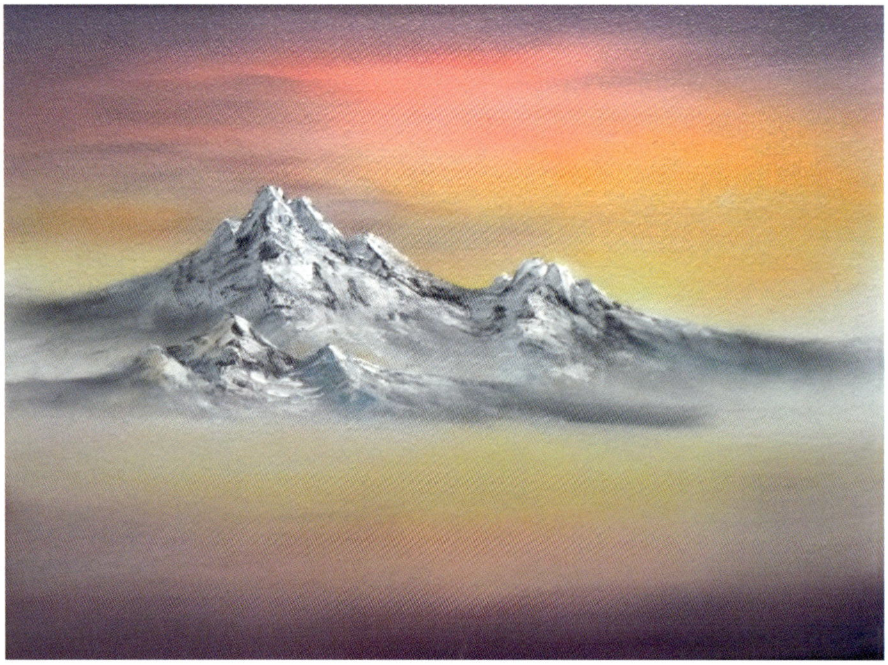

SCHRITT 5

Um optische Tiefe in Ihrem Werk zu erzeugen, nutzen Sie die gleichen Farben, um damit vor dem Gebirge die kleineren Berge entstehen zu lassen.

SCHRITT 6

Tauchen Sie den Spalterpinsel in eine Mischung aus Titanweiß und der Farbe, die Sie soeben für den Berg verwendet haben. Halten Sie den Pinsel waagerecht und tippen Sie nach unten, um die ersten Ausläufer am Fuße der Berge zu malen. Halten Sie den Pinsel weiterhin waagerecht und führen Sie kurze Striche nach oben aus, um kleine Baumkronen darzustellen.

Halten Sie den Pinsel flach gegen die Leinwand am Fuße der Ausläufer und ziehen Sie die Farbe gerade nach unten, damit sich die Hügel im Wasser reflektieren, und streichen Sie dann horizontal leicht darüber, um sie mit dem Wasser zu verblenden.

Erschaffen Sie mehrere Hügelketten, die jeweils immer dunkler werden, je weiter vorn im Bild Sie diese platzieren.

Vorgebirge

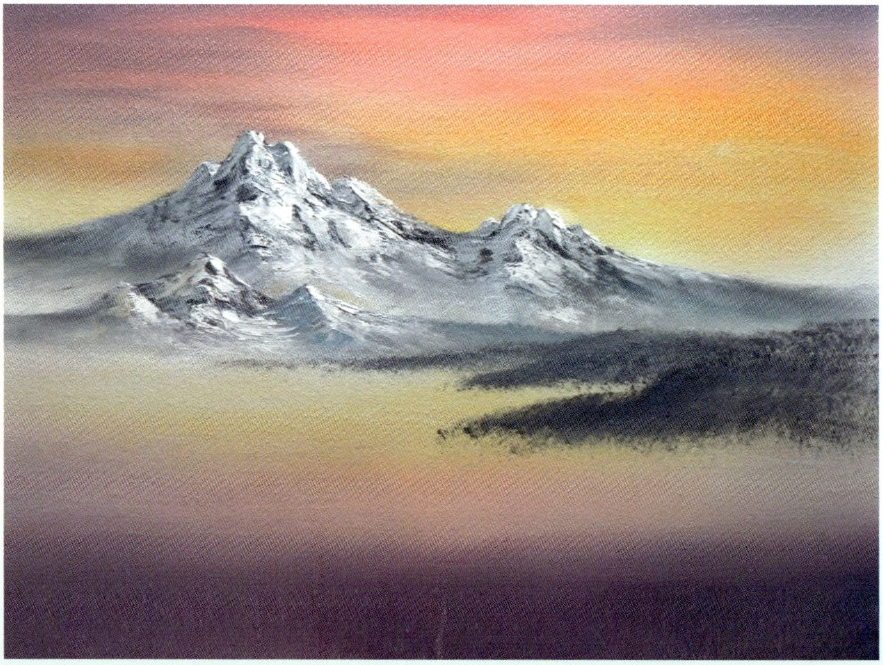

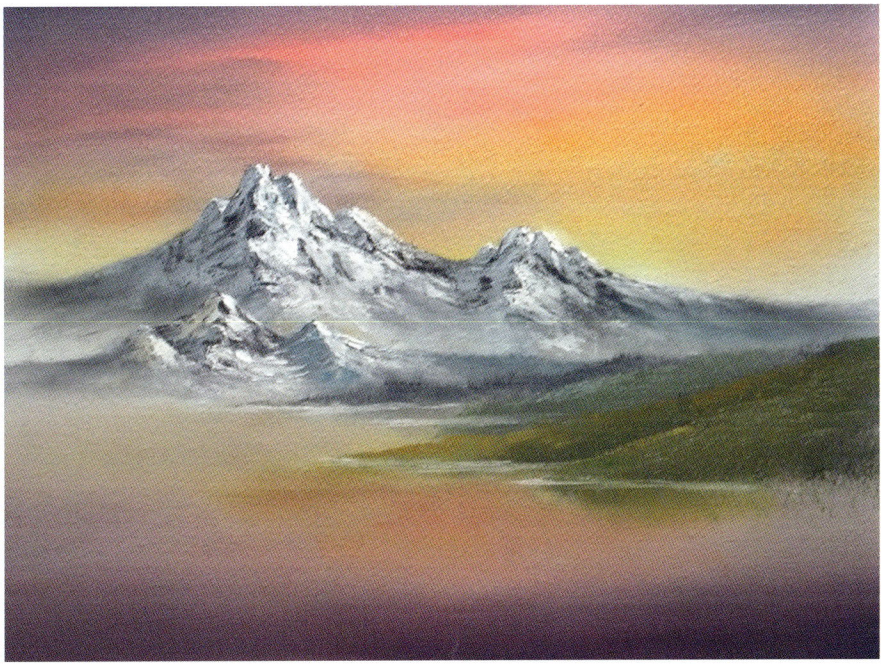

SCHRITT 7

Ohne den Pinsel zu reinigen, gehen Sie anschließend in eine Farbmischung aus Saftgrün und Kadmiumgelb und tupfen leichte Akzente auf diejenigen Hügel, die optisch näher liegen.

Fügen Sie dann die Wasserlinien und -wellen mit einem Spachtel und einer Mischung aus Flüssigweiß und einer kleinen Menge an Hellrot hinzu.

Tannen im Mittelgrund

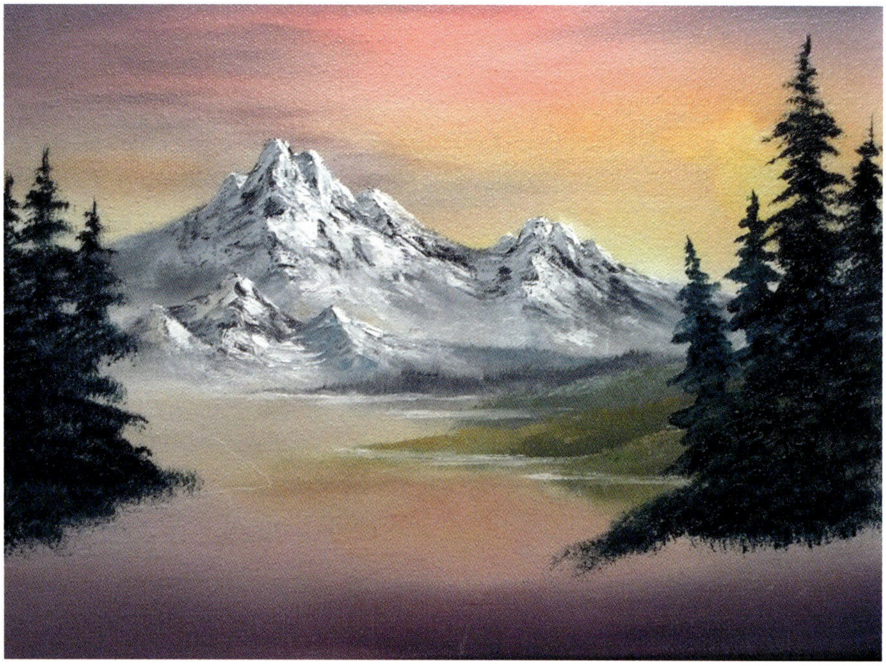

SCHRITT 8

Tauchen Sie den Fächerpinsel komplett in eine sehr dunkle Farbmischung aus Mitternachtsschwarz, Preußischblau, Phthalogrün und Alizarinkarmesin ein. Nutzen Sie die auf Seite 12 gezeigte Technik, um die Bäume zu malen.

Bäume und Büsche im Vordergrund

SCHRITT 9

Bilden Sie die kleinen Bäume und Büsche am Fuße der Tannen mit der gleichen dunklen Mischung mit dem 25 mm breiten Spalterpinsel, wobei Sie die Farbe für die Reflexionen bis ins Wasser verlängern. Verwenden Sie den 50 mm breiten Spalterpinsel, um die Reflexionen gerade nach unten zu ziehen, und streichen Sie dann horizontal leicht darüber.

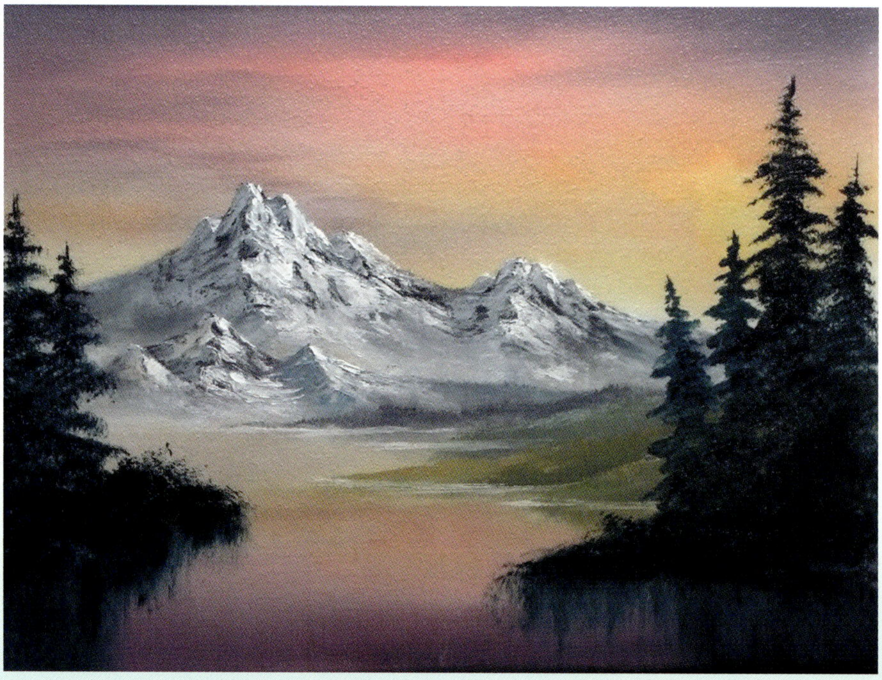

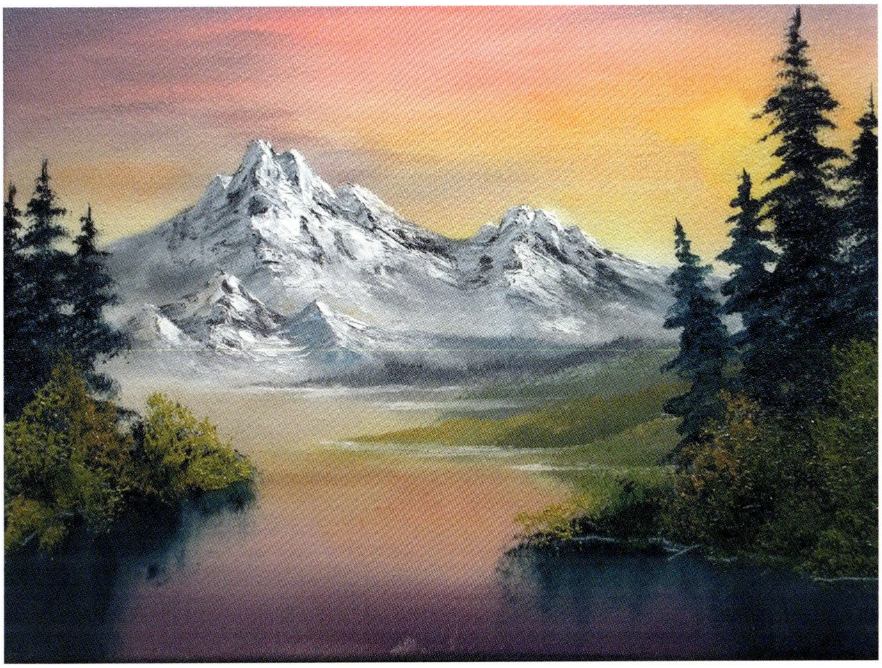

SCHRITT 10

Um die Bäume und Büsche zu betonen, tauchen Sie den kleinen Spalterpinsel zunächst in Flüssigweiß. Dann ziehen Sie den Pinsel mit dem Stiel gerade nach oben (mehrmals in eine Richtung, um eine Ecke der Borsten abzurunden) durch verschiedene Mischungen aus Saftgrün, allen Gelbtönen und Hellrot. Biegen Sie die Borsten beim Malen mit der abgerundeten Ecke des Pinsels nach oben, um die einzelnen Bäume und Sträucher hervorzuheben. Konzentrieren Sie sich auf Form und Gestalt des Laubwerks.

»Wir Künstler sind eine andere Art von Menschen. Wir sind ein glücklicher Haufen.«

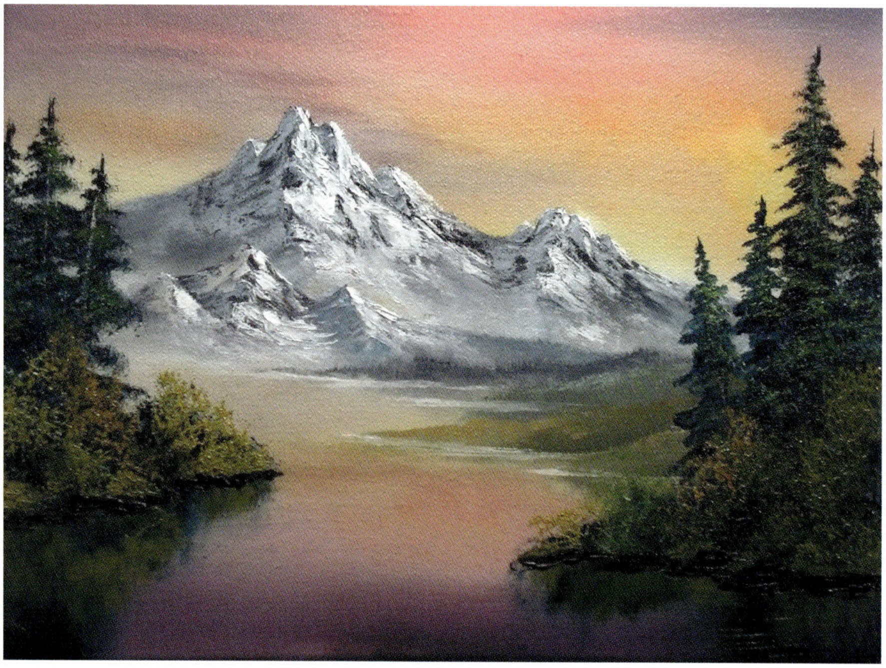

SCHRITT 11

Drehen Sie den Pinsel um, damit sich auch die Akzente der Bäume und Büsche im Wasser spiegeln. Verwenden Sie den 50 mm breiten Spalterpinsel, um zunächst die Reflexionen ganz leicht nach unten zu ziehen und dann quer darüber zu streichen, um den Reflexionen ein »verschwommenes« Aussehen zu verleihen.

Die Baumstämme der Tannen fügen Sie mit einer kleinen Farbrolle einer Mischung aus Titanweiß und Dunkelsiena und Ihrem Spachtel hinzu. Verwenden Sie den Fächerpinsel, um ganz sachte Akzente auf der rechten Seite der Rinde zu setzen.

SCHRITT 12

Verwenden Sie Vandyckbraun mit dem Spachtel, um die Landfläche an den Wurzeln der Vordergrundbäume hinzuzufügen, wobei Sie darauf achten sollten, wie der Boden in das Wasser eintaucht. Heben Sie die Erde mit einer Mischung aus Vandyckbraun und Titanweiß und einem Spachtel hervor, wobei Sie so wenig Druck ausüben, dass die Farbe »bricht«.

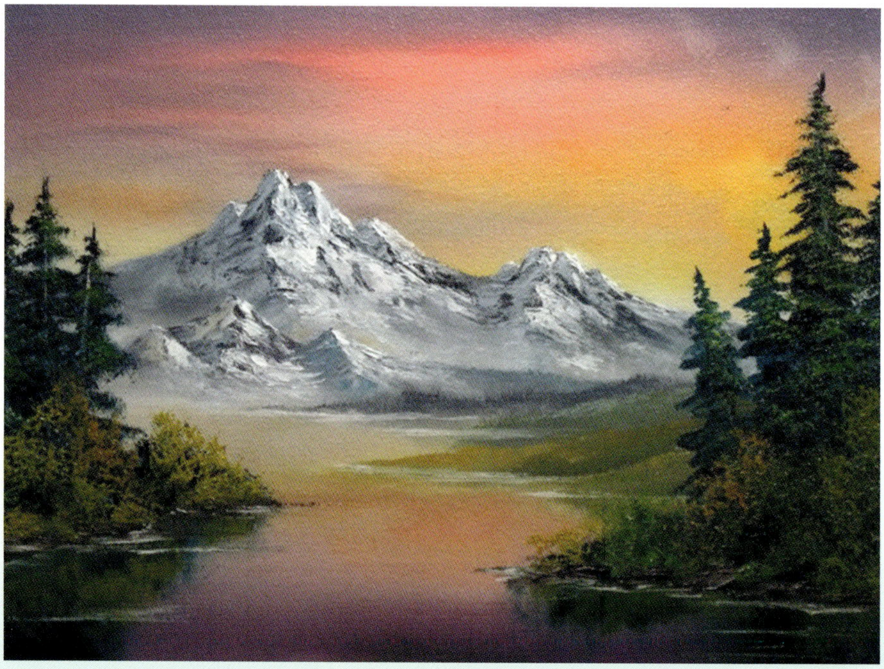

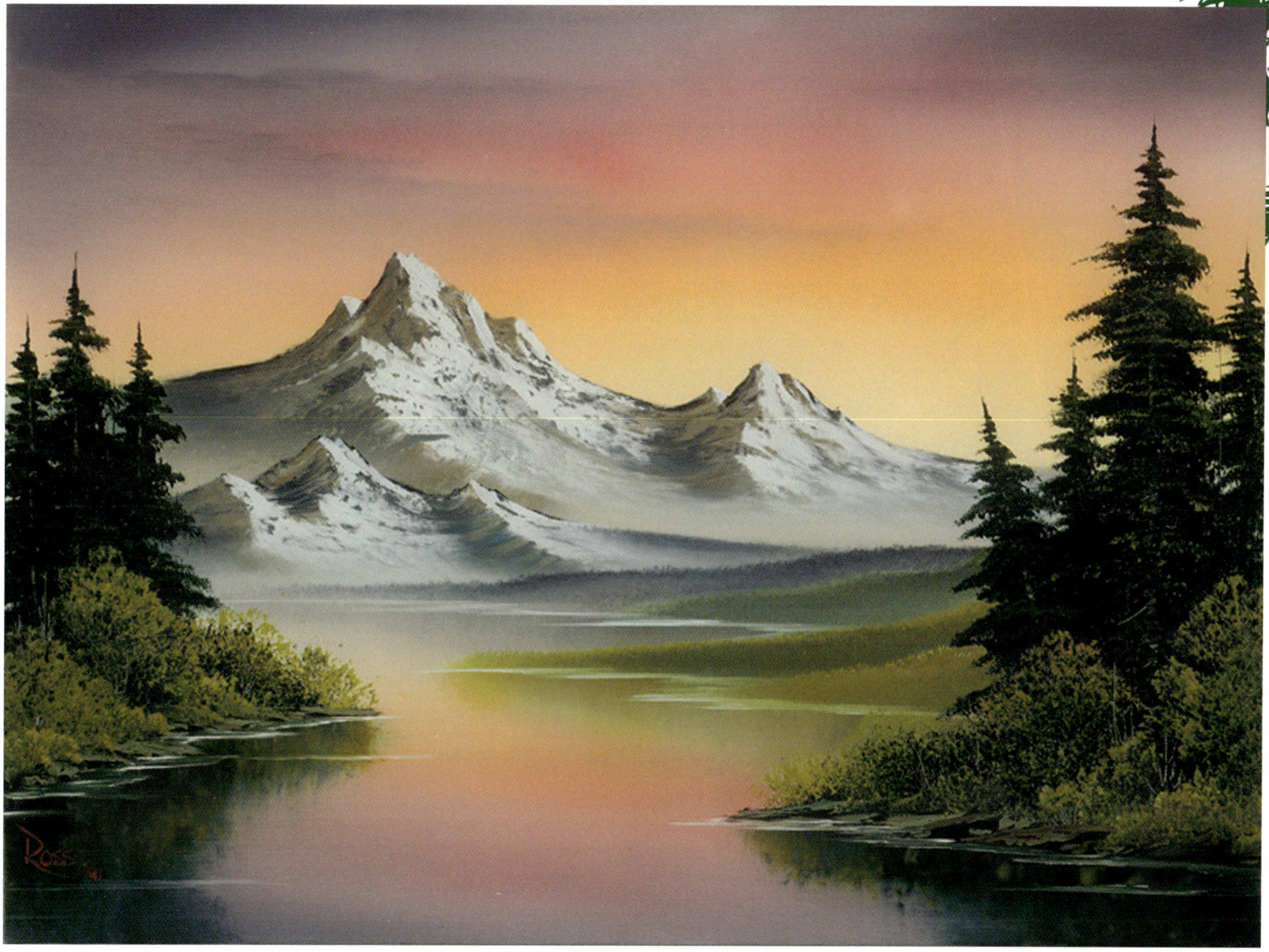

Letzter Feinschliff

Tauchen Sie den Detailpinsel in eine verdünnte Farbe Ihrer Wahl und signieren Sie Ihr Bild!

PRACHT DER NATUR

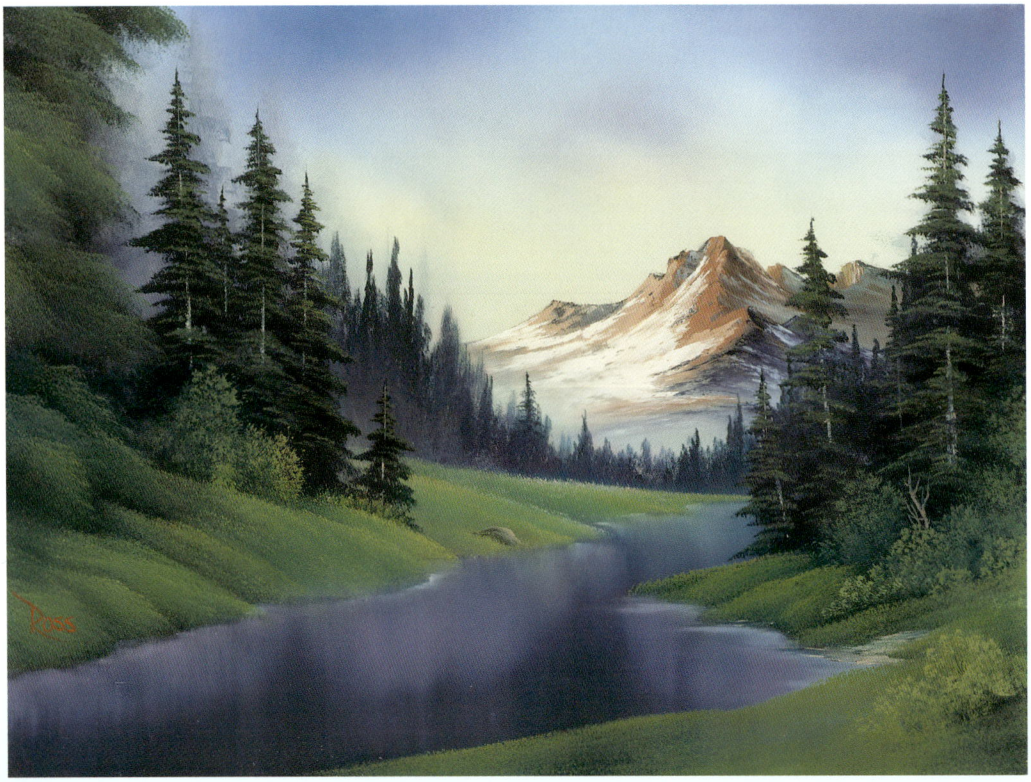

WERKZEUGE UND MATERIALIEN

- 25 mm breiter Spalterpinsel
- 50 mm breiter Spalterpinsel
- Kleiner Katzenzungenpinsel
- Großer Fächerpinsel
- Detailpinsel
- Großer Spachtel
- Schaumstoffpinsel oder alter Pinsel
- 45 cm x 60 cm große Leinwand
- Schwarzes Gesso
- Flüssigweiß
- Flüssigtransparent
- Titanweiß
- Phthaloblau
- Preußischblau
- Mitternachtsschwarz
- Dunkelsiena
- Vandyckbraun
- Alizarinkarmesin
- Saftgrün
- Kadmiumgelb
- Ockergelb
- Indischgelb
- Hellrot

»Talent ist ein verfolgtes Interesse. Alles, worauf Sie Lust haben, sollten Sie auch üben.«

VORBEREITUNG DER LEINWAND

Verwenden Sie einen Schaumstoffpinsel, um den unteren Teil der Leinwand mit schwarzem Gesso zu bedecken. Verwenden Sie gleichzeitig das schwarze Gesso, um die grobe Form von Tannen entlang des Horizonts zu erschaffen. Lassen Sie das schwarze Gesso vollständig trocknen.

SCHRITT 1

Verwenden Sie den 50 mm breiten Spalterpinsel, um das trockene, schwarze Gesso mit einer sehr dünnen Schicht Flüssigtransparent zu überstreichen. Während das Flüssigtransparent noch feucht ist, verwenden Sie eine Mischung aus Alizarinkarmesin und Phthaloblau mit dem großen Spalterpinsel, um den gesamten schwarz gefärbten Bereich zu übermalen. Bedecken Sie den unbemalten Himmelsbereich mit einer dünnen, gleichmäßigen Schicht Flüssigweiß. Fahren Sie fort mit dem nächsten Schritt, ohne die Farben trocknen zu lassen.

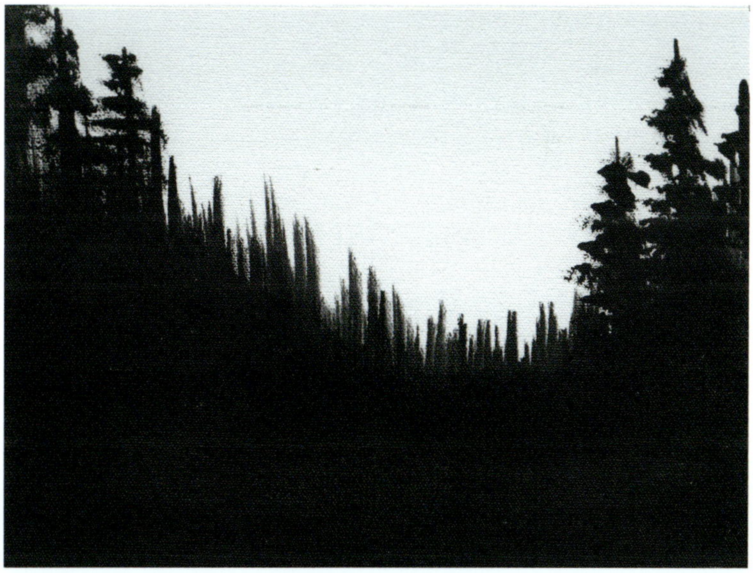

Himmel

SCHRITT 2

Nehmen Sie mit dem Spalterpinsel eine kleine Menge Phthaloblau auf, indem Sie die Borsten fest gegen die Palette klopfen, um eine gleichmäßige Verteilung der Farbe auf den Borsten zu erzielen. Beginnen Sie oben auf der Leinwand und arbeiten Sie sich mit kreuz und quer verlaufenden Strichen nach unten vor, um den Himmel zu malen. Während Sie sich nach unten vorarbeiten, wechseln Sie zu einer lavendelartigen Farbe, die Sie aus Alizarinkarmesin und Phthaloblau anmischen und mit einem großen Spalterpinsel auftragen. Reinigen Sie den Pinsel und verwenden Sie dann eine Mischung aus Titanweiß und Ockergelb knapp oberhalb des Horizonts. Mit einem sauberen und trockenen Spalterpinsel verblenden Sie den gesamten Himmel.

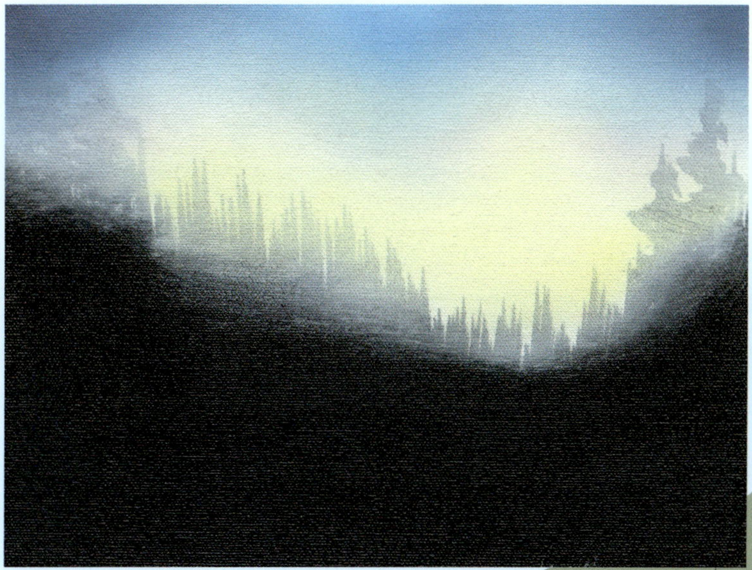

Gebirge

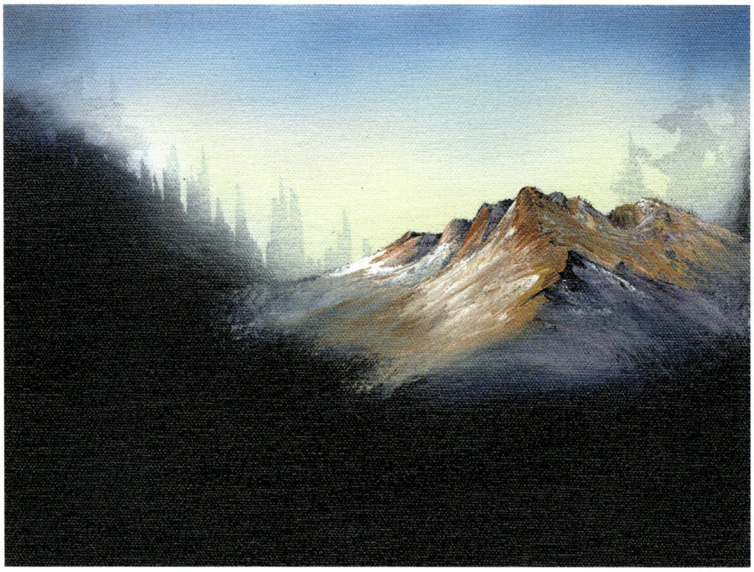

SCHRITT 3

Befolge die Schritte auf Seite 14, um den Berg zu malen. Der Berg wird mit dem Spachtel und einer Mischung aus Mitternachtsschwarz, Alizarinkarmesin und Preußischblau erstellt. Verwenden Sie eine Mischung aus Titanweiß, Alizarinkarmesin und Phthaloblau sowie einen Spachtel, um die Schatten an den rechten Seiten der Gipfel aufzutragen. Tragen Sie eine Mischung aus Titanweiß, Dunkelsiena, Ockergelb und Hellrot auf die linken Seiten der Berge auf und heben Sie diese dann mit Titanweiß hervor.

Bäume im Hintergrund

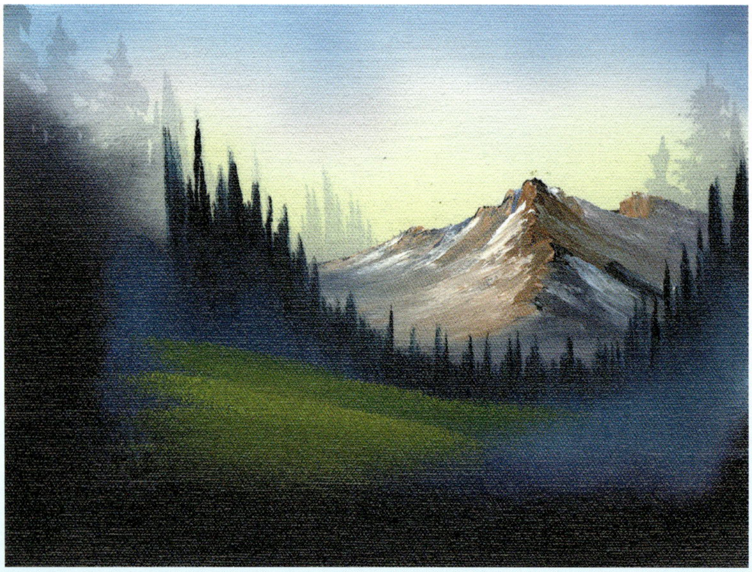

SCHRITT 4

Verwenden Sie den Spachtel, um auf Ihrer Palette eine dunkle Farbe anzumischen, bestehend aus Preußischblau, Mitternachtsschwarz, Vandyckbraun, Saftgrün und Alizarinkarmesin. Zu einer kleinen Menge dieser dunklen Mischfarbe geben Sie etwas Ockergelb und Titanweiß hinzu, um einen helleren Ton zu erhalten. Zeichnen Sie die Bäume an, indem Sie den Pinsel senkrecht halten und einfach nach unten klopfen. Verwenden Sie dann den großen Spalterpinsel mit einer sehr, sehr kleinen Menge Titanweiß, um die untere Kante der Bäume anzuklopfen und so den Anschein von Nebel zu erzeugen.

Verwenden Sie Mischungen aus allen Gelbtönen, aus Saftgrün und Hellrot, um damit und dem 50 mm breiten Spalterpinsel eine Grasfläche am Fuße der Bäume zu schaffen. Halten Sie den Pinsel in einem 45-Grad-Winkel und klopfen Sie in die verschiedenen Farben, wobei der Pinsel bei jedem Klopfen leicht nach vorn gleitet. Halten Sie den Pinsel an der Leinwand waagerecht und klopfen Sie vorsichtig nach unten.

Wasser und Tannen

SCHRITT 5

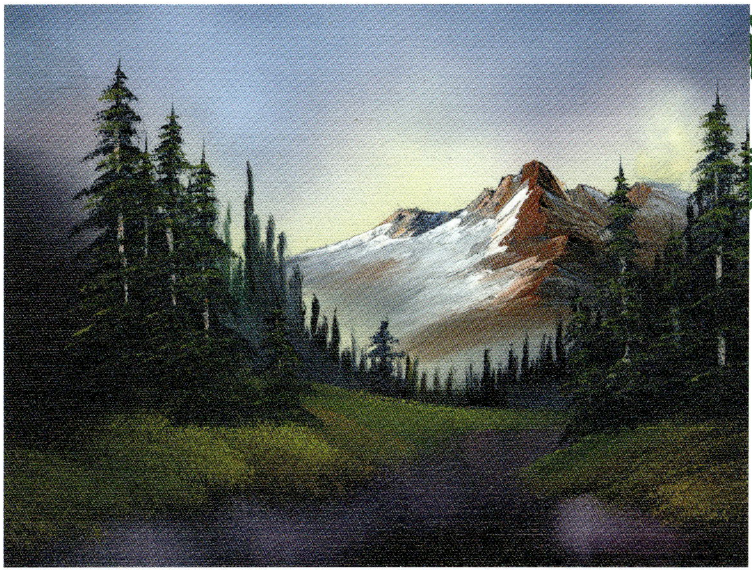

Um mit dem Malen des Wassers zu beginnen, verwenden Sie Titanweiß mit einem großen Spalterpinsel und ziehen Sie ihn gerade nach unten; dann streichen Sie horizontal leicht darüber. Betonen Sie den vorderen Teil des grasbewachsenen Bereichs.

Tauchen Sie mit Ihrem Fächerpinsel komplett ein in eine Farbmischung aus Preußischblau, Mitternachtsschwarz, Vandyckbraun, Saftgrün und Alizarinkarmesin. Malen Sie dann die großen Tannen mit der Technik von Seite 12. Fügen Sie die Stämme mit einer kleinen Farbrolle aus Titanweiß und Dunkelsiena auf der Klinge Ihres Spachtels hinzu. Verwenden Sie den Fächerpinsel, um die Zweige mit einer Mischung aus der dunklen Baumfarbe und den Gelbtönen ganz dezent zu betonen.

Kleine Laubbäume und Büsche

SCHRITT 6

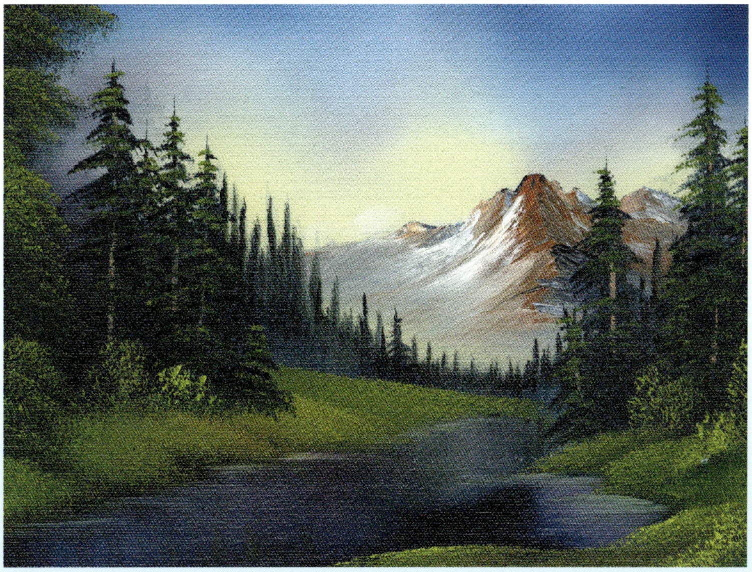

Verwenden Sie verschiedene Mischfarben aus Flüssigweiß, Saftgrün, allen Gelbtönen und Hellrot für die kleinen Bäume und Sträucher am Fuße der Nadelbäume. Ziehen Sie den 25 mm-Pinsel in einer Richtung durch die Mischungen, um eine Ecke abzurunden. Berühren Sie mit der abgerundeten Ecke die Leinwand und zwingen Sie die Borsten, sich nach oben zu biegen, während Sie einzelne Baum- und Buschformen erstellen.

SCHRITT 7

Mischen Sie Titanweiß und Dunkelsiena zusammen und bilden Sie mit dem Spachtel Wasserlinien und -kräuseln.

Nehmen Sie mit dem Katzenzungenpinsel etwas Vandyckbraun auf und ziehen Sie eine Seite der Borsten durch eine Mischung aus Flüssigweiß, Ockergelb und Dunkelsiena. Mit einem einzigen Strich kreieren Sie nun den Stein und seine Farbakzente am Rande des Wassers.

Fügen Sie das letzte Stück Land im Vordergrund hinzu, indem Sie immer noch mit dem 50 mm breiten Spalterpinsel und den gelben Akzent-Farben nach unten klopfen. Verwenden Sie dann die dunkle Farbmischung (siehe Seite 12) mit dem gleichen Spalterpinsel, um den großen Laubbaum auf der linken Seite des Bildes zu formen. Geben Sie Kadmiumgelb auf denselben Pinsel, um das Blattwerk hervorzuheben.

Letzter Feinschliff

Signieren Sie Ihr Gemälde mit Stolz. Hoffentlich haben Sie beim Malen dieses Meisterwerks wirklich die Freude am Malen verspürt!

»Ist das nicht fantastisch? Ich wusste, dass Sie das schaffen!«

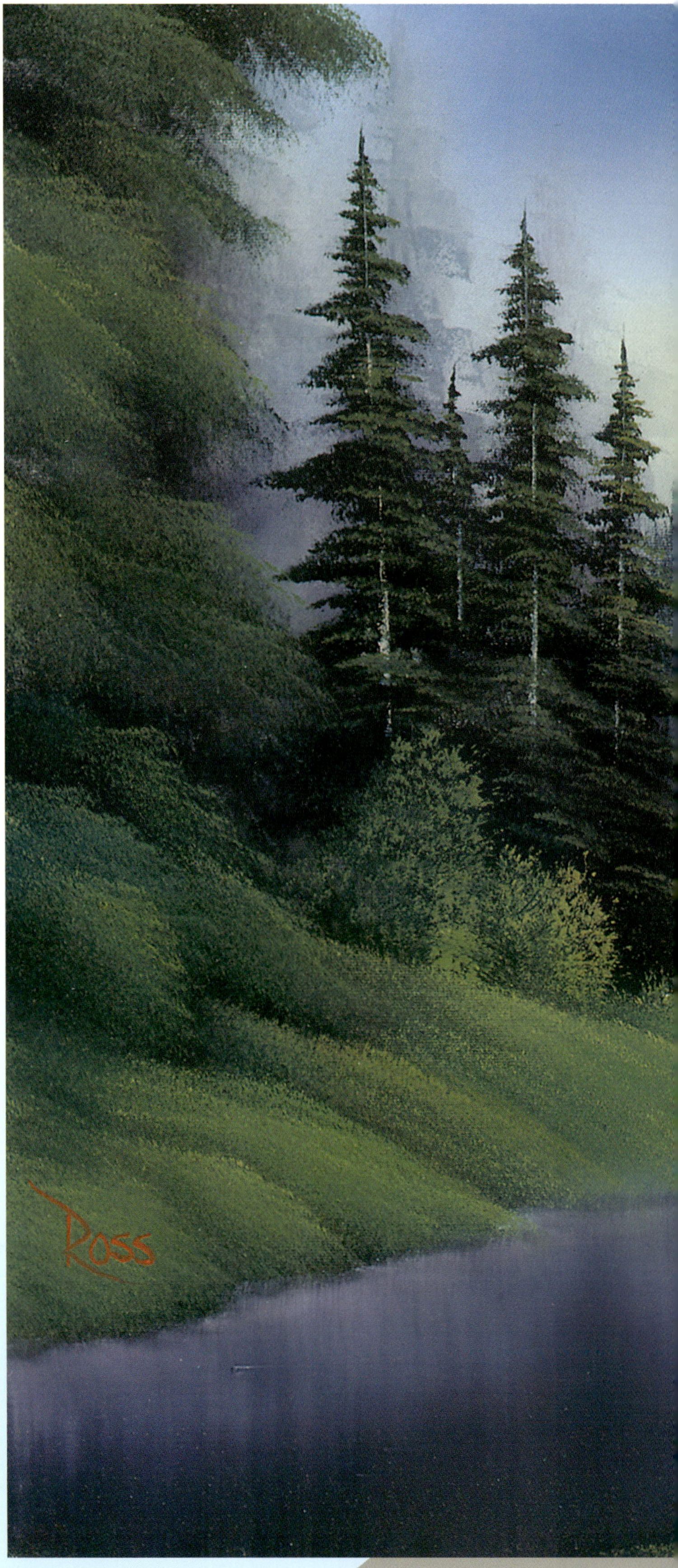

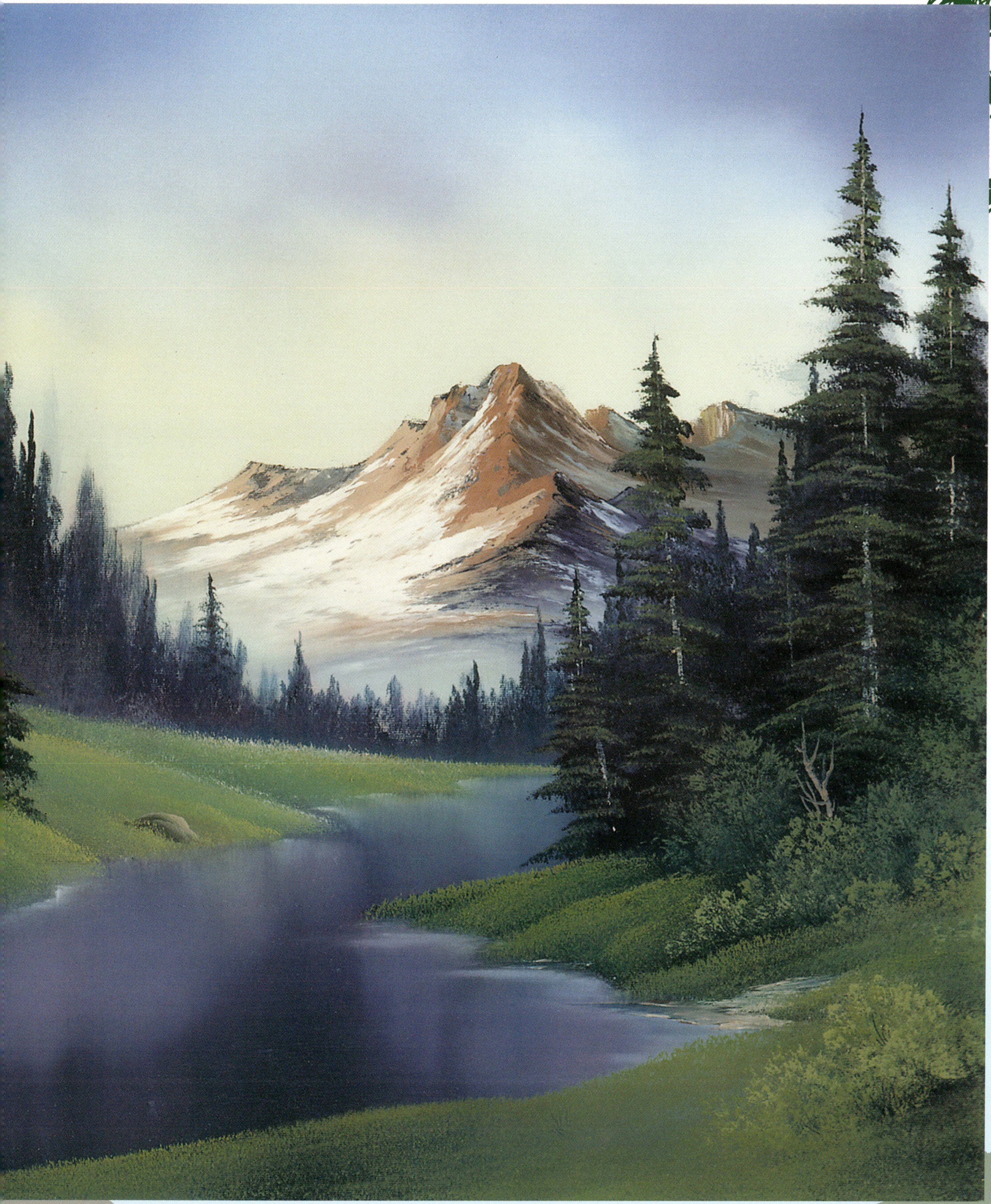

DURCH DAS FENSTER

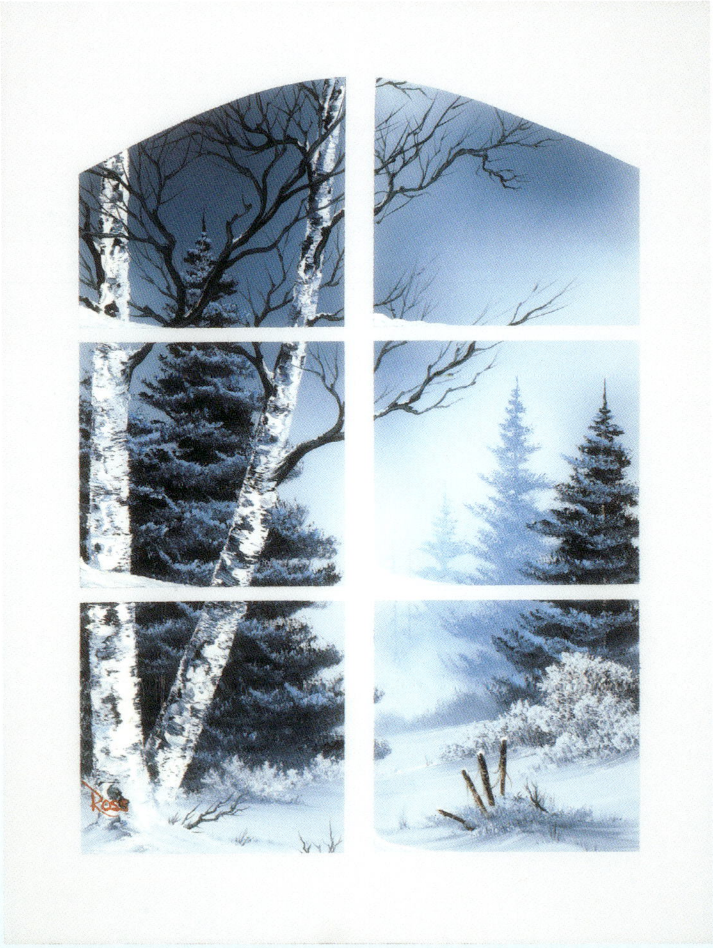

WERKZEUGE UND MATERIALIEN

- 25 mm breiter Spalterpinsel
- 50 mm breiter Spalterpinsel
- Kleiner Fächerpinsel
- Detailpinsel
- Großer Spachtel
- Selbstklebende, wieder ablösbare Kunststofffolie
- Klebeband
- 45 cm x 60 cm große Leinwand
- Flüssigweiß
- Titanweiß
- Phthaloblau
- Preußischblau
- Mitternachtsschwarz
- Dunkelsiena
- Vandyckbraun
- Alizarinkarmesin

»Das Geheimnis, alles tun zu können, liegt in dem Glauben, dass Sie es können!«

VORBEREITUNG DER LEINWAND

Bedecken Sie zunächst die gesamte Leinwand mit einem Stück selbstklebender Kunststofffolie, von dem Sie ein Mittelstück in der Form einer Fensterscheibe ausschneiden. Verwenden Sie passende Streifen von Klebeband, um die einzelnen Scheiben abzukleben.

Himmel

SCHRITT 1

Verwenden Sie zunächst den 50 mm breiten Spalterpinsel, um die gesamte Leinwand mit einer dünnen, gleichmäßigen Schicht Flüssigweiß zu bedecken. Streichen Sie dabei mit dem Pinsel in langen horizontalen und vertikalen Bewegungen hin und her, um eine gleichmäßige Verteilung der Farbe auf der Leinwand zu erzielen. Beginnen sie, bevor das Flüssigweiß trocknet.

Verwenden Sie den Spalterpinsel mit einer kleinen Menge einer Mischung aus Mitternachtsschwarz und Preußischblau. Beginnen Sie am oberen Rand der Leinwand und arbeiten Sie sich zum Horizont hin abwärts, indem Sie den Himmel mit kreuz und quer verlaufenden Strichen malen. Erlauben Sie einigen Bereichen des Himmels, recht hell zu bleiben.

Um die hellen Bereiche weiter aufzuhellen, nutzen Sie wieder den Spalterpinsel und bringen damit ein wenig Titanweiß mittels sich kreuzender Bewegungen auf die Leinwand.

Tannen im Hintergrund

SCHRITT 2

Tauchen Sie den kleinen Fächerpinsel ganz ein in eine hellblaue Mischung aus Mitternachtsschwarz, Preußischblau und Titanweiß (achten Sie darauf, dass die Mischung etwas dunkler ist als die Farbe des Himmels). Verwenden Sie dann die Technik von Seite 12, um die Bäume zu malen.

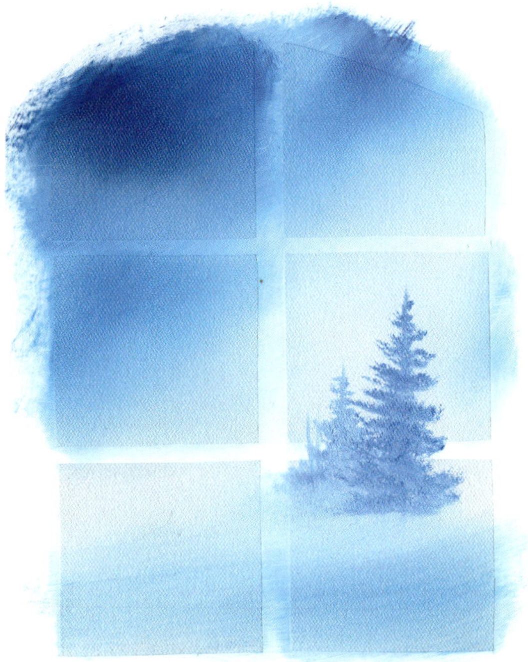

SCHRITT 3

Fahren Sie mit der hellblauen Baummischung (siehe Farbmischung für Nadelbäume auf Seite 12) und einem Fächerpinsel fort, um die Formen der kleinen Büsche an den Wurzeln der in der Ferne stehenden Tannen zu erzeugen. Verwenden Sie dann die Klinge des Spachtels, um Baumstämme anzudeuten.

Tupfen Sie anschließend beide Seiten eines sauberen und trockenen Spalterpinsels in Titanweiß und tragen Sie den Schnee mit waagerechten, schwungvollen Strichen am Boden der Bäume im Hintergrund auf.

Tannen im Mittelgrund

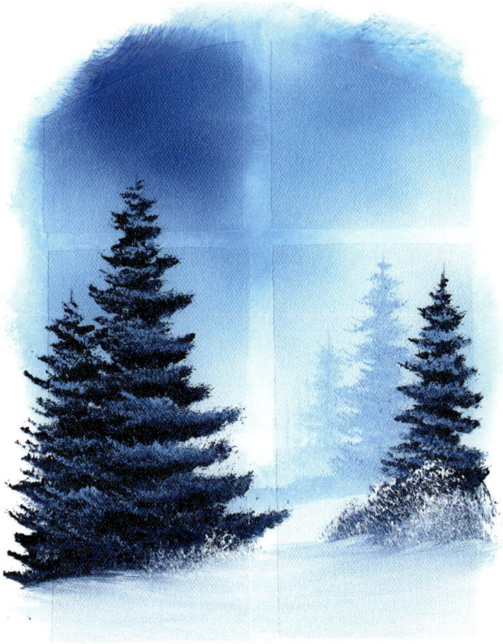

SCHRITT 4

Verwenden Sie den Spachtel, um eine dunklere Baumfarbe aus Mitternachtsschwarz, Preußischblau und Alizarinkarmesin herzustellen. Tauchen Sie mit dem Fächerpinsel in diese dunkle Baumfarbe und fügen Sie damit im weiteren Verlauf des Bildes die größeren Tannen hinzu. Setzen Sie mit einer Mischung aus Flüssigweiß, Titanweiß und Phthaloblau mit dem Fächerpinsel Akzente an den Bäumen.

Verwenden Sie die dunkle Baumfarbe und einen großen Spalterpinsel, um kleine Bäume und Sträucher am Fuße der Tannen zu erschaffen. Um diese hervorzuheben, tauchen Sie den Spalterpinsel zunächst in Flüssigweiß. Ziehen Sie dann mit dem Pinsel mehrmals in einer Richtung durch das Titanweiß, um die Ecken der Borsten abzurunden. Diese abgerundete Ecke halten Sie nun nach oben, sodass sich die Borsten automatisch nach oben biegen, wenn Sie mit dem Pinsel leichte Schneeakzente auf die Blätter setzen. Konzentrieren Sie sich dabei auf die Form und Gestalt der Büsche und Sträucher – tupfen Sie nicht einfach wahllos auf die Leinwand.

Tauchen Sie mit dem Spalterpinsel in Ihr Titanweiß und ziehen Sie den Pinsel von den Bäumen aus in den Vordergrund und die Mitte, um Schnee zu erzeugen. Indem Sie den Borsten erlauben, etwas von der dunklen Farbe der Bäume – die sich bereits auf der Leinwand befindet – aufzunehmen, erzeugen Sie Schatten im Schnee.

Bäume und Büsche im Vordergrund

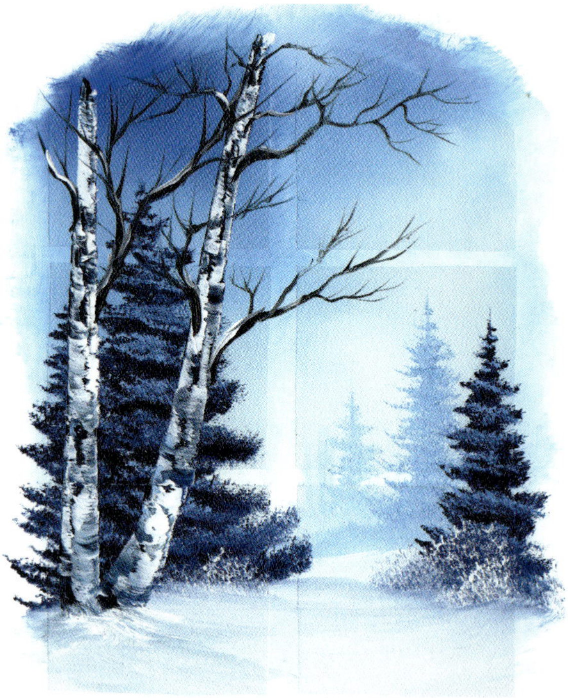

SCHRITT 5

Um die großen Birken im Vordergrund zu malen, mischen Sie zunächst mit dem Spachtel eine Mischfarbe aus Mitternachtsschwarz und jeweils einer kleinen Menge Vandyckbraun und Preußischblau an. Arbeiten Sie von der Basis jedes Baumes aus mit kurzen, horizontalen Strichen nach oben, um die großen Stämme zu formen. Nutzen Sie dann Titanweiß und einen Spachtel, um die weiße Rinde der Birken zu kreieren, indem Sie den Spachtel in kurzen, geschwungenen Strichen bewegen.

Fügen Sie die kleineren Äste und Zweige mit einer Schwarz-Braun-Mischung und dem Detailpinsel hinzu (wie Sie Farbe mit einem Detailpinsel richtig aufnehmen, erfahren Sie auf Seite 11). Üben Sie nur sehr wenig Druck auf den Pinsel aus, während Sie die Äste und Zweige formen. Drehen und bewegen Sie den Pinsel, um den Zweigen ein knorriges Aussehen zu verleihen. Verwenden Sie Flüssigweiß und den Detailpinsel, um einigen Ästen und Zweigen verschneite Akzente zu verleihen.

Tragen Sie den Schnee am Fuße der Birken mit Flüssigweiß und Titanweiß und einem Fächerpinsel auf. Ohne den Pinsel zu reinigen, tupfen Sie ihn in die dunkle Baumfarbe, um noch die Andeutung kleiner Grasflecken am Fuße der Birken hinzuzufügen.

Zaun

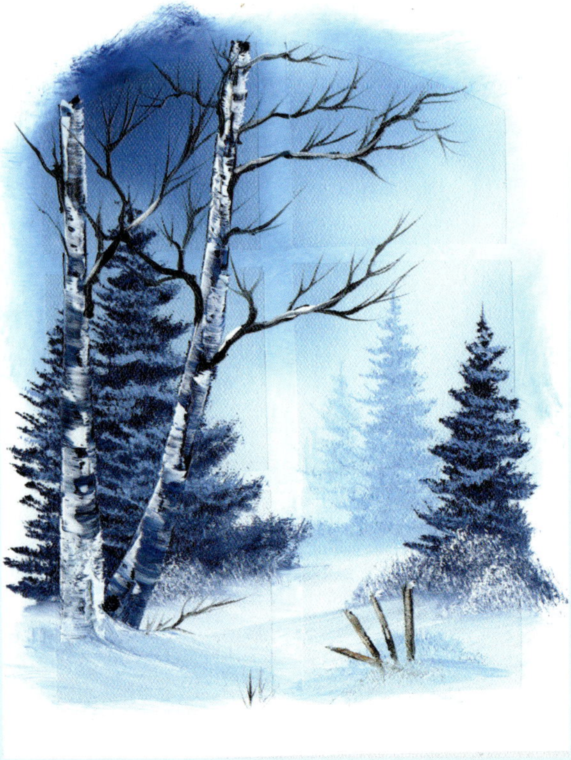

SCHRITT 6

Um den Zaun zu malen, nehmen Sie einen Spachtel und eine Mischfarbe aus Vandyckbraun und Dunkelsiena. Halten Sie den Spachtel vertikal und führen Sie ihn so über die Leinwand, dass ein Zaunpfahl nach dem anderen entsteht. Betonen Sie bestimmte Stellen des Zaunes mit einer dünnen Mischung aus Blau und Weiß, um Schnee darzustellen.

Tupfen Sie mit dem 25 mm breiten Spalterpinsel und der dunklen Baumfarbe unter die Zaunpfähle, um ein paar kleine Büsche hinzuzufügen, heben Sie diese mit derselben verdünnten blauweißen Farbe hervor.

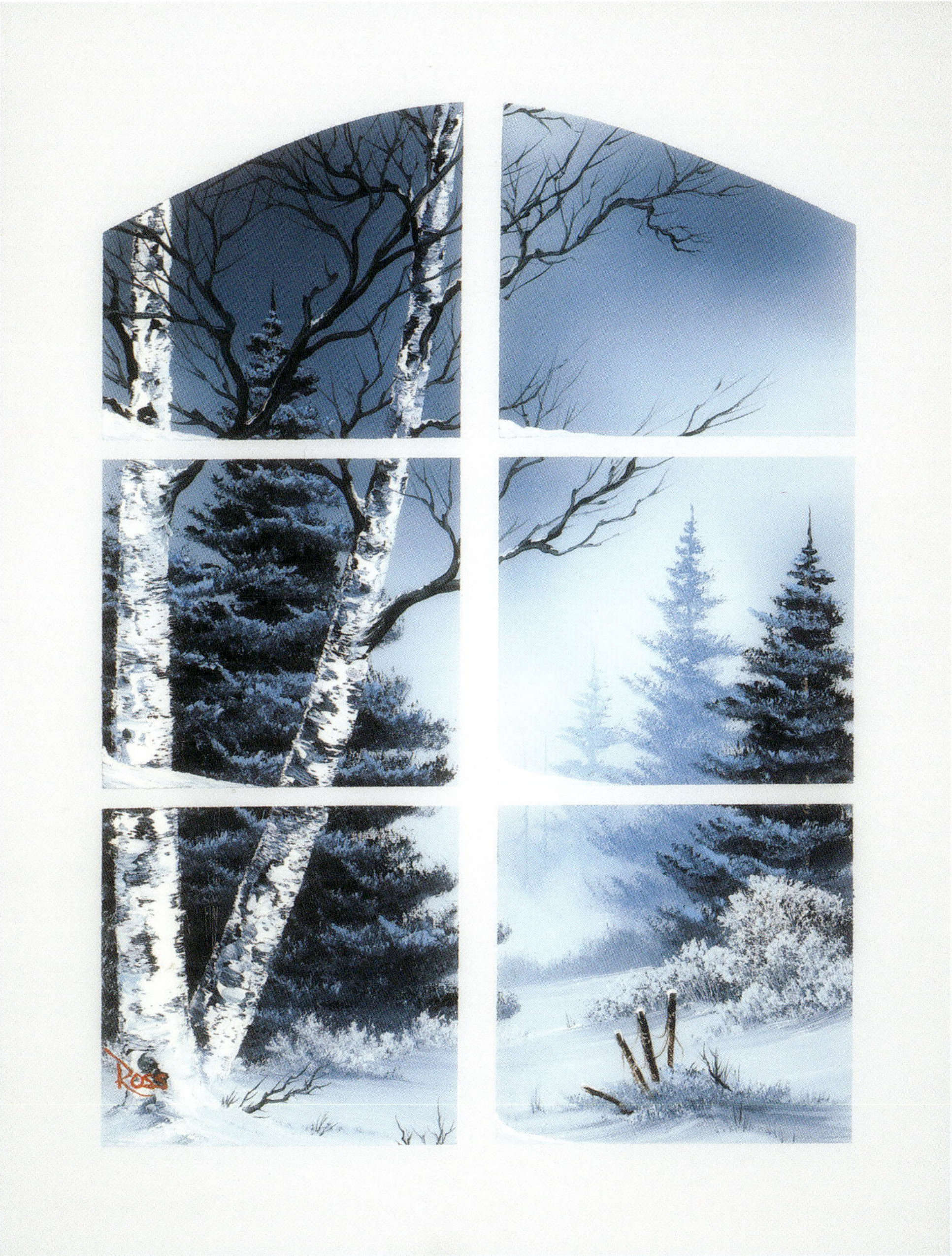

Letzter Feinschliff

Verwenden Sie eine Mischung aus Flüssigweiß und Titanweiß, um mit einem Fächerpinsel Schnee auf den Fensterrahmen zu erzeugen. Halten Sie dafür den Pinsel horizontal und ziehen Sie ihn einfach über die untere Kante innerhalb jeder Scheibe.

Ergänzen Sie um kleine Äste und Stöcke im Vordergrund mittels einer Farbmischung aus Mitternachtsschwarz und Vandyckbraun, um Ihr Gemälde zu vervollständigen.

Entfernen Sie vorsichtig die Kunststofffolie und das Klebeband, um Ihr Meisterwerk vollständig zu enthüllen. Vergessen Sie nicht, Ihre Signatur hinzuzufügen!

FRIEDEN DES WINTERS

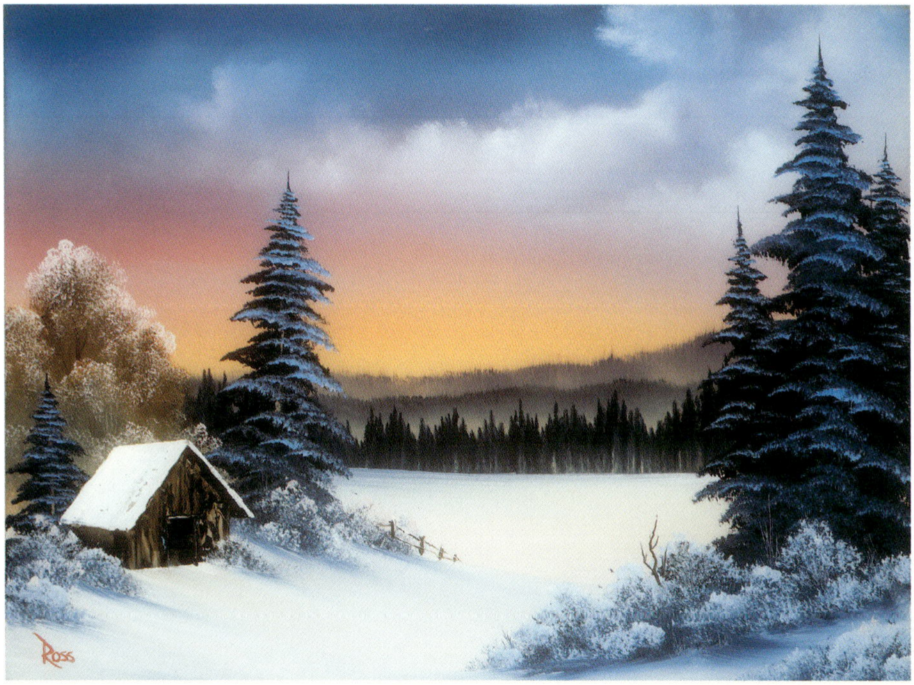

WERKZEUGE UND MATERIALIEN

- 25 mm breiter Spalter-pinsel
- 50 mm breiter Spalter-pinsel
- Großer Fächerpinsel
- Detailpinsel
- Großer Spachtel
- 45 cm x 60 cm große Leinwand
- Flüssigweiß
- Titanweiß
- Phthaloblau
- Preußischblau
- Mitternachtsschwarz
- Dunkelsiena
- Vandyckbraun
- Alizarinkarmesin
- Ockergelb
- Indischgelb
- Hellrot

»Lassen Sie uns eine glückliche kleine Wolke schaffen. Lassen Sie uns einige glückliche kleine Bäume malen!«

VORBEREITUNG DER LEINWAND

Verwenden Sie den 50 mm breiten Spalterpinsel, um die gesamte Leinwand mit einer dünnen, gleichmäßigen Schicht von Flüssigweiß zu bedecken. Beginnen Sie, bevor das Flüssigweiß trocknen kann.

Himmel

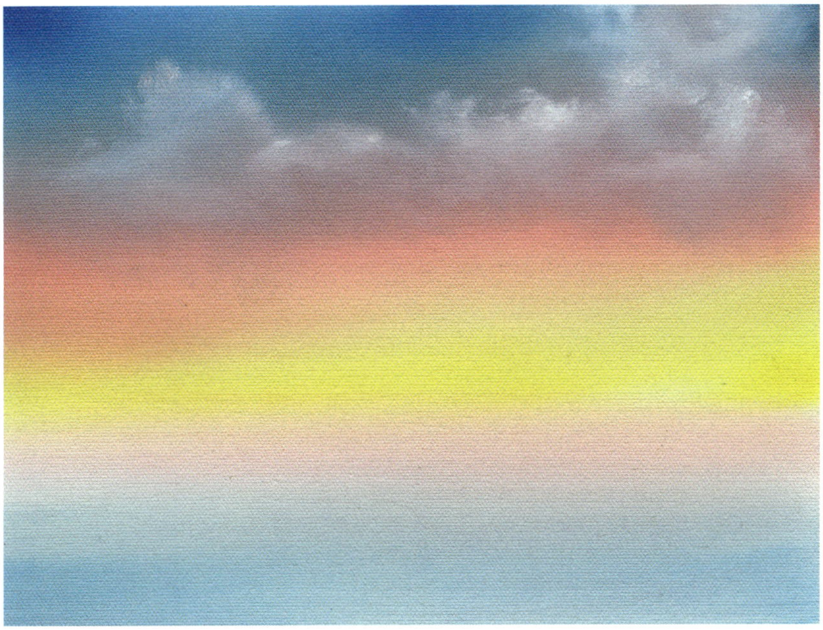

SCHRITT 1

Tupfen Sie den 50 mm breiten Spalterpinsel ein wenig in das Indischgelb und malen Sie damit den goldenen Schimmer des Himmels mit sich kreuzenden Strichen auf die Leinwand, genau oberhalb des Horizonts. Nehmen Sie dann ein wenig Ockergelb und arbeiten Sie sich mit kreuz und quer verlaufenden Strichen am Himmel nach oben vor. Verwenden Sie eine sehr kleine Menge von Hellrot und fahren Sie mit kreuzweisen Strichen nahe am oberen Himmel fort.

Säubern und trocknen Sie Ihren Spalterpinsel sorgfältig, bevor Sie ihn in eine geringe Menge Phthaloblau geben und mit ihm anschließend ebenfalls mittels sich kreuzender Striche über den oberen Teil der Leinwand gehen, um den Himmel zu komplettieren. Mit dem gleichen ungesäuberten Pinsel streichen Sie nun mit langen, horizontalen Bewegungen über den unteren Teil der Leinwand.

Nehmen Sie den Fächerpinsel und etwas Titanweiß zur Hand und bewegen Sie den Pinsel in kleinen, kreisenden Bewegungen, um kleine Wolkenformationen in den Himmel zu malen. Nutzen Sie einen gesäuberten und trockenen Spalterpinsel, um den unteren Bereich der Wolken mit dem Hintergrund zu verblenden und streichen Sie nach oben, um die Wolken etwas »aufzulockern«. Wiederholen Sie diese einfachen Schritte, um eine zweite Wolkenschicht zu erzeugen.

Hügel und Bäume im Hintergrund

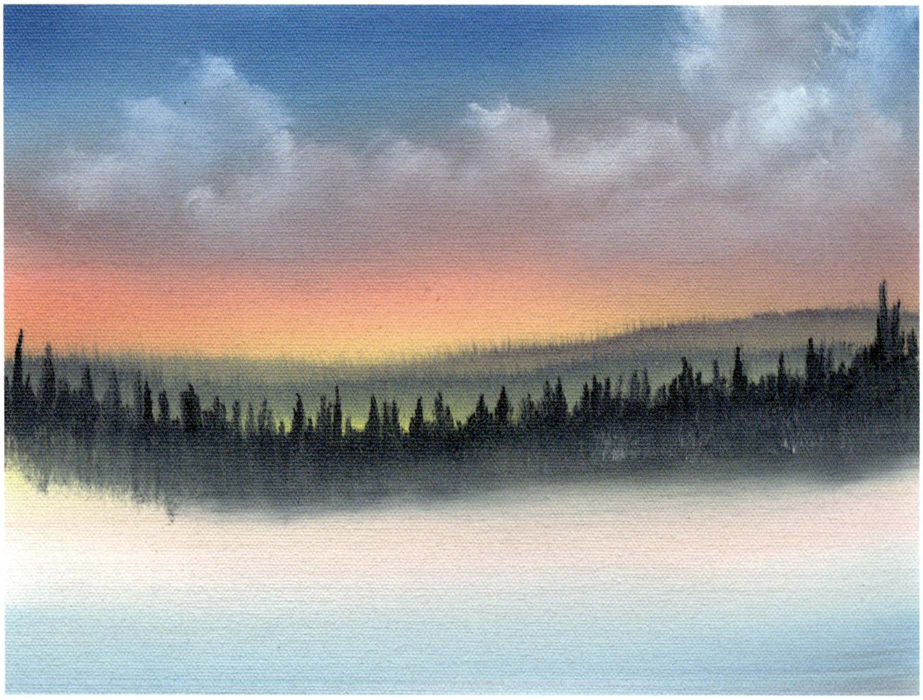

SCHRITT 2

Verwenden Sie den Spachtel, um eine Mischung aus Mitternachtsschwarz, Preußischblau, Alizarinkarmesin und Titanweiß herzustellen. Nehmen Sie die Farbe mit beiden Seiten des großen Spalterpinsels auf und klopfen Sie mit einer Ecke des Pinsels nach unten, um die entfernten Hügel anzudeuten. Erzeugen Sie mit sehr kurzen, nach oben gerichteten Strichen den Eindruck von winzigen Baumkronen an den oberen Rändern der Hügel. Klopfen Sie mit einem sauberen und trockenen Spalterpinsel fest auf den Fuß der Hügel, um den Eindruck von Nebel zu erwecken. Heben Sie den Pinsel sanft nach oben, um den Nebel zu verblenden und zu mildern. Fügen Sie eine etwas näher gelegene Reihe von Hintergrundhügeln hinzu, indem Sie eine leicht dunklere Mischung (weniger Titanweiß!) verwenden.

Nutzen Sie einen Fächerpinsel und eine Mischfarbe aus Mitternachtsschwarz, Preußischblau und Alizarinkarmesin und tupfen diese nach unten, um den Anschein eines Tannenwaldes in der Ferne zu erwecken. Verwenden Sie wieder den großen Spalterpinsel und streichen Sie mit diesem nach oben, um die Bäume miteinander zu verblenden. Anschließend tupfen Sie den Pinsel in das Titanweiß und streichen horizontal über die Leinwand, um Schnee und den Boden in seiner Beschaffenheit am Fuße der Tannen zu erzeugen.

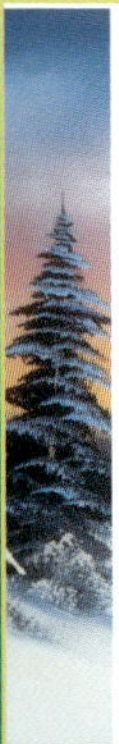

»Haben Sie jemals darüber nachgedacht, dass Sie einfach einen großen, alten Pinsel nehmen könnten und all diese schönen, kleinen Bäume erschaffen könnten?«

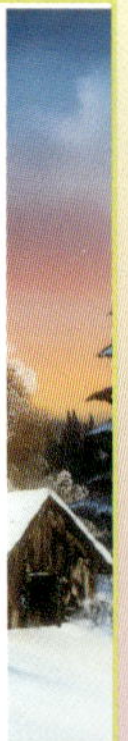

Bäume und Büsche im Mittelgrund

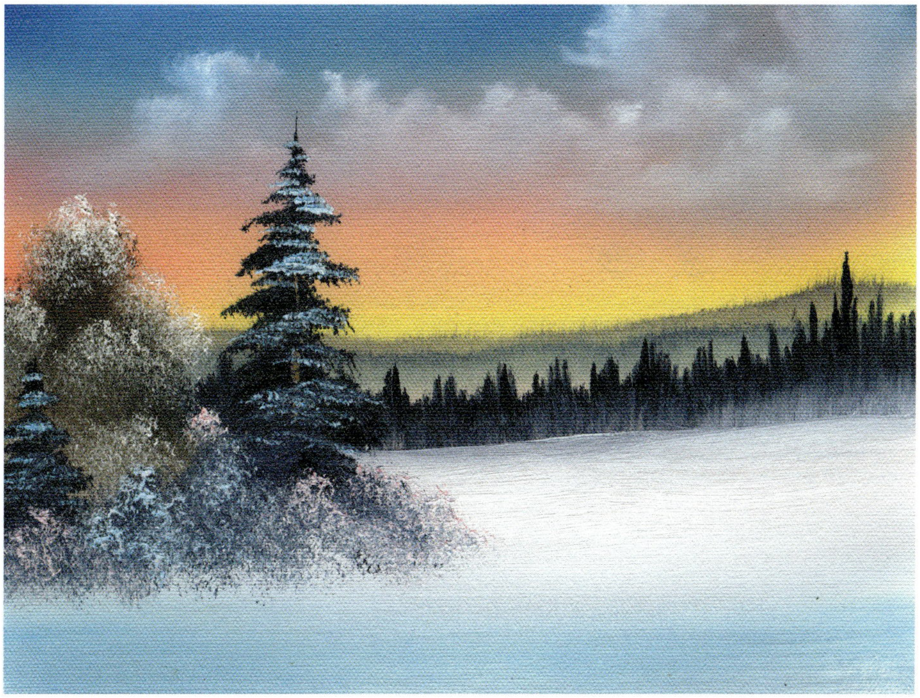

SCHRITT 3

Verwenden Sie eine Mischung aus Vandyckbraun und Dunkelsiena mit einem großen Spalterpinsel, um die Hintergrundfarbe der Laubbäume aufzutragen. Heben Sie diese Bäume mit dem gleichen Pinsel und einer Mischung aus Titanweiß und einer sehr kleinen Menge Hellrot hervor. Verwenden Sie die Spitze des Spachtels, um die Baumstämmen anzudeuten. Erstellen Sie Tannen (siehe Seite 12 für die Maltechnik) mit einer Mischung aus Preußischblau, Mitternachtsschwarz, Alizarinkarmesin und Vandyckbraun und mithilfe eines Fächerpinsels. Mit dem Fächerpinsel und einer Mischung aus Flüssigweiß, Titanweiß und Phthaloblau setzen Sie leichte Akzente an den Ästen.

Gehen Sie mit dem 50 mm breiten Spalterpinsel in eine Mischung aus Phthaloblau und der dunklen »Tannen-Farbe« und formen Sie die Büsche am Fuße der Bäume. Zum Hervorheben tauchen Sie den Spalterpinsel zunächst in Flüssigweiß. Dann ziehen Sie den Pinsel mit dem Griff nach oben (mehrmals in eine Richtung, um eine Ecke der Borsten abzurunden) durch eine Mischung aus Titanweiß und Phthaloblau. Tupfen Sie nun nur die abgerundete Ecke des Pinsels in eine sehr dünne Mischung aus Flüssigweiß und Hellrot. Wenn der Pinsel auf diese Weise nur leicht mit der Farbe in Berührung kommt, können Sie zwei Akzent-Farben auf einmal verwenden. Um die einzelnen Bäume und Büsche zu betonen, halten Sie die abgerundete Ecke des Pinsels nach oben, sodass sich die Borsten nach oben biegen.

Verwenden Sie Titanweiß und den großen Spalterpinsel und streichen Sie damit horizontal am unteren Rand der Büsche entlang, um auch dort Schnee zu erzeugen und diesen auf der Leinwand zu verteilen.

Hütte

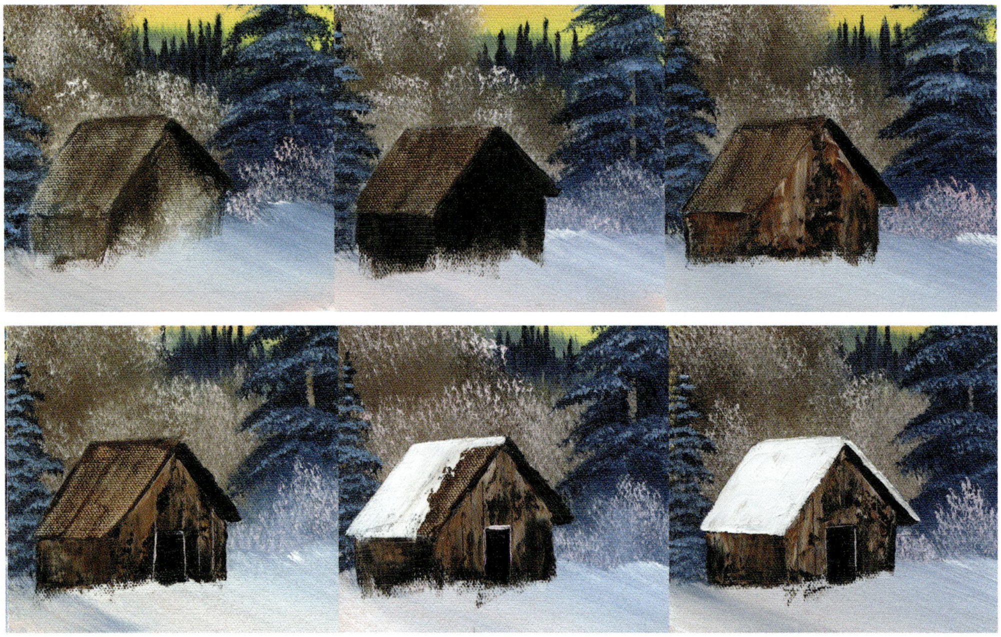

SCHRITT 4

Verwenden Sie einen sauberen Spachtel, um in der Grundform der Hütte Farbe von der Leinwand zu entfernen. Nutzen Sie weiterhin den Spachtel und eine Mischung aus Vandyckbraun und Dunkelsiena. Setzen Sie den Spachtel auf der von Farbe befreiten Fläche horizontal an und ziehen Sie ihn so nach unten, dass die Wände an der Vorderseite und der Seite der Hütte entstehen. Verwenden Sie eine marmorierte Mischung aus Titanweiß und dem gemischten Braunton, um die Vorderseite der Hütte hervorzuheben – und zwar mit so wenig Druck, dass die Farbe »bricht«. Verwenden Sie reines Vandyckbraun für die Seitenwände und verfahren Sie damit genauso, wie schon mit der Vorderseite. Fügen Sie anschließend die Tür hinzu.

Setzen Sie Titanweiß ein, um dem Dach ein verschneites Aussehen zu geben. Vergessen Sie nicht, die kleine Tür hervorzuheben. Verwenden Sie dazu das Titanweiß, das sich noch auf Ihrem Spachtel befindet, und ritzen Sie den Türrahmen ein. Säubern Sie den Spachtel und entfernen Sie nun noch die überschüssige Farbe am Boden der Hütte.

Bäume im Vordergrund

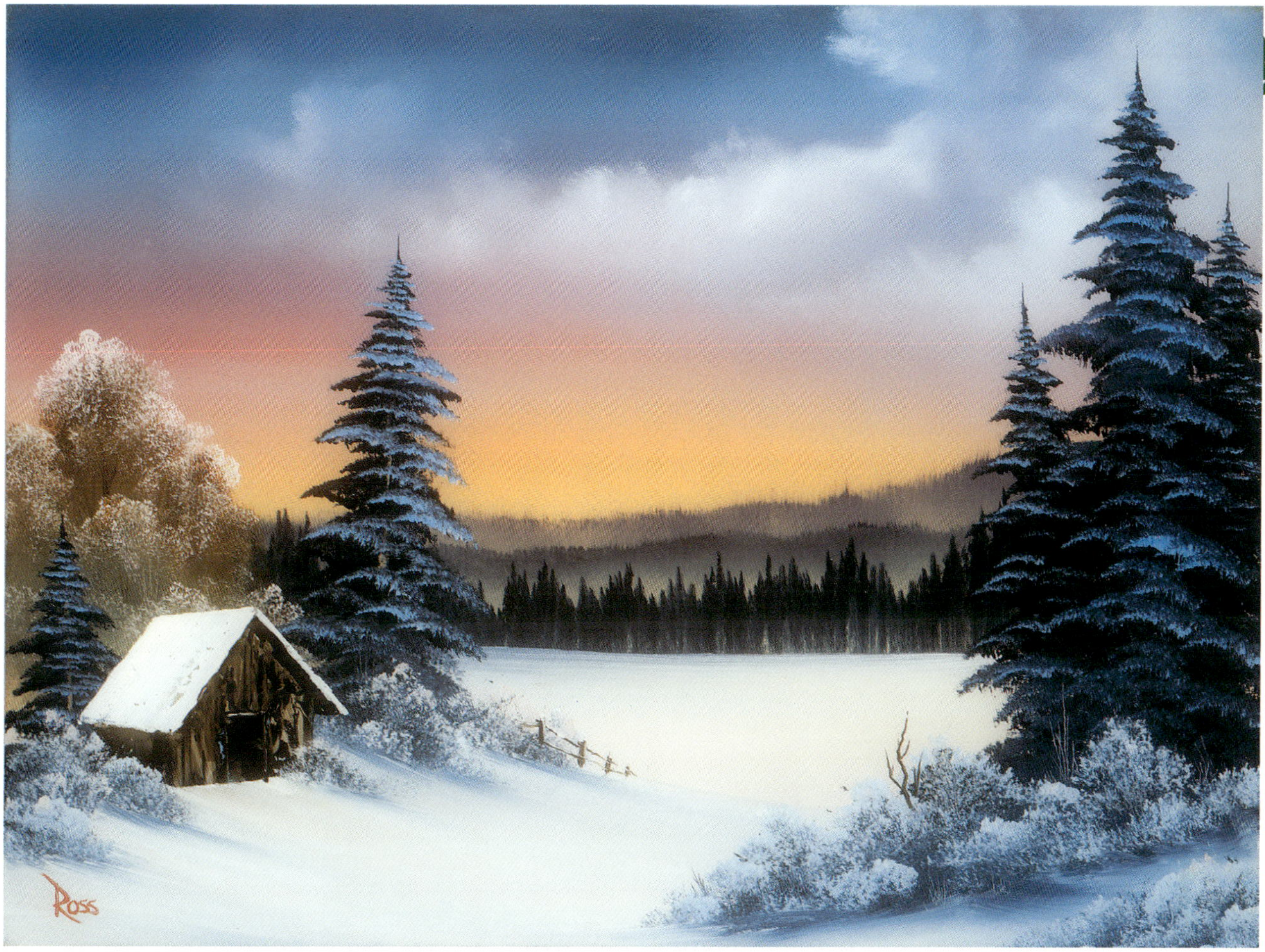

SCHRITT 5

Platzieren Sie große Tannen auf der rechten Seite im Vordergrund, indem Sie mit der bereits verwendeten »Tannen-Farbe« und einem Fächerpinsel arbeiten. Mit dem Spachtel ritzen Sie Stämme, Äste, Stöcke und Zweige ein. Formen Sie dann mit der gleichen »Tannen-Farbe« Büsche und Sträucher um die Hütte herum sowie ebenso unter den Tannen im Vordergrund. Nutzen Sie dazu den 25 mm breiten Spalterpinsel.

Letzter Feinschliff

Um auch den Büschen ein verschneites Antlitz zu verleihen, verwenden Sie Titanweiß und den großen Spalterpinsel. Mit einem Detailpinsel und etwas Braun kreieren Sie noch einen kleinen Zaun im Mittelgrund – und damit haben Sie dann Ihr Gemälde vollendet!

FERNE BERGE

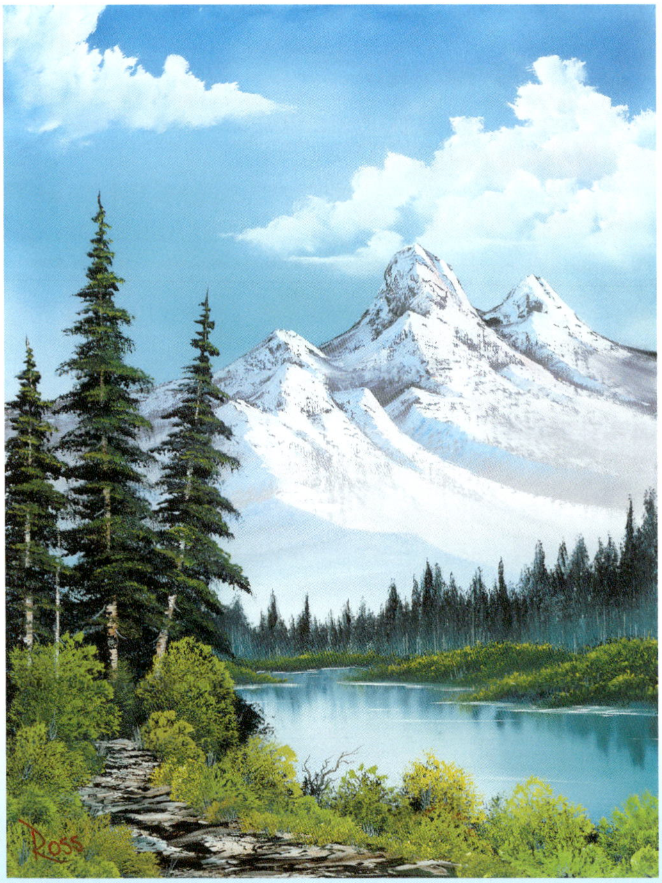

WERKZEUGE UND MATERIALIEN

- 25 mm breiter Spalterpinsel
- 50 mm breiter Spalterpinsel
- Großer Fächerpinsel
- Detailpinsel
- Großer Spachtel
- 45 cm x 60 cm breite Leinwand
- Flüssigweiß
- Alizarinkarmesin
- Hellrot
- Kadmiumgelb
- Dunkelsiena
- Indischgelb
- Mitternachtsschwarz
- Phthaloblau
- Phthalogrün
- Preußischblau
- Saftgrün
- Titanweiß
- Vandyckbraun
- Ockergelb

»Sie haben hier unendliche Macht. Sie können das tun. Sie können alles auf dieser Leinwand erschaffen, alles.«

VORBEREITUNG DER LEINWAND

Verwenden Sie den 50 mm breiten Spalterpinsel, um die gesamte Leinwand mit einer dünnen, gleichmäßigen Schicht von Flüssigweiß zu bedecken. Bewegen Sie den Pinsel horizontal und vertikal, um sicherzugehen, dass sich die Farbe gleichmäßig verteilt. Beginnen Sie mit dem Bild, bevor das Flüssigweiß getrocknet ist.

Himmel und Wasser

SCHRITT 1

Tupfen Sie den 50 mm breiten Pinsel in eine kleine Menge Phthaloblau und klopfen Sie die Borsten fest gegen die Palette, um die Farbe gleichmäßig auf dem Pinsel zu verteilen. Bringen Sie die Farbe mit sich kreuzenden Strichen auf die Leinwand. Starten Sie an der oberen Kante und arbeiten Sie sich Stück für Stück nach unten vor, sodass die Farbe in Richtung Horizont heller wird. Tupfen Sie den gleichen Pinsel – ohne ihn vorher zu säubern – erneut in ein wenig Phthaloblau und in Chromoxidgrün. Fügen Sie mit langen, horizontalen Bewegungen das Wasser auf der unteren Seite der Leinwand hinzu, wobei Sie von außen nach innen arbeiten.

Lassen Sie die Mitte der Leinwand ruhig heller, um die Lichtreflexion auf der Wasseroberfläche zu erzeugen. Säubern und trocknen Sie den großen Spalterpinsel nun, um mit diesem sodann die gesamte Farbe zu verblenden.

SCHRITT 2

Nehmen Sie einen Fächerpinsel und etwas Titanweiß zur Hand. Mit einer Ecke des Pinsels formen Sie in winzigen, kreisförmigen Strichen kleine Wolken. Verblenden Sie die Unterseite der Wolken mit dem Himmel, indem Sie nur die obere Ecke eines sauberen und trockenen Spalterpinsels verwenden. Führen Sie auch hier kleine, kreisförmige Striche aus und heben Sie den Pinsel dann sanft nach oben, um die Wolken »aufzulockern«.

Gebirge

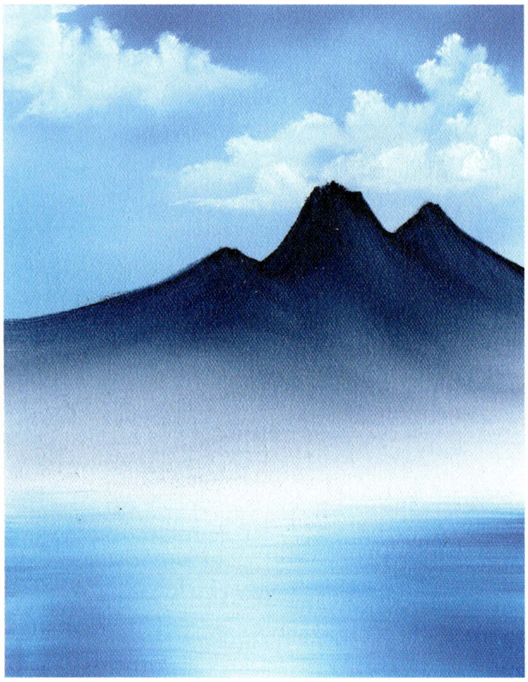

SCHRITT 3

Erschaffen Sie ein Gebirge mit den Farben Preußischblau, Mitternachtsschwarz, Vandyckbraun und Alizarinkarmesin (auf Seite 14 finden Sie die entsprechende Anleitung zur benötigten Technik).

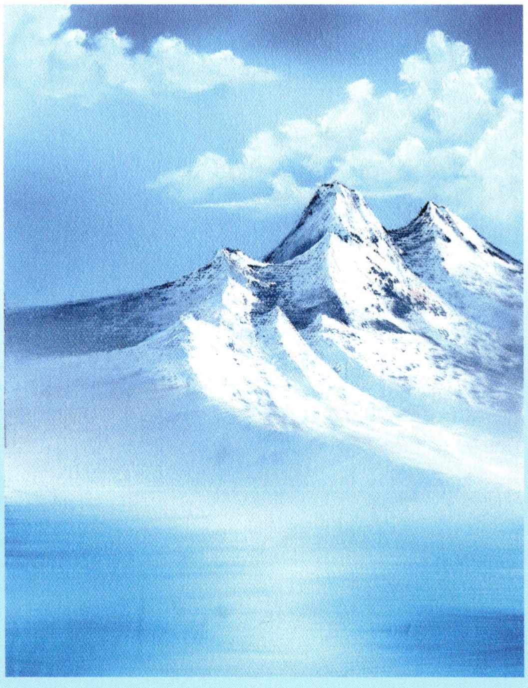

SCHRITT 4

Verwenden Sie Titanweiß, um die rechte Seite der Berge hervorzuheben. Schatten kreieren Sie, indem Sie eine Mischung aus Titanweiß und Phthaloblau für die linke Bergseite verwenden.

Bäume im Hintergrund

SCHRITT 5

Für den nächsten Schritt benötigen Sie einen Fächerpinsel und die Farben Bergmischung und Saftgrün. Halten Sie den Pinsel senkrecht und tippen Sie nach unten, um den Tannenwald am Fuße des Berges darzustellen. Steichen Sie mit dem 50 mm breiten Spalterpinsel nach unten, um die Farbe bis auf die Wasseroberfläche zu ziehen und damit deren Reflexionen im Wasser zu erzeugen. Streichen Sie dann mit demselben Pinsel horizontal über das Wasser, um die Reflexionen verschwimmen zu lassen.

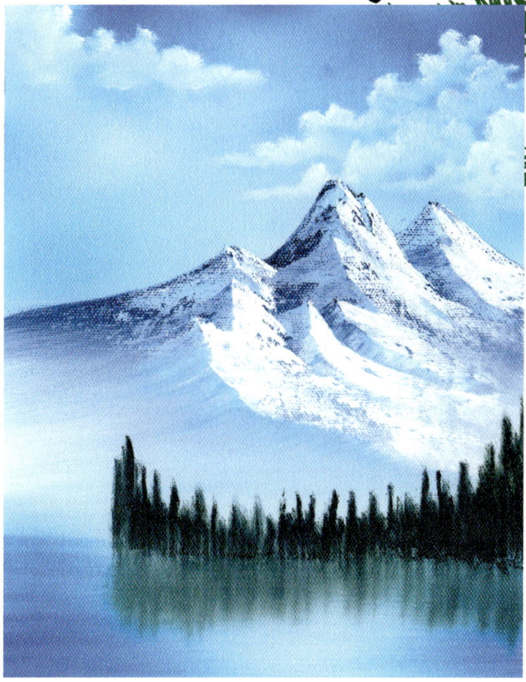

SCHRITT 6

Verwenden Sie verschiedene Mischungen aus Ihren Gelbtönen und aus Saftgrün, um mit einem Fächerpinsel die Grashügel am Wasser zu kreieren.

Ziehen Sie etwas Flüssigweiß flach auf Ihrer Palette aus und schneiden Sie quer mit dem Spachtel darüber, um mit der Klinge des Spachtels etwas Farbe aufzunehmen. Drücken Sie den Spachtel gerade in die Leinwand und verwenden Sie festen Druck, um die Wasserlinien und Wellen einzuschneiden. Achten Sie darauf, dass die Linien horizontal zur Ober- und Unterseite der Leinwand verlaufen.

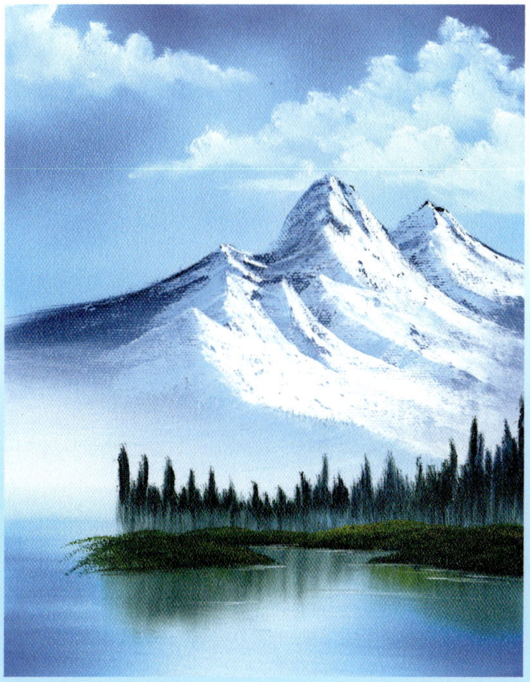

Große Tannen

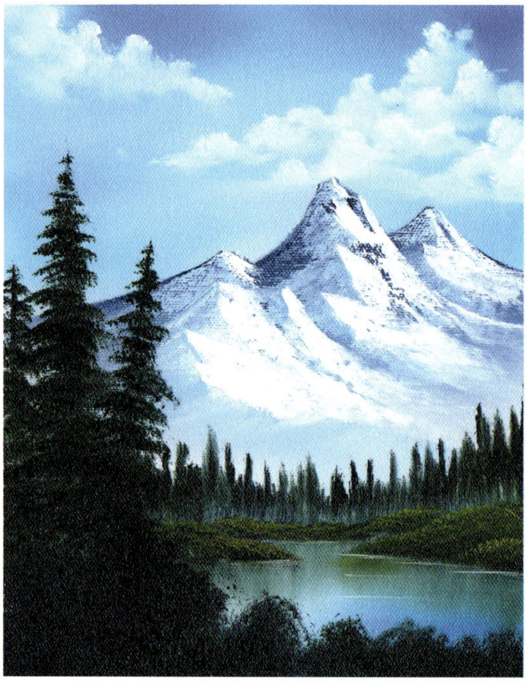

SCHRITT 7

Mischen Sie eine Farbe aus Preußischblau, Mitternachtsschwarz, Vandyckbraun und Alizarinkarmesin an, um die großen Tannen auf der linken Seite zu malen (siehe Seite 12 für die Anleitung zur benötigten Technik).

Die Büsche unter den Tannen formen Sie mit derselben Farbe. Verwenden Sie dafür den großen Spalterpinsel und malen Sie zusätzlich auch die Büsche im Vordergrund.

SCHRITT 8

(Vergleichen Sie dazu das Bild auf der nächsten Seite) Für die Akzente der Bäume verwenden Sie Saftgrün und Kadmiumgelb. Achten Sie jedoch darauf, dass Sie die Tannen trotzdem möglichst dunkel halten.

Um die Büsche fertigzustellen, benötigen Sie eine Mischung aus Ihren Gelbtönen, aus Saftgrün und Hellrot. Tippen Sie den kleinen Spalterpinsel in etwas Flüssigweiß und fahren Sie dann durch die Farbmischung, sodass eine Ecke des Pinsels abgerundet wird. Halten Sie diese Ecke nach oben und klopfen Sie mit dem Pinsel so auf die Leinwand, dass sich die Borsten des Pinsels nach oben biegen.

Für den kleinen Pfad am Ufer erzeugen Sie eine kleine Farbrolle aus Vandyckbraun auf der Klinge Ihres Spachtels und streichen mit diesem horizontal über die Leinwand. Achten Sie hierbei auf die Perspektive: Je näher der Pfad dem Betrachter kommt, desto breiter sollte er sein. Akzente setzen Sie mit der gleichen Bewegung, nur verwenden Sie jetzt eine Mischung aus Dunkelsiena, Phthaloblau und Titanweiß. Üben Sie so wenig Druck aus, dass die Farbe »bricht«.

Letzter Feinschliff

Fügen Sie noch kleine Sträucher und Gräser überall entlang des Pfades hinzu und ritzen Sie mit Ihrem Spachtel kleine Äste und Zweige ein. Finale Details – etwa schmale Baumstämme oder dergleichen – können Sie mit einem Detailpinsel hinzufügen. Wie man richtig mit einem Detailpinsel umgeht, lesen Sie auf Seite 11. Fügen Sie weitere kleine Details hinzu, insbesondere Ihre Signatur!

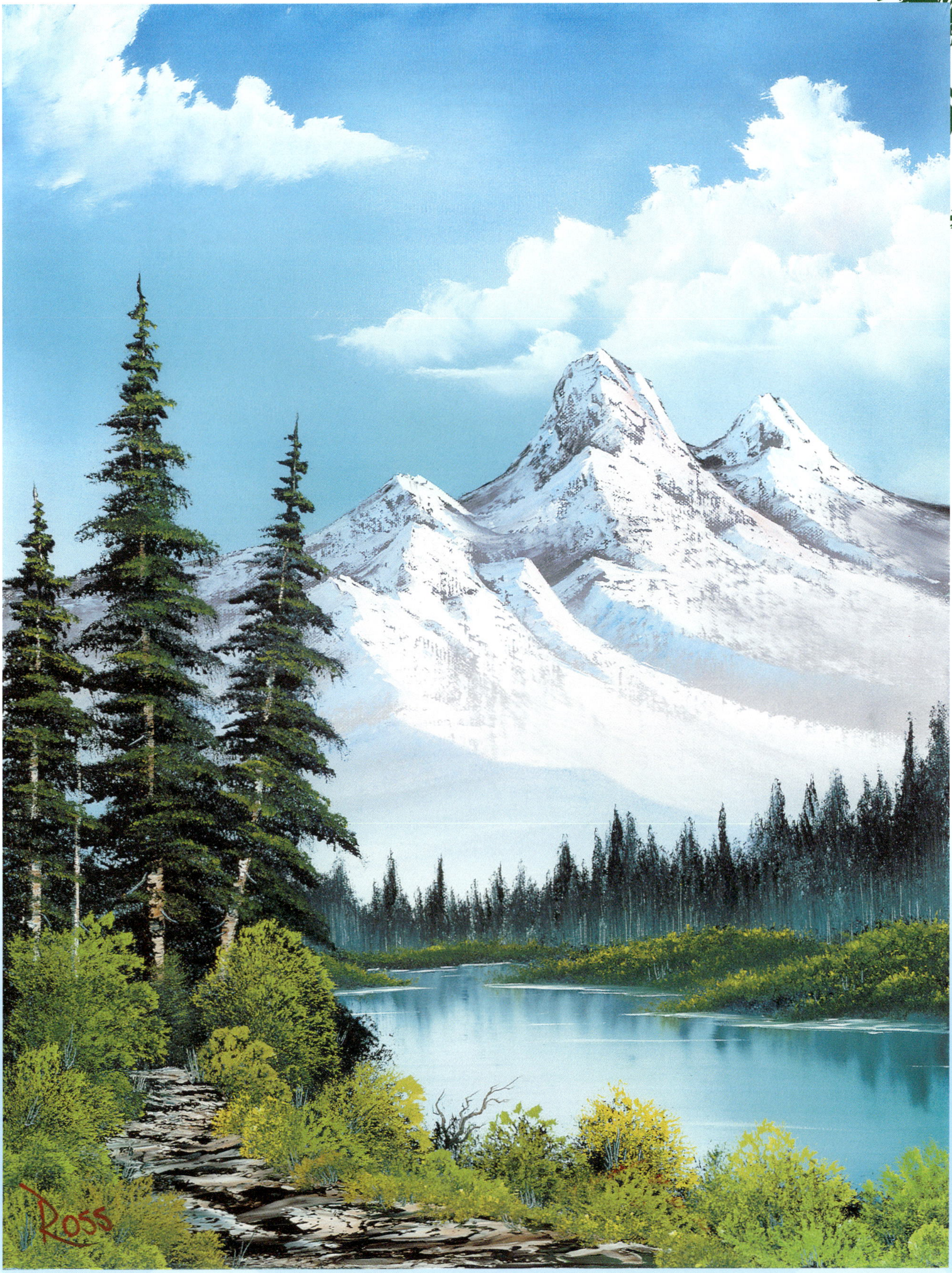
Ross

MYSTISCHER BERG

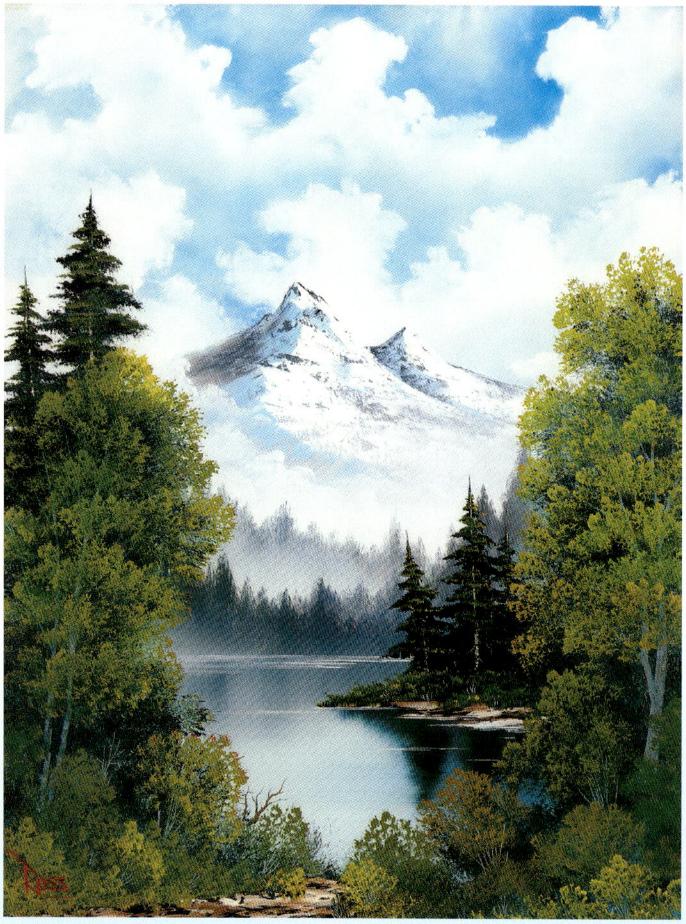

WERKZEUGE UND MATERIALIEN

- 25 mm breiter Spalterpinsel
- 50 mm breiter Spalterpinsel
- Großer Fächerpinsel
- Detailpinsel
- Großer Spachtel
- 45 cm x 60 cm große Leinwand
- Flüssigweiß
- Titanweiß
- Phthaloblau
- Phthalogrün
- Preußischblau
- Mitternachtsschwarz
- Dunkelsiena
- Vandyckbraun
- Alizarinkarmesin
- Saftgrün
- Kadmiumgelb
- Ockergelb
- Indischgelb
- Hellrot

»Jedes Gemälde wird unterschiedlich sein. Und das ist genau das, was es großartig macht.«

VORBEREITUNG DER LEINWAND

Verwenden Sie den 50 mm breiten Spalterpinsel, um die gesamte Leinwand mit einer dünnen, gleichmäßigen Schicht von Flüssigweiß zu bedecken. Bewegen Sie den Pinsel horizontal und vertikal, um sicherzugehen, dass sich die Farbe gleichmäßig verteilt. Beginnen Sie mit dem Motiv, bevor das Flüssigweiß getrocknet ist.

Wasser und Himmel

SCHRITT 1

Gestalten Sie mit Phthaloblau, dem kleinen Spalterpinsel und mittels kreisenden Strichen den blauen Himmelsbereich hinter den Wolken. Die hellen Wolkenformen lassen Sie unbemalt stehen. Verwenden Sie die obere Ecke eines sauberen und trockenen 50 mm breiten Spalterpinsels und führen Sie damit kreisförmige Pinselstriche aus, um den Himmel zu verblenden. Die Teile der Leinwand, die weiß bleiben, werden die Wolken sein. Also versuchen Sie nicht, das Blau in die weißen Wolkenformen zu ziehen, wenn Sie verblenden!

Mit demselben Pinsel verwenden Sie jetzt noch einmal etwas Phthaloblau und führen horizontale Striche aus, um das Wasser auf dem unteren Teil der Leinwand zu malen.

Malen Sie die Wolkenformen mittels kleiner, kreisförmiger Striche und einer Mischung aus Titanweiß sowie einer sehr kleinen Menge Hellrot auf dem Fächerpinsel. Verblenden Sie die Wolken mit der oberen Ecke eines sauberen und trockenen Spalterpinsels und streichen Sie dann mit schwungvollen, nach oben gerichteten Strichen in die Wolkenformen hinein, um diese aufzulockern.

Gebirge

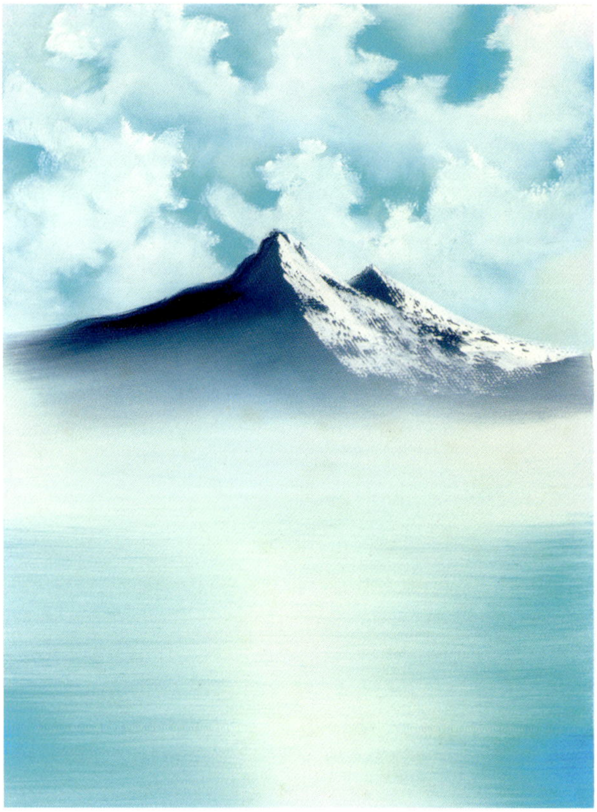

SCHRITT 2

Mischen Sie einen Farbton aus Mitternachtsschwarz, Preußischblau, Vandyckbraun und Alizarinkarmesin an. Nutzen Sie die Technik von Seite 14, um das Gebirge in der Ferne zu erschaffen. Die rechte Seite der Berge heben Sie mit Titanweiß und einer geringen Menge an Hellrot hervor.

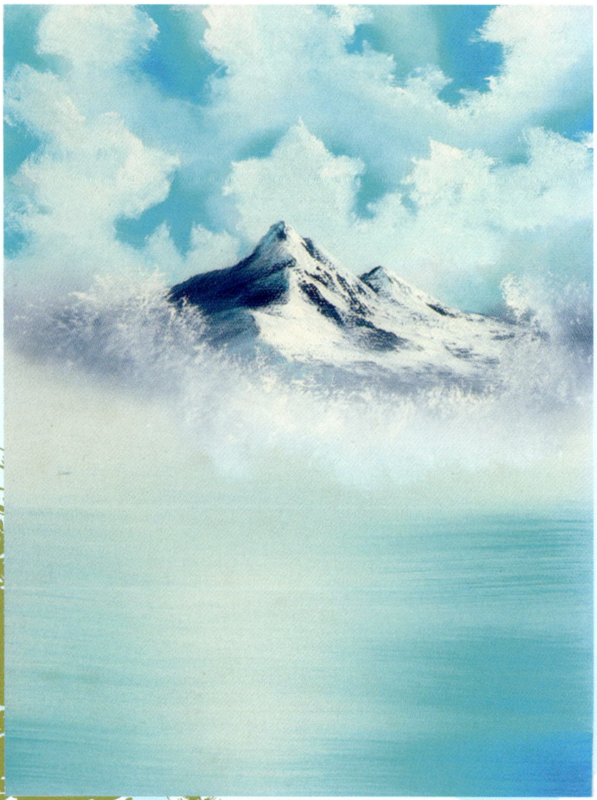

SCHRITT 3

Für die Schattierungen verwenden Sie eine Mischfarbe aus Titanweiß und Preußischblau. Schauen Sie für die Technik auch hier wieder auf Seite 14 nach.

Mittels kreisender Bewegungen des kleinen Spalterpinsels und etwas Titanweiß fügen Sie Wolken am Fuße des Gebirges hinzu. Verblenden Sie diese mit den gleichen kreisenden Bewegungen – aber verwenden Sie hierfür den großen Spalterpinsel, nachdem Sie ihn gesäubert und getrocknet haben. Den Pinsel heben Sie beim Verblenden nach oben, um die Wolken »aufzulockern«.

Vorgebirge

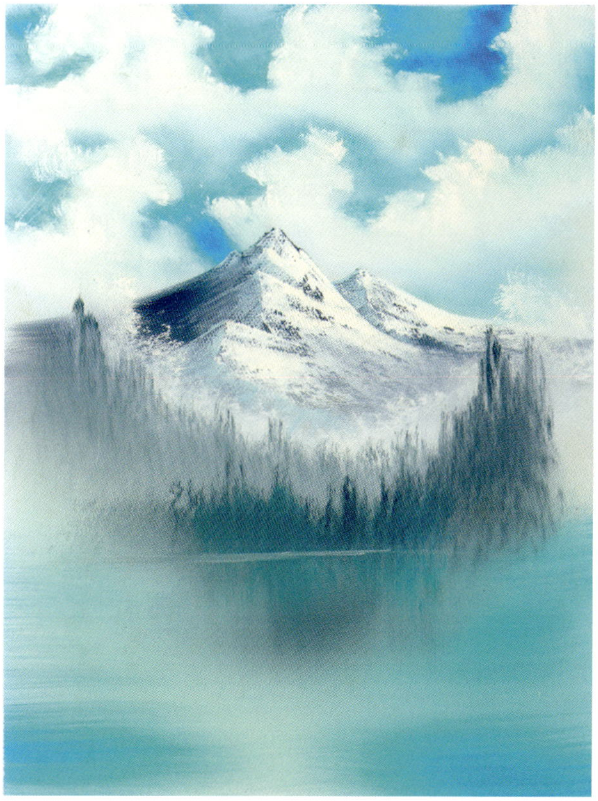

SCHRITT 4

Nehmen Sie mit dem kleinen Spalterpinsel eine kleine Menge Bergmischung, Saftgrün und Titanweiß auf. Klopfen Sie mit der Ecke des Pinsels nach unten, um die entfernten Hügel am Fuße des Berges zu formen. Nehmen Sie den großen Spalterpinsel zur Hand und klopfen Sie damit fest auf den Hügel und ziehen Sie die Farbe leicht nach oben, um Nebel anzudeuten.

Arbeiten Sie schichtweise weiter und fügen Sie dunklere Hügel hinzu, indem Sie weniger Titanweiß verwenden und mehr Saftgrün und Bergmischung zu Ihrer Vorgebirgs-Farbe hinzumischen. Halten Sie den kleinen Spalterpinsel senkrecht und klopfen Sie nach unten, um einzelne Baumkronen deutlicher hervorzuheben. Versehen Sie auch diese Hügelkette mit Nebel, indem Sie wieder mit dem großen Spalterpinsel gegen die Leinwand klopfen und die Farbe nach oben ziehen.

Sobald Sie mit Ihren Hügeln zufrieden sind, verwenden Sie die dunklere der beiden Farbmischungen und den großen Spalterpinsel. Setzen Sie an der Unterseite des Vorgebirges an und ziehen Sie die Farbe bis ins Wasser, um eine Reflexion zu erzeugen. Streichen Sie dann leicht darüber, um den Reflexionen ein leicht verschwommenes Aussehen zu verleihen. Verwenden Sie eine Mischung aus Flüssigweiß und einer sehr kleinen Menge Hellrot als kleine Farbrolle auf der Klinge Ihres Spachtels, um die Wasserlinien und -kräusel darzustellen.

Tannen

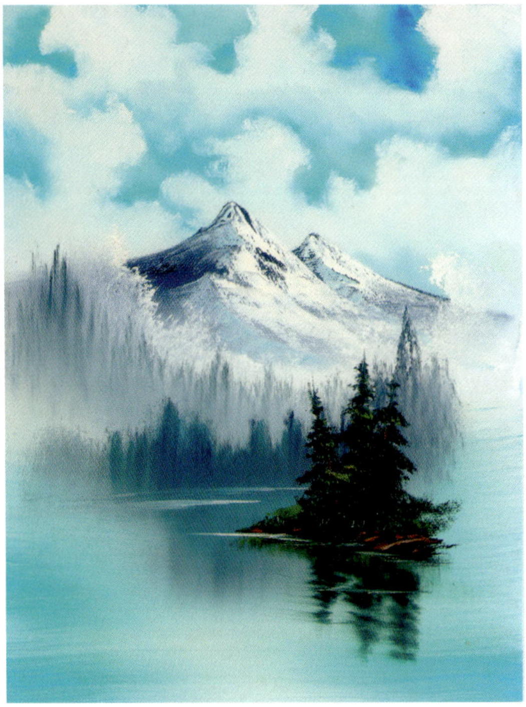

SCHRITT 5

Die Tannen malen Sie mit einer Mischfarbe aus Mitternachtsschwarz, Preußischblau, Vandyckbraun, Alizarinkarmesin und Saftgrün (und schauen Sie sich die Anleitung auf Seite 12 an, um diese Bäume malen zu können). Verwenden Sie dieselbe Baumfarbe mit einem Fächerpinsel, um die entsprechenden Spiegelungen im Wasser zu erzeugen und mit horizontalen Strichen zu verblenden. Fügen Sie auch ein grasbewachsenes Ufer ein.

Fügen Sie die Baumstämme mit einer Farbmischung aus Titanweiß und Dunkelsiena ein – nutzen Sie hierfür einen Spachtel. Mit einem Fächerpinsel können Sie leichte Akzente auf der rechten Seite des Blattwerks, der Sträucher und Gräser hinzufügen; dies machen Sie in den Farben Kadmiumgelb, Ockergelb und in der dunklen Baum-Farbe. Seien Sie sparsam mit den Akzenten, sodass die Tannen recht düster verbleiben.

»Sie kennen mich .. ich denke, genau hier sollte ein großer alter Baum stehen. Und wir sollten ihm einen Freund geben. Jeder braucht einen Freund.«

Vordergrund

SCHRITT 6

Verwenden Sie die gleiche dunkle Tannen-Farbe und den großen Spalterpinsel, um auf der linken Seite die Tannen im Vordergrund zu erschaffen.

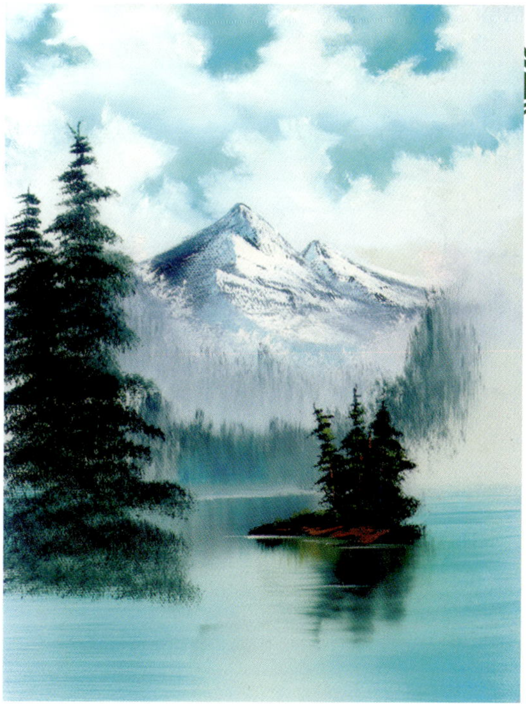

SCHRITT 7

Formen Sie mit dem gleichen Pinsel und der gleichen Farbe ebenso die Laubbäume und Büsche auf der rechten Seite. Füllen Sie jetzt den kompletten unteren Vordergrund mit dieser Farbe und in Form von Büschen und Sträuchern aus, so wie es auf dem Bild zu sehen ist.

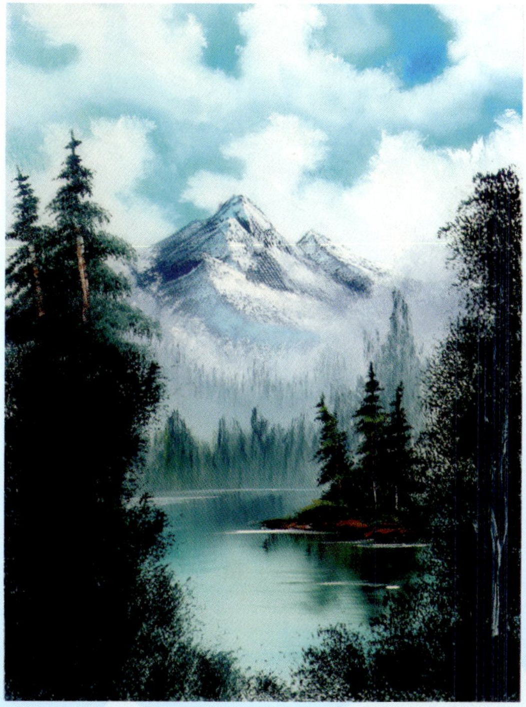

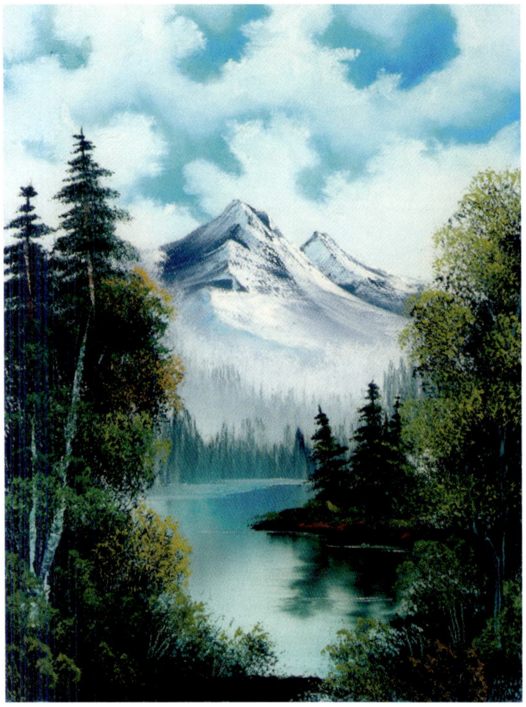

SCHRITT 8

Tragen Sie mit der Kante Ihres Spachtels die Andeutung kleiner Stöcke und Zweige auf die Leinwand auf und verwenden Sie anschließend mit dem Spachtel eine Mischung aus Vandyckbraun und Titanweiß, um die etwas deutlicher erkennbaren Baumstämme aufzumalen.

Für die Akzente auf den Bäumen und Büschen tauchen Sie mit dem kleinen Spalterpinsel einmal in das Flüssigweiß, bevor Sie den Pinsel – mehrmals und immer nur in eine Richtung – durch verschiedene Mischfarben aus Saftgrün, allen Gelbtönen und Hellrot ziehen, wodurch eine Ecke des Pinsels abgerundet wird. Mit dieser abgerundeten Ecke nach oben gerichtet, beginnen Sie an der Spitze jedes Baumes. Berühren Sie leicht die Leinwand und zwingen Sie die Borsten, sich nach oben zu biegen. Die Farbe wird automatisch dunkler, wenn Sie sich nach unten zu den Wurzeln eines jeden Baumes vorarbeiten. Versuchen Sie, nicht einfach wahllos auf die Leinwand zu klopfen, sondern denken Sie an Form und Gestalt, wenn Sie einzelne Blattpartien, Büsche und Bäume gestalten.

Weg

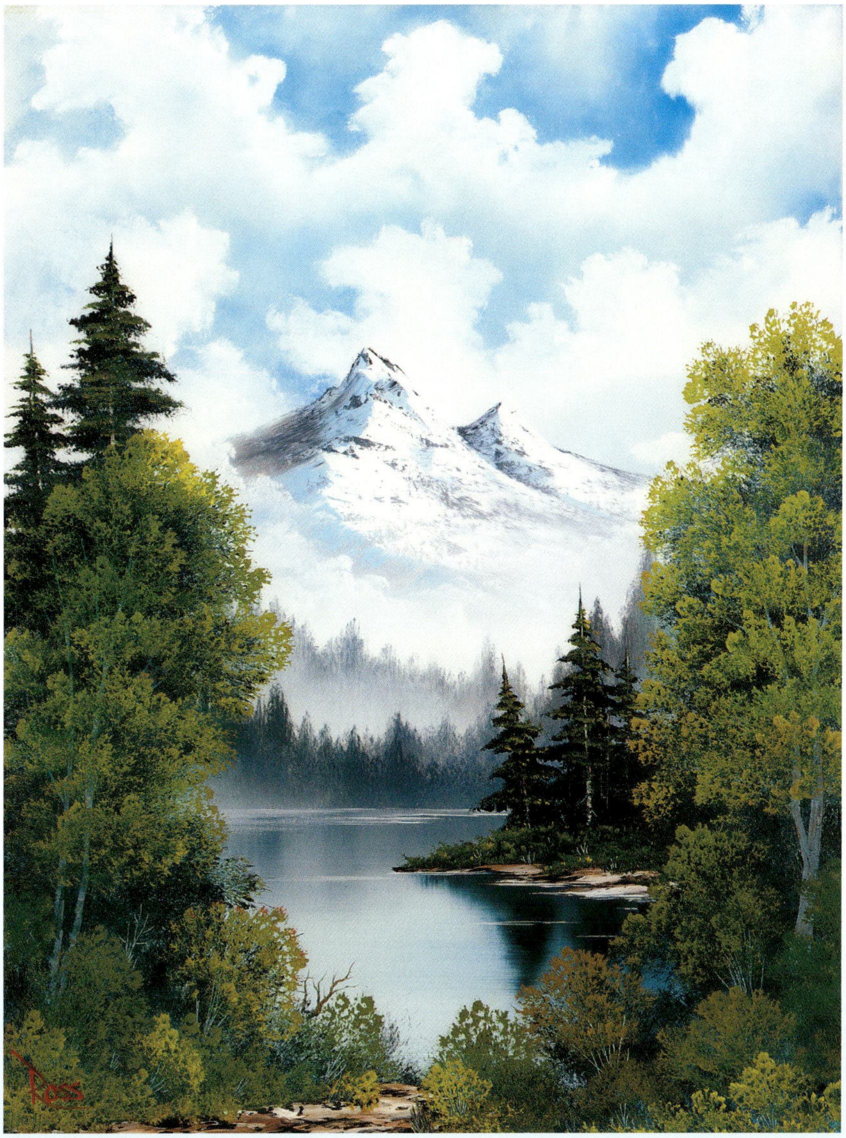

SCHRITT 9

Formen Sie eine kleine Farbrolle aus Vandyckbraun auf der Klinge des Spachtels, um mit diesem den Pfad einzufügen. Akzentuieren Sie den Pfad mit einer Mischfarbe aus Vandyckbraun und Titanweiß, wobei Sie beim Auftragen so wenig Druck ausüben, dass die Farbe »bricht«.

Letzter Feinschliff

Nutzen Sie die spitze Ecke des Spachtels, um kleine Äste und Zweige einzuritzen.
Im Anschluss ist Ihr Gemälde schon für Ihre Signatur bereit!

TIEFER WALDSEE

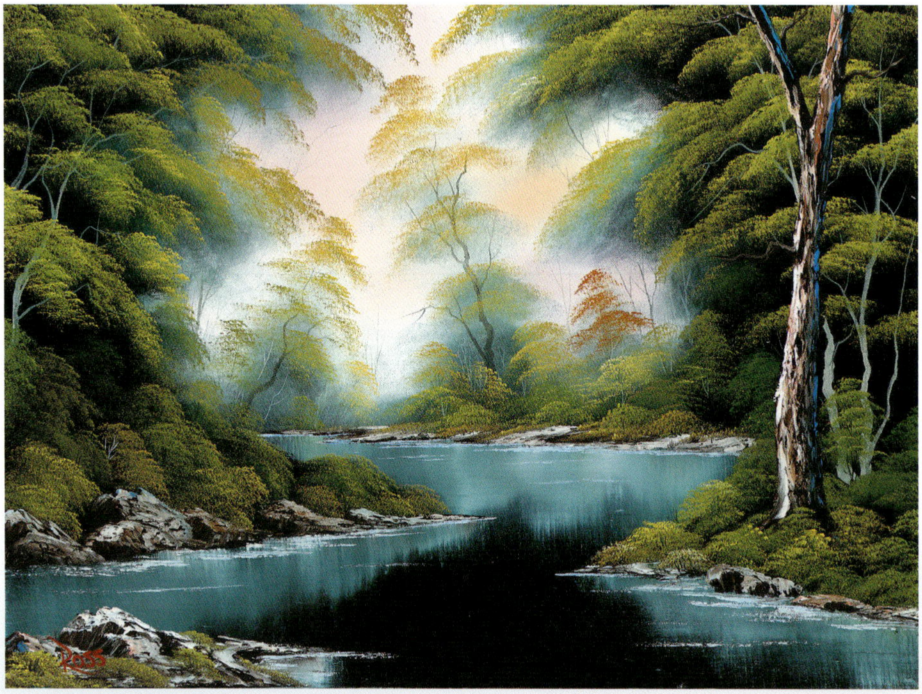

WERKZEUGE UND MATERIALIEN

- 25 mm breiter Spalterpinsel
- 50 mm breiter Spalterpinsel
- Detailpinsel
- Großer Spachtel
- Kleiner Spachtel
- Schaumstoffpinsel oder alter Pinsel
- 45 cm x 60 cm große Leinwand
- Schwarzes Gesso
- Flüssigweiß
- Alizarinkarmesin
- Hellrot
- Kadmiumgelb
- Dunkelsiena
- Indischgelb
- Mitternachtsschwarz
- Phthaloblau
- Preußischblau
- Saftgrün
- Titanweiß
- Vandyckbraun
- Ockergelb

»Es gibt genug unschöne Dinge auf der Welt. Die Malerei sollte zu den Dingen gehören, die Ihren Tag erhellen.«

VORBEREITUNG DER LEINWAND

Verwenden Sie einen Schaumstoffpinsel oder einen alten Pinsel, um lose Formen von Bäumen und Büschen (wie auf dem ersten Bild gezeigt) mit schwarzem Gesso aufzumalen. Lassen Sie die Farbe komplett trocknen, bevor Sie zu malen beginnen.

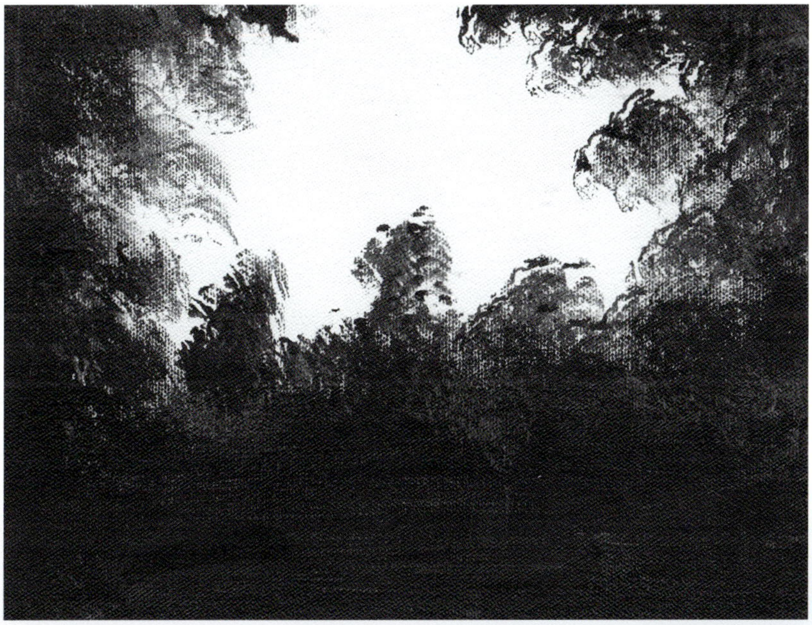

SCHRITT 1

Bedecken Sie mit einer Mischung aus Saftgrün, Phthaloblau und Vandyckbraun und einem großen Spalterpinsel die schwarzen Bereiche der Leinwand mit einer dünnen, gleichmäßigen Farbschicht. Decken Sie den weißen Teil der Leinwand mit einer dünnen, gleichmäßigen Schicht Flüssigweiß ein, sodass das Flüssigweiß und die dunkle Farbe an den Rändern ineinander übergehen. Beginnen Sie, bevor die Farbe trocknet.

Himmel

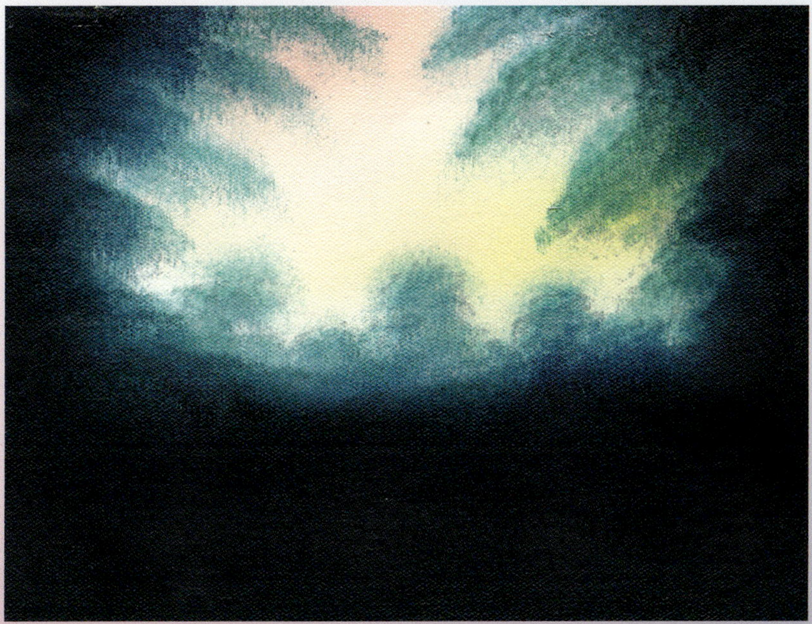

SCHRITT 2

Nehmen Sie mit dem großen Spalterpinsel eine kleine Menge Alizarinkarmesin auf und erschaffen Sie damit die rosafarbenen Bereiche oben am Himmel, indem Sie den Pinsel mit sich überkreuzenden Strichen über die Leinwand bewegen. Ohne den Pinsel gereinigt zu haben, nehmen Sie nun etwas Ockergelb auf und verwenden die gleiche Technik, um auch diese Farbe auf die Leinwand zu bringen.

Bäume und Büsche im Hintergrund

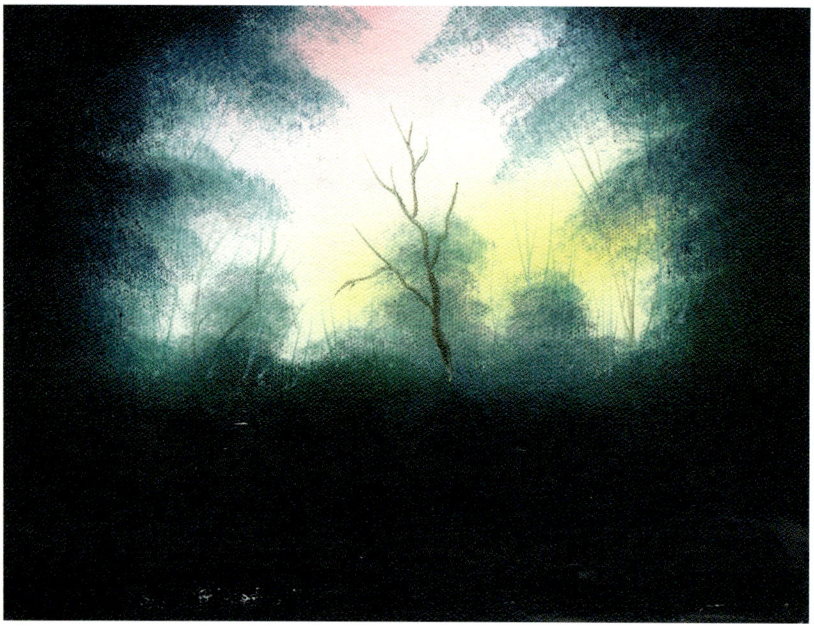

SCHRITT 3

Formen Sie mit dem großen Spalterpinsel und einer Mischung aus Saftgrün, Phthaloblau und Vandyckbraun die Grundformen von Bäumen und Büschen im Hintergrund. Erlauben Sie diesen Formen weich und nebelartig zu bleiben – denn dies trägt dazu bei, die Illusion von Tiefe in Ihrem Bild zu erzeugen.

Verwenden Sie dann den Detailpinsel und etwas verdünntes Vandyckbraun, um Baumstämme, Äste und Zweige anzudeuten.

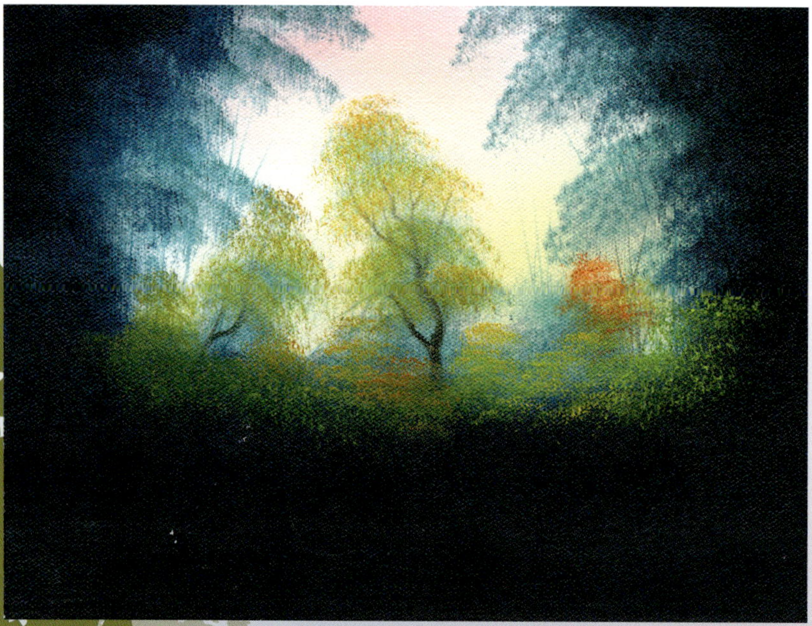

SCHRITT 4

Betonen Sie jetzt die Baum- und Buschformen mit einem kleinen Spalterpinsel und verschiedenen Mischungen der Hintergrundbaumfarbe (Saftgrün, Phthaloblau und Vandyckbraun) sowie allen Gelbtönen und Hellrot. Mit der Pinselspitze klopfen Sie die einzelnen Formen ein. Arbeiten Sie in Schichten, wobei Sie die am weitesten entfernten Bereiche zuerst fertigstellen.

Wasser

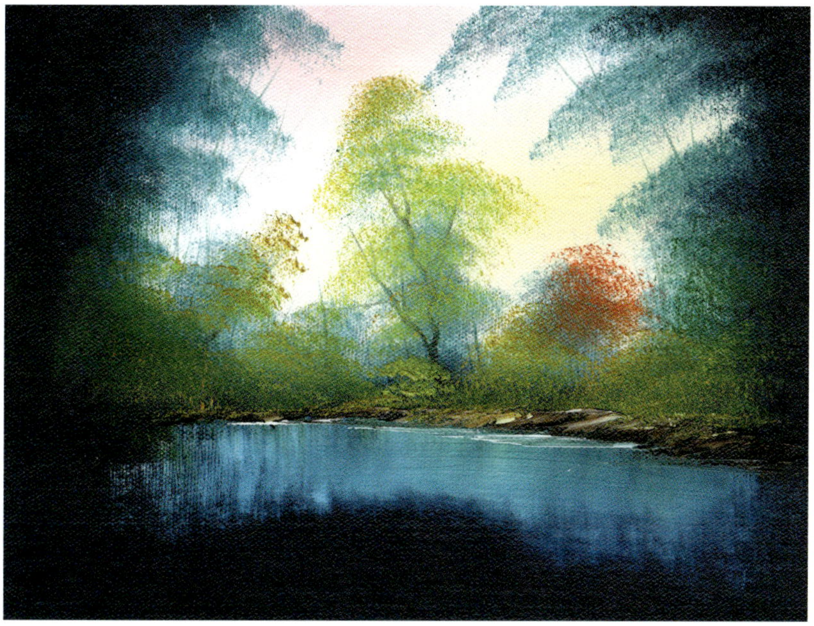

SCHRITT 5

Streichen Sie mit etwas Titanweiß und dem großen Spalterpinsel von der Wasserlinie unterhalb der Büsche nach unten, um Spiegelungen im Wasser zu erschaffen (und beachten Sie, wie sich die weiße Farbe mit der nassen Farbe auf der Leinwand vermischt). Streichen Sie vorsichtig nochmals darüber, um den Spiegelungen ein wässriges Aussehen zu verleihen.

Fügen Sie mit Vandyckbraun und einem Spachtel das Ufer am Wasserrand hinzu und betonen Sie dieses farblich mit einer Mischung aus Titanweiß und Vandyckbraun. Kreieren Sie jetzt noch die Wasserlinien mit Titanweiß und Phthaloblau, um den Hintergrund zu vervollständigen.

»Ich versuche nicht, alles in der Natur zu verstehen. Ich schaue sie mir nur an und erfreue mich daran.«

Büsche im Mittelgrund

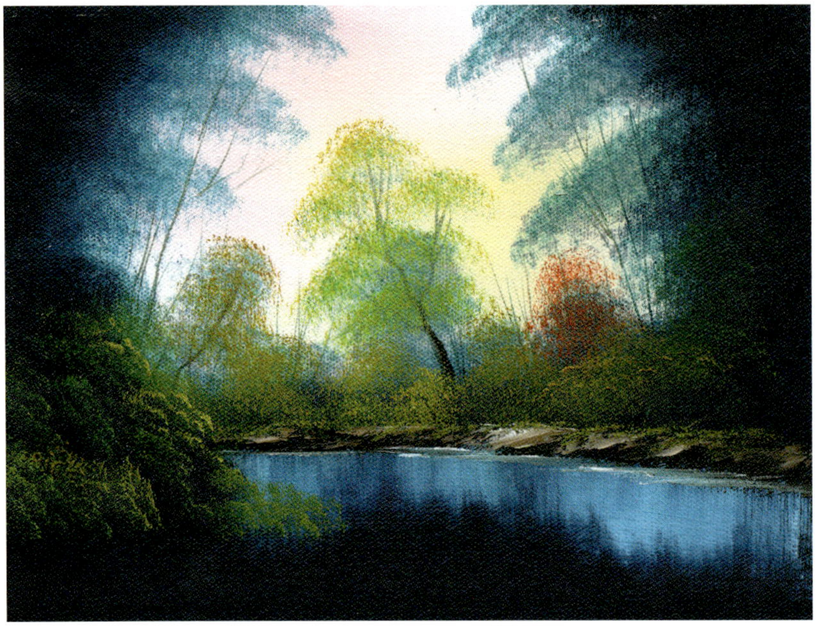

SCHRITT 6

Bewegen Sie sich im Gemälde optisch nach vorn und bilden Sie erste Büsche im Mittelgrund, indem Sie mit dem großen Spalterpinsel eine Mischfarbe aus Saftgrün, Phthaloblau und Vandyckbraun verwenden – wie auch bereits für die Tannen und Laubbäume im Hintergrund. Setzen Sie Akzente mit einer Mischung aus Gelbtönen, Saftgrün sowie Hellrot und mithilfe des kleinen Spalterpinsels. Arbeiten Sie in Schichten und achten Sie darauf, dass Sie nicht die komplette dunkle Untergrundfarbe überdecken.

»Ich kann mir nichts Schöneres vorstellen, als dass man sich durch die Malerei anderen gegenüber ausdrückt.«

Steine und Bäume im Vordergrund

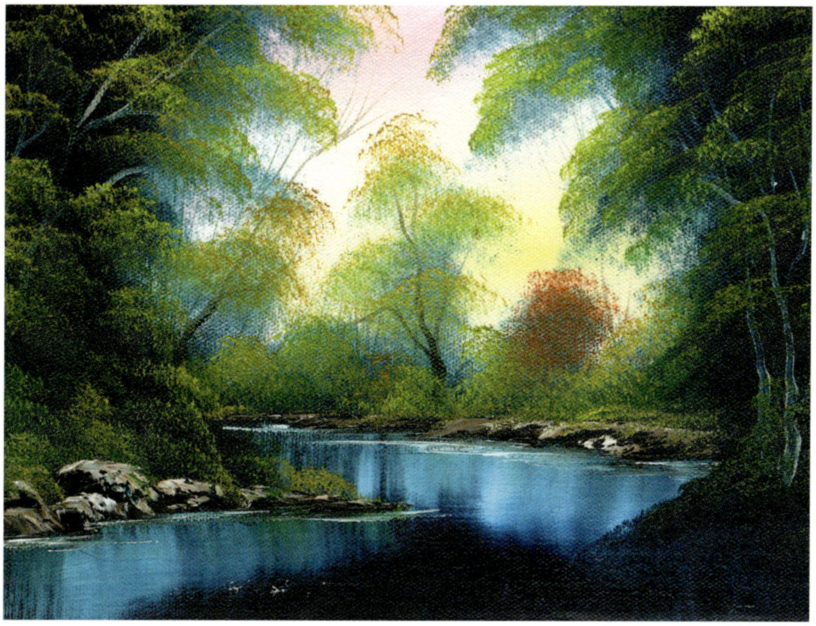

SCHRITT 7

Fügen Sie erneut mit Titanweiß und einem großen Spalterpinsel die Spiegelungen im Wasser hinzu. Erstellen Sie eine Farbrolle Vandyckbraun auf der Klinge des Spachtels, um die großen Felsen am Wasserrand hinzuzufügen, und betonen Sie diese dann ebenfalls mit dem Spachtel sowie einer Mischung aus Dunkelsiena, Preußischblau und Titanweiß. Verwenden Sie eine Mischung aus Titanweiß und Phthaloblau, um mit dem Spachtel die Wasserlinien und Kräuselungen einzuritzen.

Verdünnen Sie eine Mischung aus Titanweiß und Dunkelsiena und nehmen Sie einen Detailpinsel, um die größeren, helleren Baumstämme aufzutragen. Bei den größeren Bäumen fügen Sie das Blätterwerk durch verschiedene Mischungen aus Saftgrün, den gelben Farbtönen und Hellrot hinzu. Klopfen Sie dazu einfach mit einer Ecke des kleinen Spalterpinsels auf die Leinwand, um die Grundformen der Blätter zu erzeugen. Verwenden Sie dieselben Mischfarben, um kleine Büsche am Fuße der Bäume zu erschaffen, und ziehen Sie auch hier die Farben mit einem Pinsel nach unten, um Spiegelungen aufs Wasser zu zaubern.

Büsche im Vordergrund

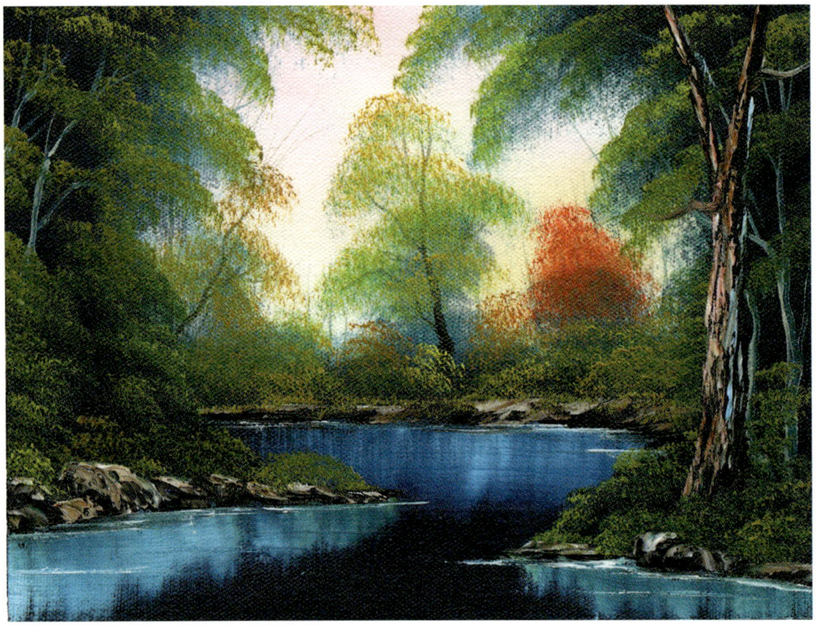

SCHRITT 8

Grundieren Sie die Büsche, indem Sie mit dem großen Spalterpinsel nach unten klopfen und so die bereits verwendete Mischfarbe aus Saftgrün, Phthaloblau und Vandyckbraun auf die Leinwand auftragen. Kreieren Sie Akzente mit verschiedenen Mischungen aus allen Gelbtönen, Saftgrün und Hellrot und verwenden Sie dazu den kleinen Spalterpinsel. Arbeiten Sie in mehreren Schichten und achten Sie darauf, die dunkle Grundierung nicht ganz zu übermalen. Fügen Sie nun den großen Baumstamm auf der rechten Seite ein.

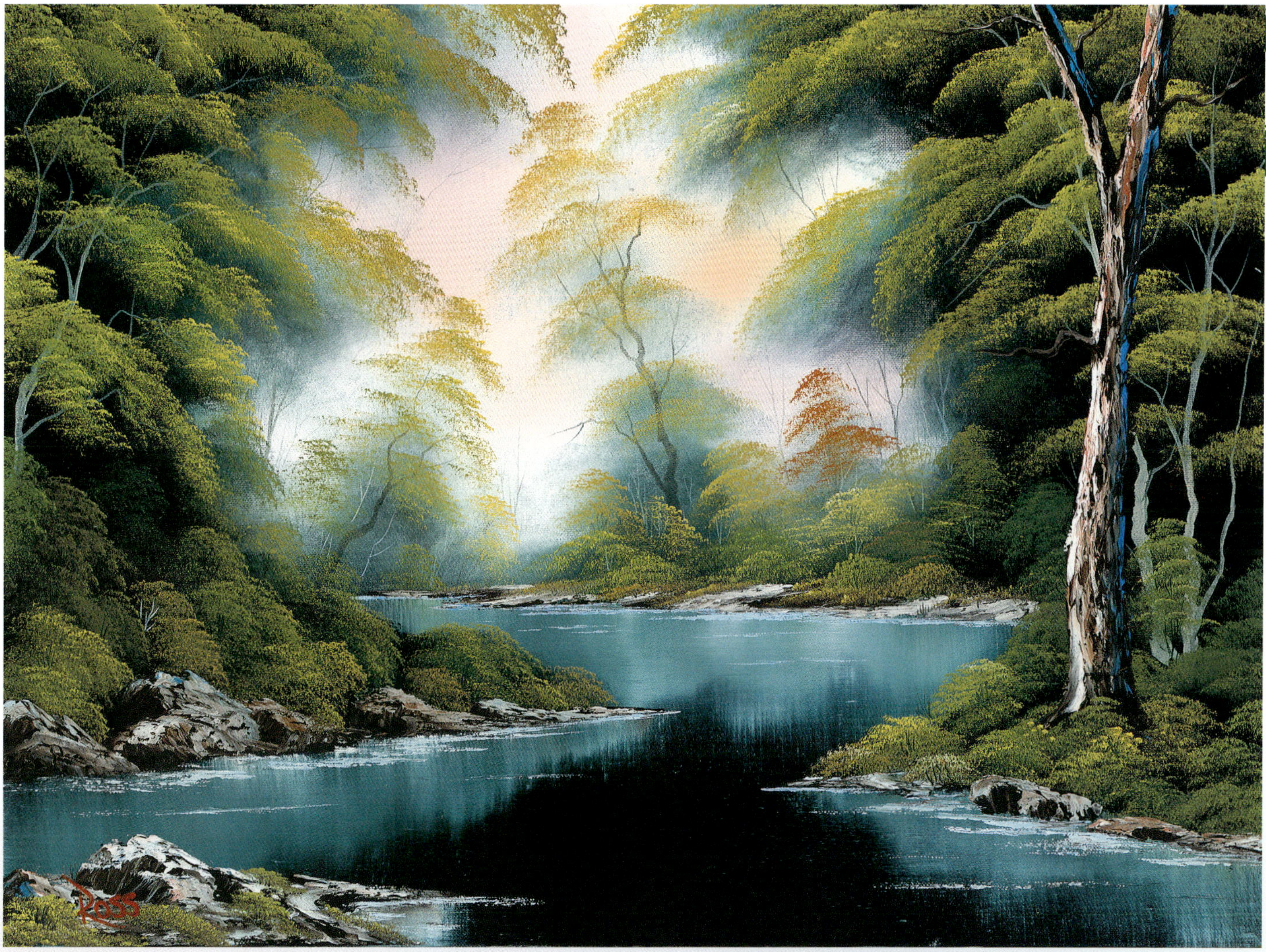

Letzter Feinschliff

Erschaffen Sie den großen Felsen unten links mit Vandyckbraun und einem Spachtel. Setzen Sie Akzente durch verschiedene Mischungen aus Titanweiß, Preußischblau, Mitternachtsschwarz und Dunkelsiena. Verwenden Sie den kleinen Spalterpinsel mit dem bereits angemischten gelb-grünen Farbton, damit Sie um einige grasbewachsene Bereiche ergänzen können. Nehmen Sie dann den großen Spalterpinsel mit Titanweiß für die Spiegelungen auf dem Wasser sowie als Nächstes eine Mischung aus Titanweiß und Preußischblau als kleine Farbrolle an der Klinge des Spachtels für Wasserlinien und -kräusel. Sobald Sie Ihre Signatur hinzugefügt haben, ist Ihr Gemälde fertig – herzlichen Glückwunsch!

WINTER-NEBEL

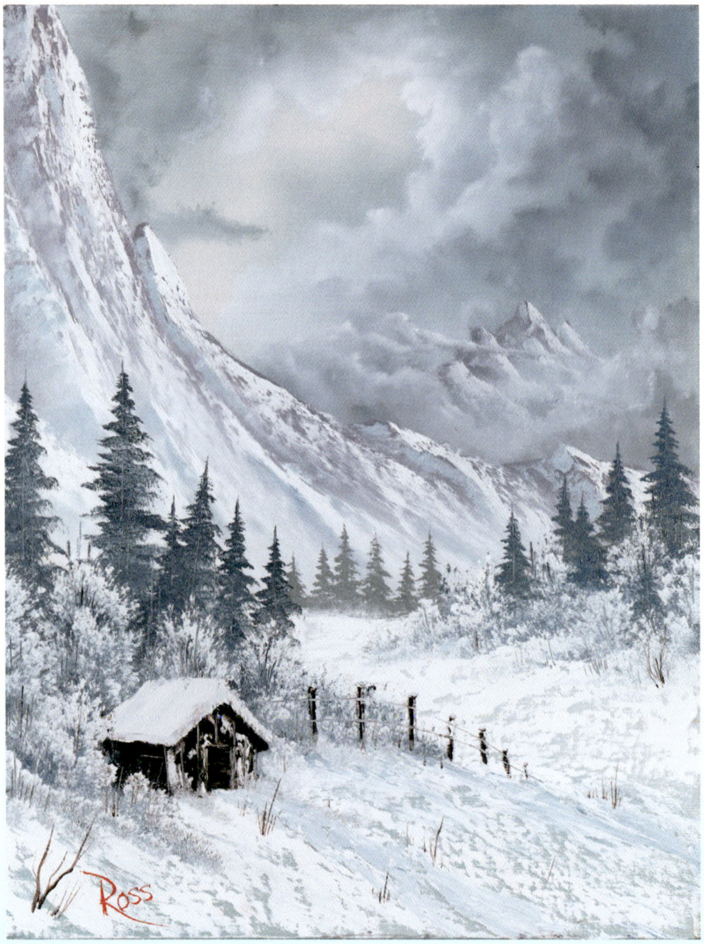

WERKZEUGE UND MATERIALIEN

- 25 mm breiter Spalter-pinsel
- 50 mm breiter Spalter-pinsel
- Großer Fächerpinsel
- Detailpinsel
- Großer Spachtel
- 45 cm x 60 cm große Leinwand
- Flüssigweiß
- Hellrot
- Titanweiß
- Preußischblau
- Vandyckbraun

»Alles, was Sie zum Malen benötigen, sind ein paar Werkzeuge, ein wenig Anleitung und eine Motiv-Vision in Ihrem Kopf.«

VORBEREITUNG DER LEINWAND

Verwenden Sie den 50 mm breiten Spalterpinsel, um die gesamte Leinwand in horizontalen und vertikalen Bewegungen mit einer dünnen, gleichmäßigen Schicht Flüssigweiß zu bedecken.

Himmel

SCHRITT 1

Kombinieren Sie Titanweiß, Vandyckbraun und etwas Preußischblau und tragen diese Mischung mit dem großen Spalterpinsel auf den oberen Teil der Leinwand auf, wobei Sie in kreisförmigen Bewegungen arbeiten, um grundlegende Wolkenformen zu schaffen. Dabei beginnen Sie mit den am weitesten entfernten Wolken. Betonen Sie die Außenkanten der Wolken mit dem Fächerpinsel und Titanweiß, vermischt mit einer sehr kleinen Menge Hellrot. Verwenden Sie den großen Pinsel, um die Akzente mit engen, kreisförmigen Strichen in die Wolkenformen zu integrieren. Vervollständigen Sie eine Wolke nach der anderen, bevor Sie mit der nächsten Wolke fortfahren. Arbeiten Sie sich optisch weiter vor, indem Sie weniger von der rosafarbenen Akzent-Farbe verwenden und zu reinem Weiß übergehen. Um dem Himmel Tiefe zu verleihen, fügen Sie graue Wolken hinzu und verblenden diese mit dem großen Pinsel.

Fernes Gebirge

SCHRITT 2

Formen Sie mit dem Spachtel einen kleinen Berg in die Wolken. Verwenden Sie Vandyckbraun und Titanweiß für die Grundform und betonen Sie sie mit einer kleinen Menge Titanweiß. Die Wolkenschatten bestehen aus Preußischblau und Titanweiß. Da sich der Berg farblich kaum vom Himmel abhebt, können Sie die Berge noch zusätzlich abschwächen, indem Sie sanft mit dem großen Pinsel darüber tupfen. Fügen Sie dann weitere Wolken um den Fuß der Berge hinzu.

Großer Berg

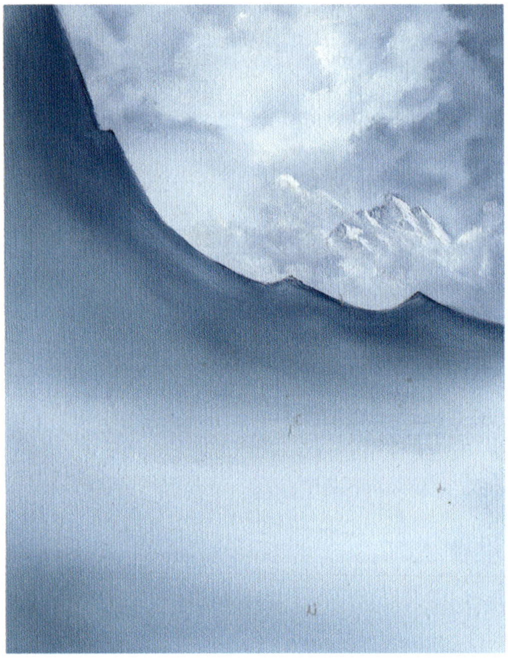

SCHRITT 3

Erschaffen Sie den großen Berg mit der Technik von Seite 14 und einer Mischfarbe aus Vandyckbraun, Preußischblau und Titanweiß. Entfernen Sie die überschüssige Farbe und verwenden Sie anschließend den großen Spalterpinsel, um die Unterseite der Berge mit dem Hintergrund zu verblenden und damit Nebel zu erzeugen. Fahren Sie mit dem großen Pinsel und einer kleinen Menge Preußischblau fort und färben Sie hiermit den unteren Teil der Leinwand mittels horizontaler Striche.

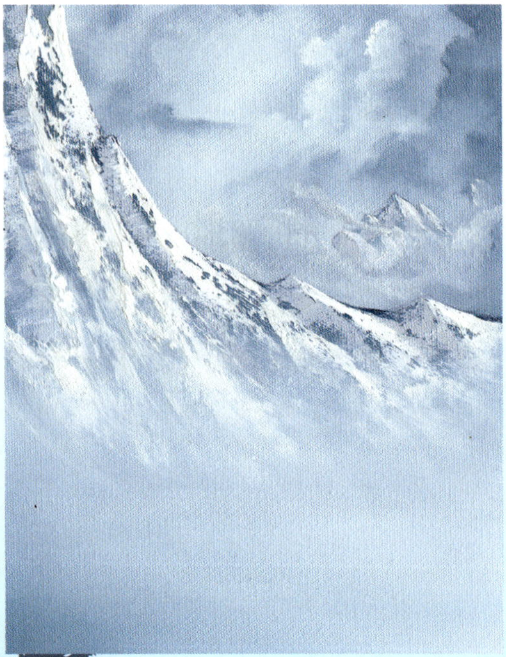

SCHRITT 4

Ergänzen Sie die schneebedeckte helle Seite mit einem Spachtel und Titanweiß; für die Schatten mischen Sie Titanweiß und Preußischblau.

Bäume im Mittelgrund

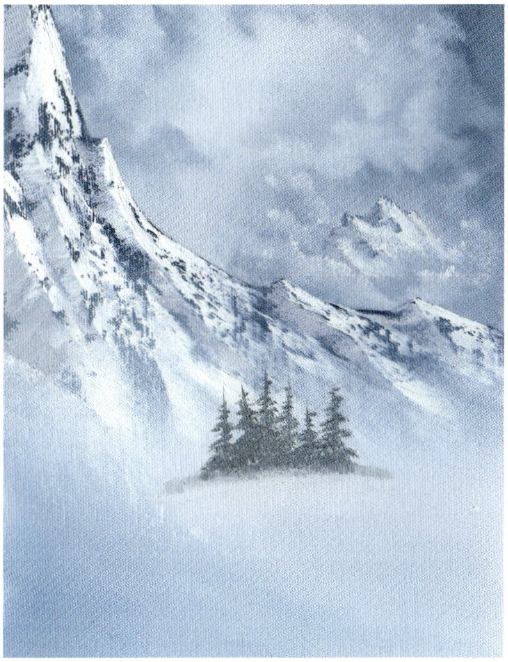

SCHRITT 5

Jetzt platzieren Sie noch Bäume im Mittel- und Vordergrund. Schauen Sie hierfür auf Seite 12 nach, dort finden Sie die dazu benötigte Technik ausführlich erklärt. Verwenden Sie als Farbe eine Mischung aus Mitternachtsschwarz, Preußischblau, Saftgrün und Titanweiß. Je näher Sie auf der Leinwand die Bäume am Betrachter platzieren, desto weniger Titanweiß und Saftgrün sollten Sie verwenden, sodass die Bäume nach vorn hin immer dunkler werden.

SCHRITT 6

Nachdem Sie die etwas näheren Bäume auf der rechten Seite gemalt haben, fügen Sie darunter Büsche hinzu. Stellen Sie zunächst eine Mischung aus Vandyckbraun, Titanweiß und Preußischblau her. Nehmen Sie die Farbe mit dem kleineren Spalterpinsel auf, indem Sie ihn in eine Richtung durch die Farbe ziehen, um eine Ecke abzurunden. Halten Sie den Pinsel vertikal mit der abgerundeten Ecke nach oben zeigend und tupfen Sie auf die Leinwand, um die Büsche zu kreieren.

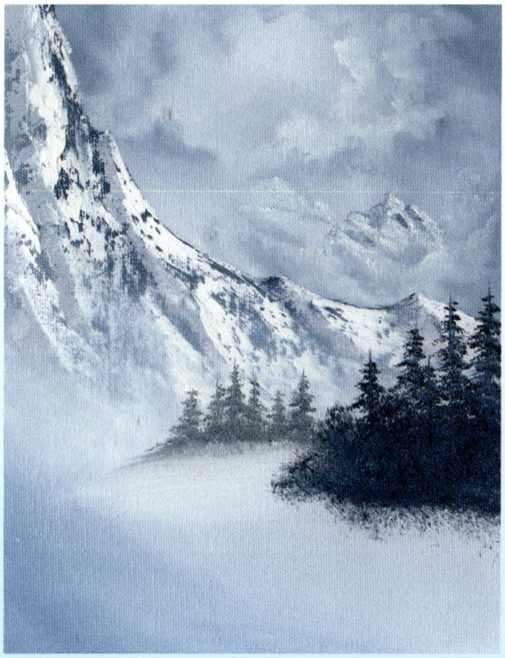

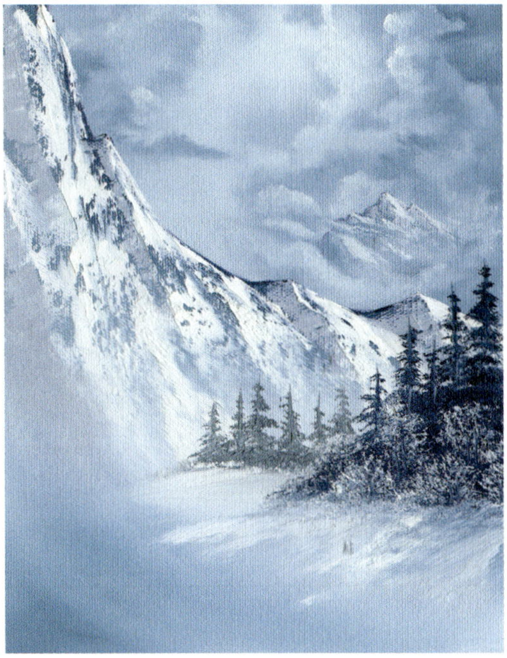

SCHRITT 7

Heben Sie die Büsche mit Flüssigweiß und Titanweiß hervor, die Sie in identischer Weise auftragen. Dann bedecken Sie den Boden mit Schnee: Erstellen Sie dazu eine kleine Farbrolle aus Titanweiß auf der Klinge des Spachtels und führen Sie lange, gleichmäßige Striche aus. Üben Sie nur wenig Druck aus und lassen Sie die Farbe »brechen«, sodass die dunklere Farbe schattige Bereiche bilden kann. Nutzen Sie die einzelnen Striche des Spachtels, um die Beschaffenheit des Bodens darzustellen.

Bäume im Vordergrund

SCHRITT 8

Beginnen Sie mit einer Mischung aus Vandyckbraun, Titanweiß und Preußischblau, die fast den gleichen Farbton aufweist wie die, die Sie für den großen Berg verwendet haben. Verwenden Sie zum Malen einen Fächerpinsel und tauchen Sie diesen in die Farbe. Malen Sie die Tannen auf der linken Seite. Damit Sie Nebel um die Bäume herum erzeugen können, verwenden Sie den großen Spalterpinsel waagerecht, klopfen auf den Boden und heben ihn dann vorsichtig nach oben. Fügen Sie weitere belaubte Bäume und Sträucher mit schneeartigen Akzenten hinzu.

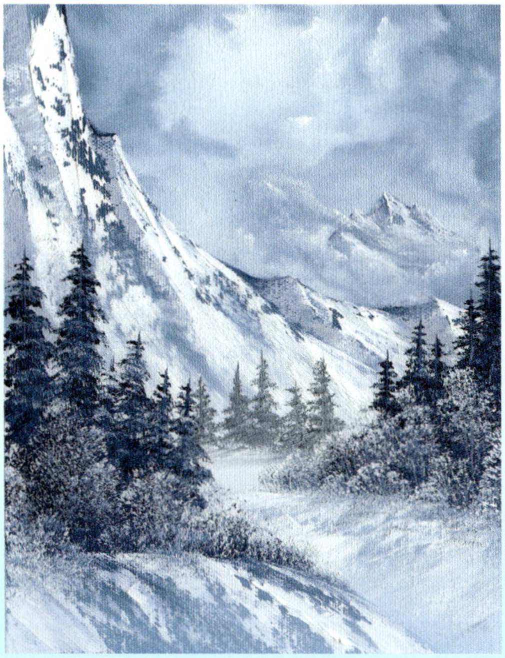

Hütte

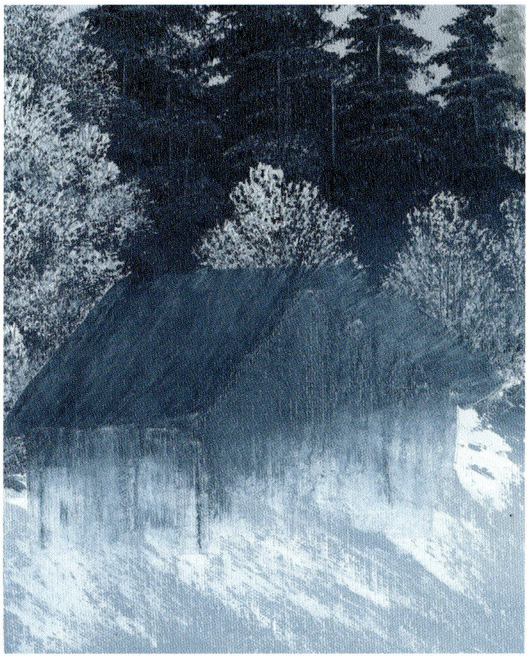

SCHRITT 9

Entfernen Sie mit einem Spachtel überschüssige Farbe genau dort von der Leinwand, wo Ihre Hütte entstehen soll. Das hilft Ihnen, die grobe Form Ihrer Hütte festzulegen.

SCHRITT 10

Malen Sie nun die Unterseite des Dachs mit einem Spachtel und etwas Vandyckbraun. Nehmen Sie dann Titanweiß und erstellen Sie mithilfe eines Spachtels das schneebedeckte Dach. Achten Sie auf optisch sinnvolle Winkel, wenn Sie die Hütte zu malen beginnen.

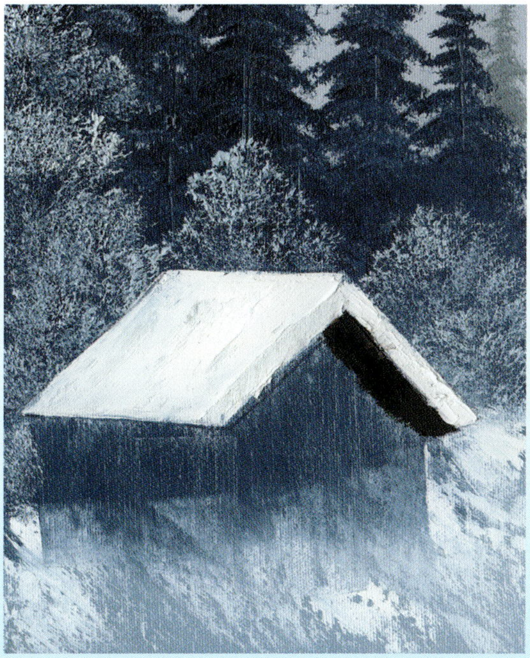

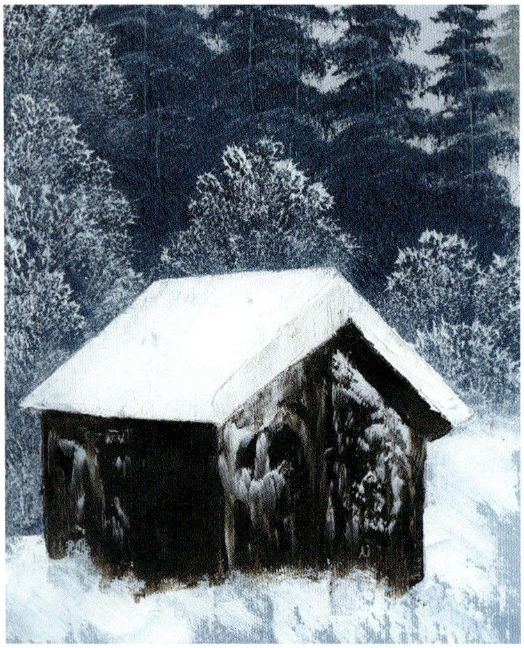

SCHRITT 11

Tragen Sie Vandyckbraun mit Abwärtsstrichen auf, sodass die Außenwände Ihrer Hütte entstehen. Geben Sie der Hütte mit ein wenig Titanweiß etwas Struktur und ein veraltetes Aussehen.

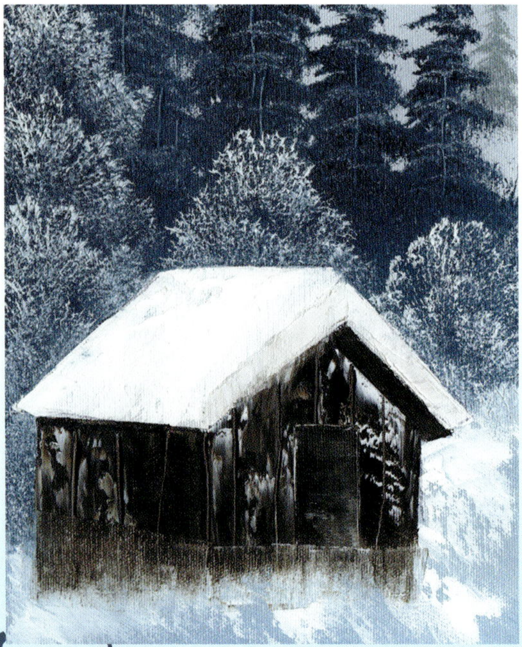

SCHRITT 12

Fügen Sie die Tür mit Vandyckbraun hinzu, indem Sie die Farbe zur Seite ziehen, und heben Sie dann die Kanten mit Titanweiß hervor. Ritzen Sie mit der Spitze eines sauberen Spachtels Linien ein, um die Holzplanken hervorzuheben.

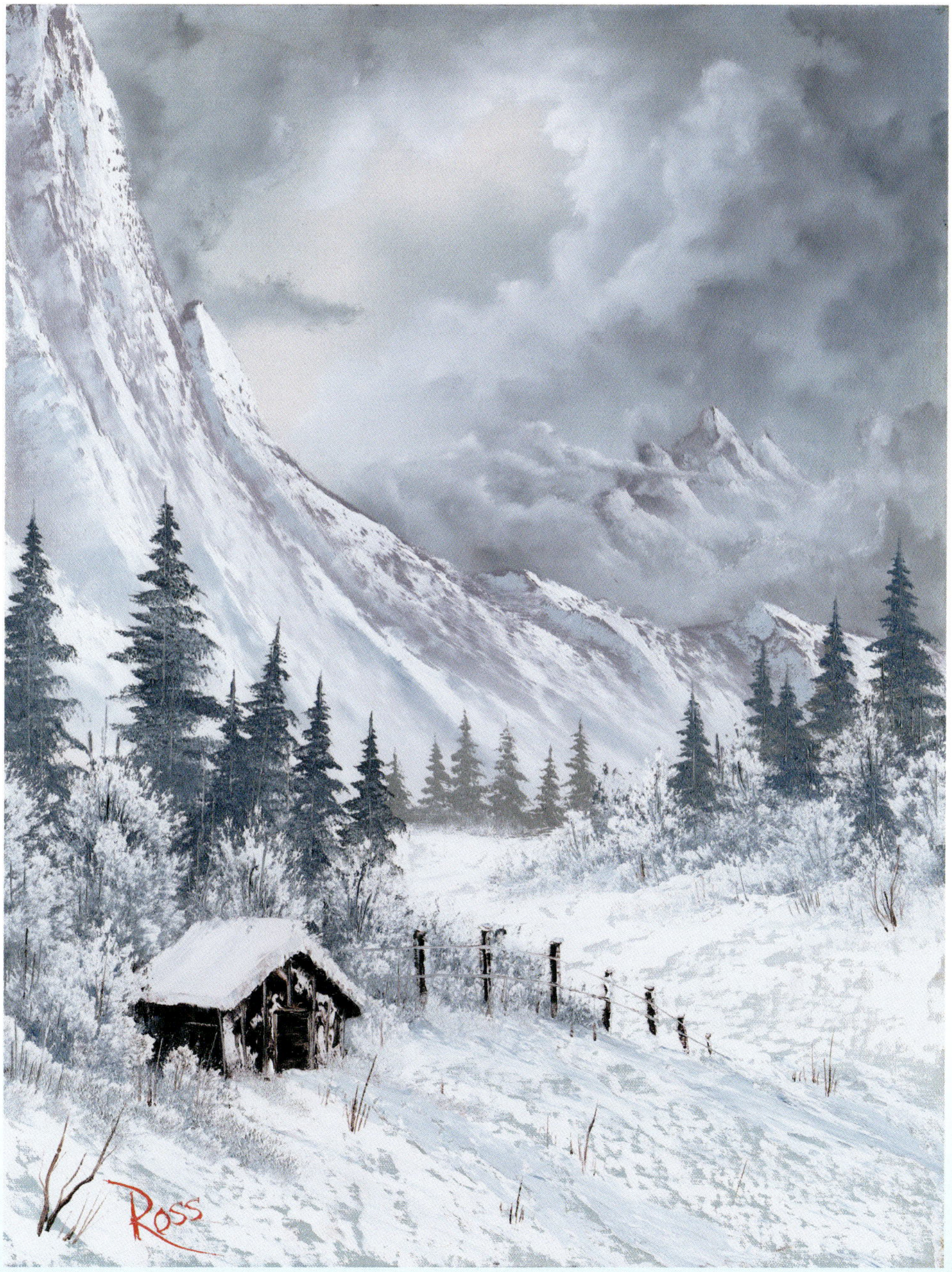

SCHRITT 13

Fügen Sie weitere Büsche und Schneeakzente um die Hütte herum hinzu. Jetzt kreieren Sie den Zaun mit einem Spachtel und Vandyckbraun und betonen ihn sodann mit Titanweiß. Vergrößern Sie die Zaunpfähle in der Nähe des Vordergrunds. Fügen Sie den Zaundraht hinzu, indem Sie mit der Spachtelspitze durch die Farbe ritzen.

Letzter Feinschliff

Nutzen Sie die Spitze des Spachtels, um kleine Stöcke und Äste einzuritzen, und nun ist Ihr Gemälde bereit für Ihre Signatur!

FLUSS IM WALD

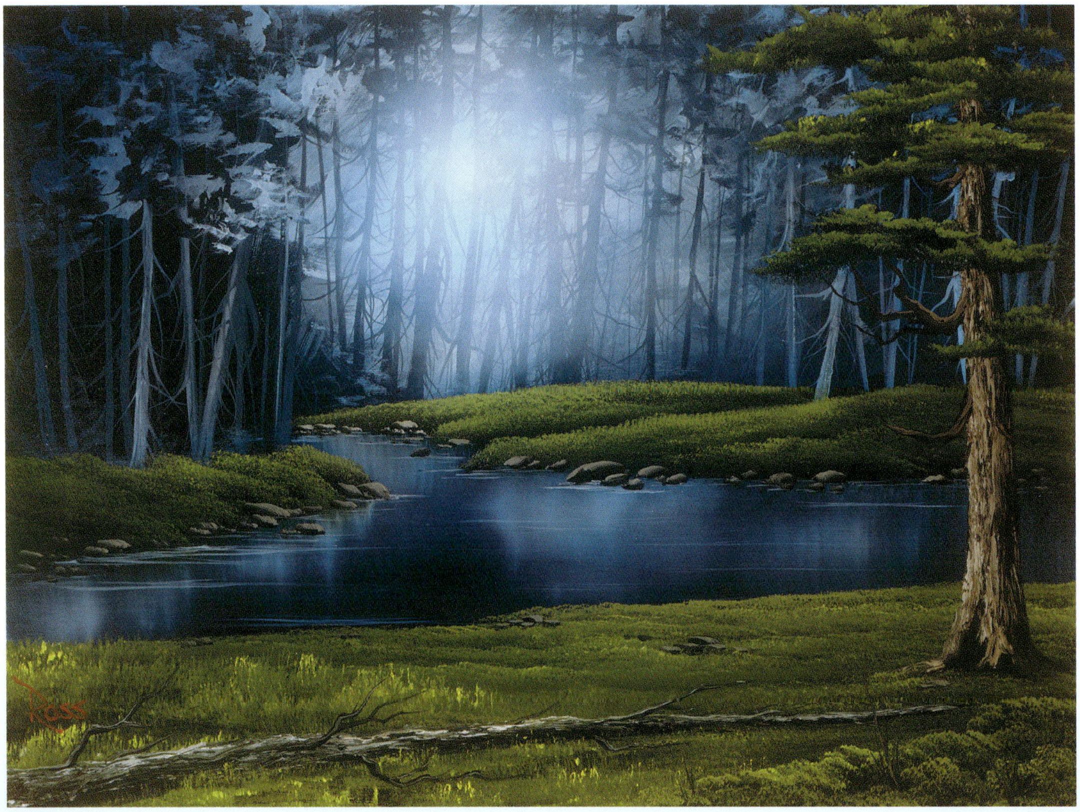

WERKZEUGE UND MATERIALIEN

- 50 mm breiter Spalterpinsel
- Kleiner Katzenzungenpinsel
- Großer Fächerpinsel
- Spachtel
- Schaumstoffpinsel oder alter Pinsel
- Schwarzes Gesso
- Weißes Gesso
- Graues Gesso
- Flüssigtransparent
- Titanweiß
- Phthaloblau
- Preußischblau
- Mitternachtsschwarz
- Dunkelsiena
- Vandyckbraun
- Alizarinkarmesin
- Saftgrün
- Kadmiumgelb
- Ockergelb
- Indischgelb
- Hellrot

»Und es mag die wahre Freude am Malen sein, wenn Sie diese mit anderen teilen. Ich glaube wirklich, dass das Glück ist.«

VORBEREITUNG DER LEINWAND

Verwenden Sie einen Schaumstoffpinsel/einen alten Pinsel, um die Leinwand mit einer dünnen, gleichmäßigen schwarzen Gesso-Schicht zu bedecken. Verwenden Sie dann auf der getrockneten Fläche einen Detailpinsel sowie schwarzes, weißes und graues Gesso, um die Formen der Baumstämme, Äste und Zweige oberhalb der Horizontlinie zu gestalten. Trocknen lassen.

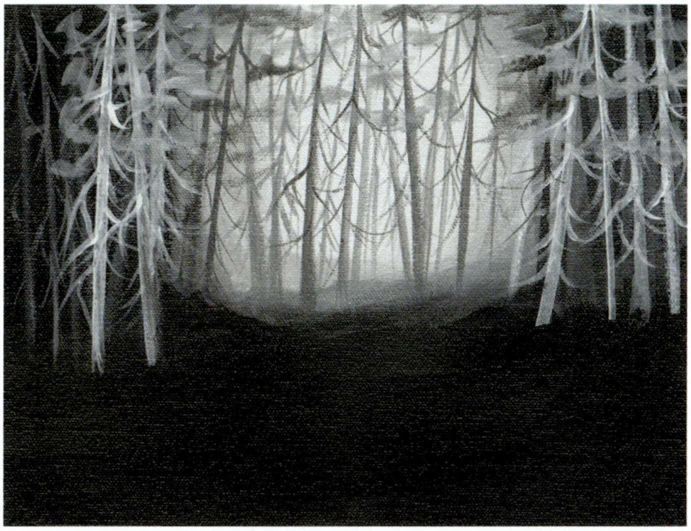

SCHRITT 1

Wenn die Leinwand vollständig getrocknet ist, verwenden Sie einen 50 mm breiten Spalterpinsel, um die gesamte Leinwand mit einer sehr dünnen Schicht Flüssigtransparent zu bedecken. (Achtung: Flüssigtransparent sollte sehr sparsam aufgetragen und wirklich in die Leinwand eingerieben werden! Das Flüssigtransparent erleichtert Ihnen nicht nur das Auftragen festerer Farbe, sondern ermöglicht Ihnen ebenso, sehr wenig Farbe aufzutragen, wodurch ein lasierender Effekt entsteht). Fahren Sie fort, bevor das Flüssigtransparent trocknet.

Himmel

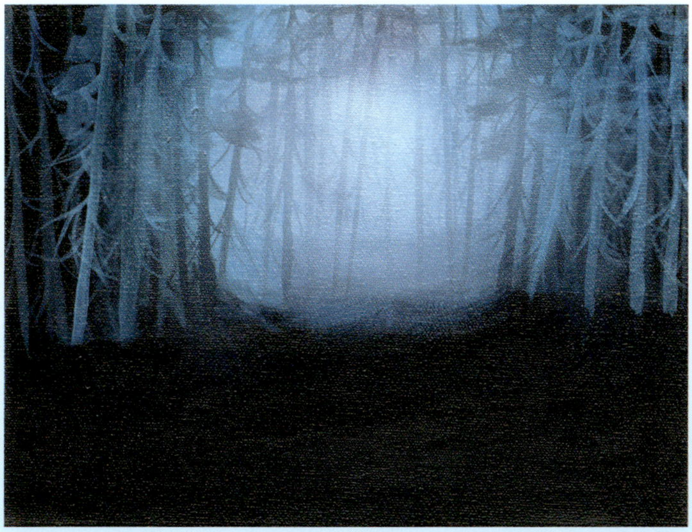

SCHRITT 2

Nehmen Sie mit einem sauberen und trockenen Spalterpinsel eine kleine Menge Phthaloblau auf und malen Sie den Himmel von oben nach unten mit kreuz und quer verlaufenden Strichen. Gehen Sie dann mit dem gleichen Pinsel in eine kleine Menge Preußischblau und fahren Sie mit kreuz und quer verlaufenden Strichen fort, um die oberen Ecken der Leinwand zu verdunkeln. Reiben Sie die Borsten des Pinsels, auf dem sich immer noch Preußischblau befindet, fest in die dunklen Bereiche unterhalb des Horizonts ein, und verblenden Sie dann mit horizontalen Strichen den gesamten unteren Teil der Leinwand.

Tupfen Sie nur eine Ecke eines sauberen und trockenen Spalterpinsels in etwas Titanweiß und fügen Sie – von der Mitte ausgehend – den Lichtbereich in der Mitte des Himmels hinzu. Verblenden Sie die äußeren Ränder der Lichtquelle.

Gras und Wasser

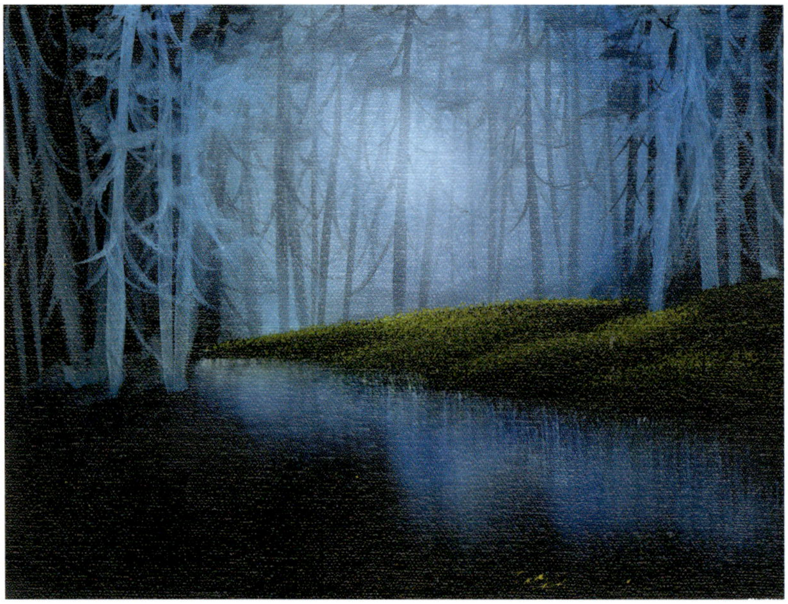

SCHRITT 3

Mischen Sie Mitternachtsschwarz, Preußischblau, Alizarinkarmesin, Vandyckbraun und Saftgrün zusammen und nehmen Sie die Mischfarbe mit dem Spalterpinsel auf, indem Sie die Borsten in die Farbe klopfen. Mit dem Pinsel tippen Sie auf der Leinwand nach unten, um eine Grasfläche am Fuße der Bäume zu erzeugen.

Verwenden Sie verschiedene Mischungen aus allen Gelbtönen, um die Grasfläche hervorzuheben. Verwenden Sie einen Spalterpinsel, halten diesen in einem 45-Grad-Winkel und klopfen Sie die Borsten in die Mischfarbe ein. Lassen Sie den Pinsel bei jedem Klopfen leicht nach vorn in die Farbe gleiten (dadurch stellen Sie sicher, dass die Spitzen der Borsten vollständig mit Farbe gefüllt sind). Halten Sie den Pinsel waagerecht und klopfen Sie sanft nach unten, um Akzente zu setzen. Arbeiten Sie sich schichtweise vorwärts und legen Sie dabei vorsichtig die Grundformen an.

Verwenden Sie etwas Titanweiß und einen sauberen und trockenen Spalterpinsel, um das Wasser unterhalb der Grasebene zu malen. Ziehen Sie dafür den Pinsel – von der Unterseite des Grases aus – nach unten und streichen Sie dann horizontal darüber, um die Farbe zu verblenden.

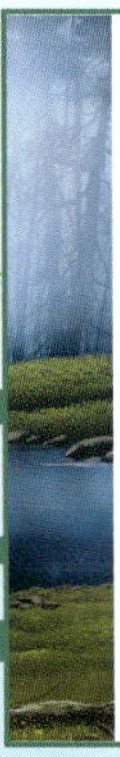

»Lassen Sie Ihrer Vorstellungskraft freien Lauf. Sie können so einfach jede Art von wunderschönen Effekten kreieren.«

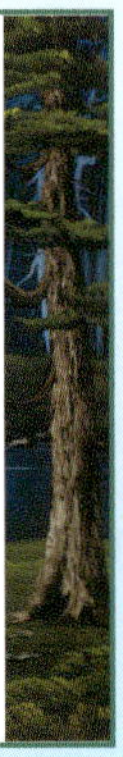

Steine und Wasserlinien

SCHRITT 4

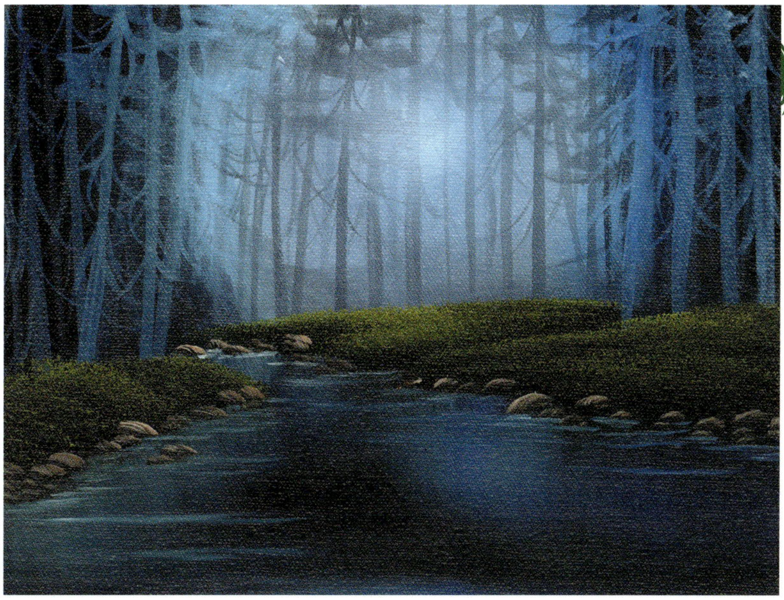

Fahren Sie mit dem Gras und Laub am Fuße der Bäume fort.

Verwenden Sie den Spachtel, um eine dunkelbraune Farbe auf Ihrer Palette anzumischen, indem Sie Mitternachtsschwarz, Vandyckbraun und Dunkelsiena verwenden. Fügen Sie der Mischung Farbverdünner hinzu, um die Konsistenz zu verdünnen. Stellen Sie mit dem Spachtel ebenso eine hellbraune Farbe her, indem Sie eine Mischung aus Titanweiß und den Brauntönen verwenden. Verdünnen Sie auch diese Farbmischung.

Um die Felsen am Ufer zu malen, füllen Sie den kleinen Katzenzungenpinsel mit dem dunklen Braunton und ziehen dann eine Seite der Borsten durch die hellbraune Mischfarbe. Mit der hellen Seite nach oben zeigend, platzieren Sie jeden Felsen mit einem geschwungenen Strich. Wenn Sie mit dem Pinsel zwei Farben gleichzeitig aufnehmen, können Sie jeden Felsen – mit nur einem Strich – gleichzeitig hervorheben und schattieren. Verwenden Sie den Detailpinsel und eine dünne Mischung aus Titanweiß und Phthaloblau, um Wasserlinien und -kräusel hinzuzufügen.

Gras im Vordergrund

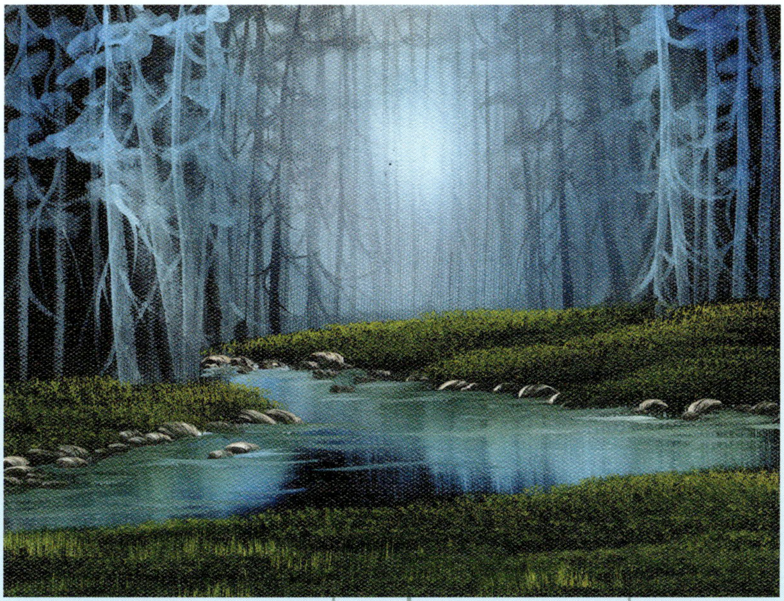

SCHRITT 5

Erschaffen Sie auch im Vordergrund grasbewachsene Bereiche, indem Sie das unmittelbare Uferzunächst mit der dunklen Laubfarbe und einem Spalterpinsel grundieren. Ohne den Pinsel zu säubern, tupfen Sie ihn in verschiedene Mischungen der gelben Farben, um diese Grasflächen mit Akzenten zu versehen. Erzeugen Sie höhere Grasflächen, indem Sie den Pinsel leicht nach oben schieben. Denken Sie daran, in Schichten zu arbeiten und dem Verlauf des Geländes zu folgen.

Großer und umgestürzter Baum

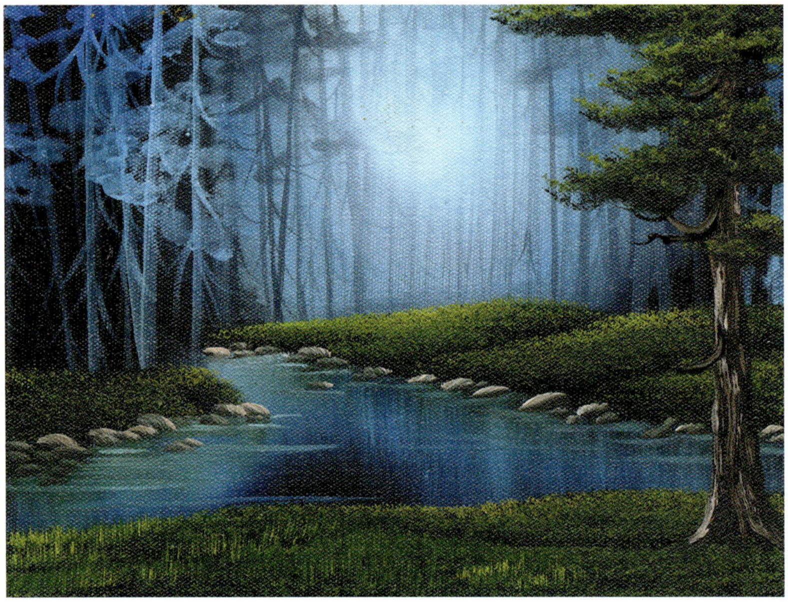

SCHRITT 6

Halten Sie den in Vandyckbraun und Dunkelsiena getauchten Fächerpinsel senkrecht, berühren Sie die Leinwand an der Spitze des Baumes und ziehen ihn nach unten, um den Stamm des großen Baumes im Vordergrund zu malen. Heben Sie die linke Seite des Stammes mit einer dünnen, hellbraunen Mischung und einem Katzenzungenpinsel hervor. Verwenden Sie verdünntes Vandyckbraun mit einem Detailpinsel für kleine Äste und Zweige.

Grundieren Sie das Laub des Baumes mit einer dunklen Mischung aus Mitternachtsschwarz, Preußischblau, Saftgrün und Alizarinkarmesin mithilfe eines Fächerpinsels. Verwenden Sie den gleichen Pinsel, ohne ihn vorher zu säubern, um mit den Gelbtönen leichte Akzente durch eine Aufwärtsbewegung des Pinsels aufzutragen.

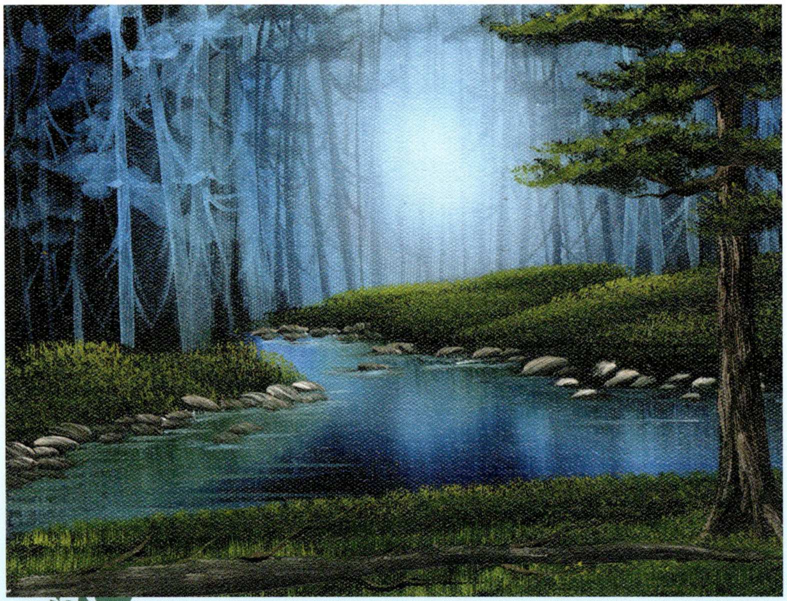

SCHRITT 7

Gehen Sie mit dem Fächerpinsel in Ihre dunkle Baumfarbe und formen Sie den umgestürzten Baum mit einem schwungvollen, horizontalen Strich. Verwenden Sie erneut diesen Pinsel und eine hellere braun-weiße Farbmischung, um die obere Seite des Baumstammes hervorzuheben.

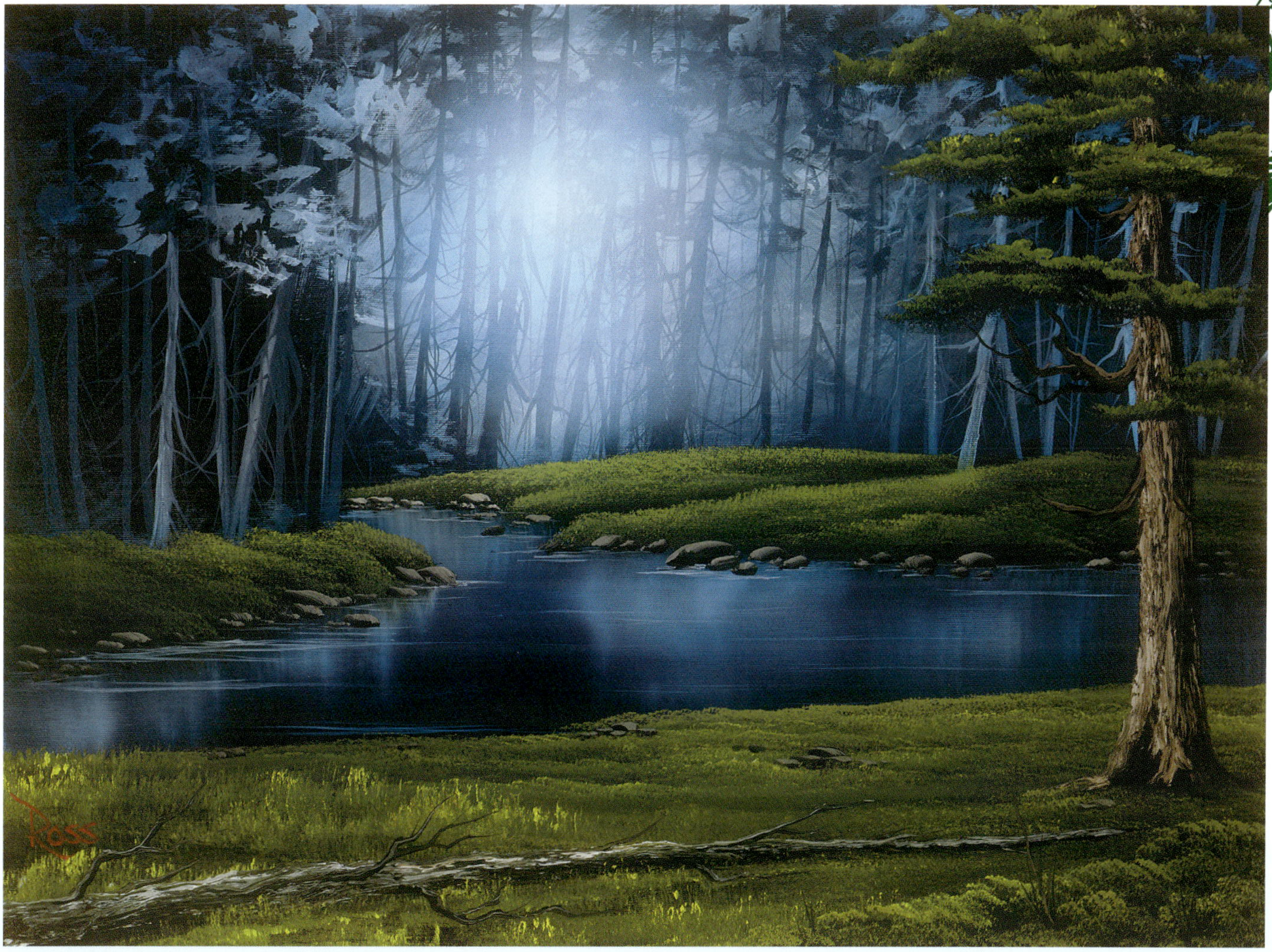

Letzter Feinschliff

Verwenden Sie die dunkle Laubfarbe und einen Spalterpinsel, um Büsche an den unteren Ecken der Leinwand zu untermalen. Geben Sie Ockergelb und eine sehr kleine Menge Hellrot auf den gleichen Pinsel und setzen Sie auf die Büsche leichte Akzente.

Verwenden Sie verdünnte braune Mischungen und einen Detailpinsel, um kleine Stöcke und Zweige anzudeuten. Dann verwenden Sie dunkles und helles Braun mit einem Katzenzungenpinsel, um die letzten Felsen und Steine zu kreieren. Fügen Sie noch Ihre Signatur hinzu und Ihr Meisterwerk ist fertig!

MALEN MIT
BOB ROSS®

*»Ich freue mich darauf,
Sie wiederzusehen.
Viel Spaß beim Malen
und Gott schütze Sie.«*

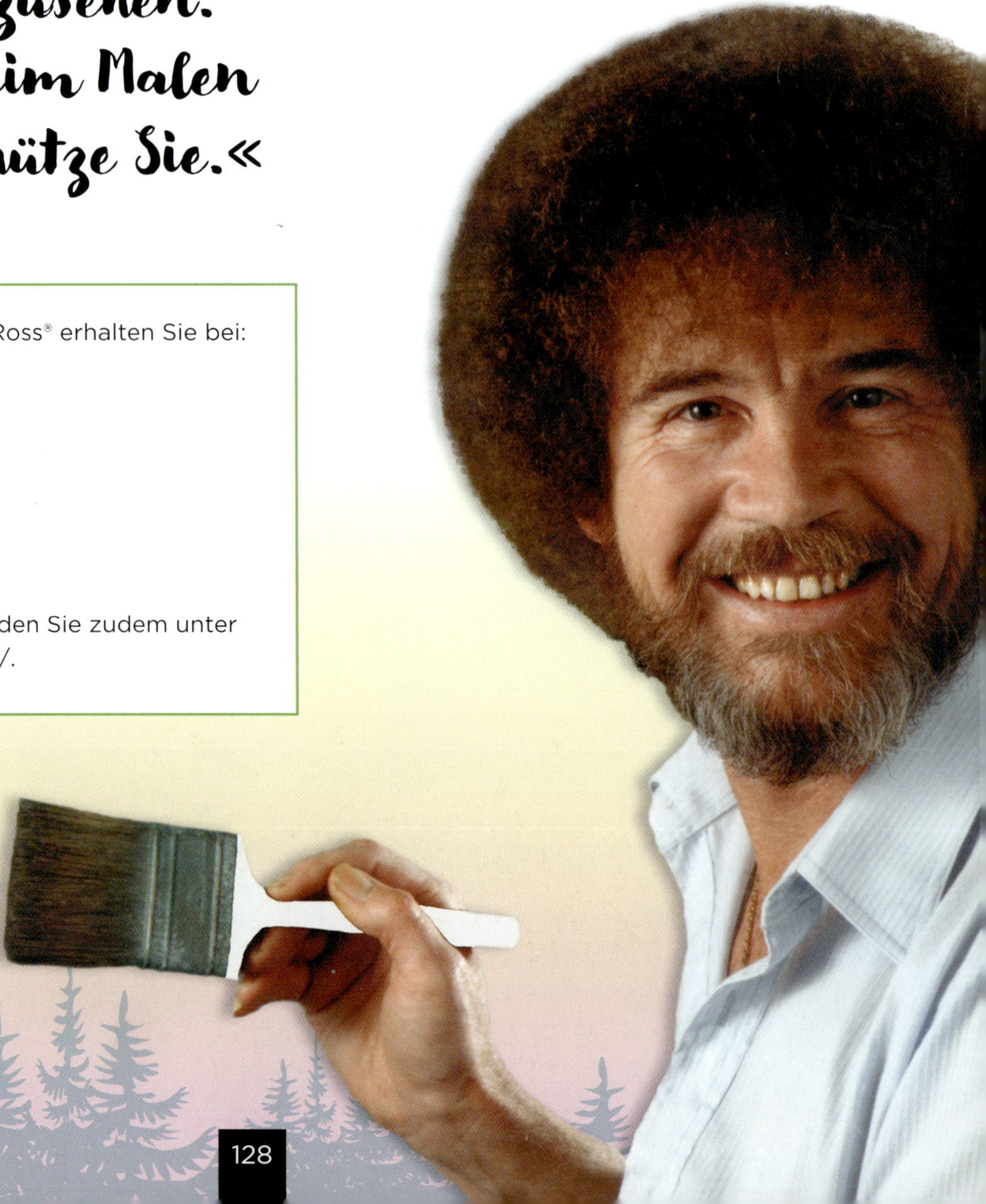

Produkte der Marke Bob Ross® erhalten Sie bei:

www.gerstaecker.de

www.pro-colors.de

www.kreativ.de

www.artselect-digital.de

Weitere Informationen finden Sie zudem unter https://www.bobross.com/.